网 球 教 学

主　编　郭开强　蒲　娟　张小娥
副主编　夏有浸　卜伟松

科学出版社
北　京

内 容 简 介

本书在基础理论与技战术章节上系统介绍网球运动的一般教学与训练规律内容；在应用知识章节上，我们大胆做了以下尝试：一是引入现代教育信息技术做好教材的设计，进行教学目标与教学内容的"深度融合"，二是结合当前国家经济发展大背景、大环境，重点做了创新、创业教材内容的应用设计尝试，根据网球运动的特点，增设了如何开展校园网球运动教学辅助器材设计与专利申请、如何适应社会需求进行创业就业章节内容，并通过图文并茂的多种形式在本书逼真地展现出来。全书共十二章内容，并配有电子教材及获奖的相关辅助教学课件。

本书可作为高等师范体育院系本科和研究生的教材用书。

图书在版编目（CIP）数据

网球教学/郭开强，蒲娟，张小娥主编．—北京：科学出版社，2016.11

ISBN 978-7-03-050628-3

Ⅰ．①网… Ⅱ．①郭… ②蒲… ③张… Ⅲ．①网球运动-教学-教材 Ⅳ．①G845.2

中国版本图书馆 CIP 数据核字(2016)第 272962 号

责任编辑：胡云志　王晓丽/责任校对：桂伟利
责任印制：赵　博/封面设计：华路天然工作室

科学出版社 出版
北京东黄城根北街 16 号
邮政编码：100717
http://www.sciencep.com

北京厚诚则铭印刷科技有限公司印刷
科学出版社发行　各地新华书店经销
*

2016 年 12 月第 一 版　开本：787×1092 1/16
2025 年 7 月第十四次印刷　印张：15 1/2
字数：352 000

定价：46.00 元

（如有印装质量问题，我社负责调换）

本书编委会

主　编 郭开强　蒲　娟　张小娥

副主编 夏有浸　卜伟松

参　编（以姓氏笔画排序）
　　　　叶　静　付　强　丛滋龙
　　　　赵　媛　胡万亮　钟　可
　　　　黄永天　彭世军　廖上桂
　　　　颜光辉

前　言

在当前"互联网+"和我国经济发展万众创新创业的时代，人们的生活水平不断提高，健康生活的理念已深入人心。网球运动作为一项时尚高雅的健身项目，也深受人们的喜爱。社会对网球专业技术人员的需求也在日益增加，并且需求人才的质量也在提高。这些都无疑对高校网球运动的教学工作提出了更高的要求。

目前，全国高等师范类体育院系尚无通用教材，为了适应高等师范类体育院系日益增长的教学要求，更好地培养学生适应社会就业的需求，我们有针对性地编写了本书。

本书在基础理论与技战术章节上系统介绍网球运动的一般教学与训练规律内容；在应用知识章节上，大胆做了以下尝试：一是引入现代教育信息技术做好教材的设计，进行了教学目标与教学内容的"深度融合"，二是结合当前国家经济发展大背景、大环境，重点做了创新、创业教材内容的应用设计尝试，根据网球运动的特点，增设如何开展校园网球运动教学辅助器材设计与专利申请、如何适应社会需求进行创业就业章节内容，并通过图文并茂等多种形式在书中逼真地展现出来。全书共十二章，并配有电子教材及获奖的相关辅助教学课件。

本书适用于高等师范体育院系本科和研究生的教学。

由于编写人员水平有限，如有不妥之处，谨请专家批评指正。

编　者
2016 年 5 月

目　　录

第一章　网球运动基础理论概况 ··· 1
　第一节　网球运动发展的历史与现状 ··································· 1
　第二节　国际网球组织机构及其职责 ··································· 5
　第三节　我国网球运动发展的历史与现状 ······························· 11
　第四节　网球运动的场地器材知识 ····································· 17
　第五节　网球运动的特点和价值 ······································· 25

第二章　网球运动的运动学基础理论 ····································· 28
　第一节　网球运动的击球运动学原理 ··································· 28
　第二节　网球击球动作环节 ··· 30
　第三节　网球的飞行性能 ··· 31
　第四节　击球瞬间球与拍面变化的关系 ································· 33
　第五节　控球能力 ··· 35

第三章　网球技术基础 ··· 38
　第一节　网球握拍法 ··· 38
　第二节　基本站位及移动步伐 ··· 40
　第三节　正、反手击球过程的基本环节 ································· 41
　第四节　发球技术 ··· 42
　第五节　接发球技术 ··· 45
　第六节　击落地球技术 ··· 47
　第七节　截击球技术 ··· 53
　第八节　高压球技术 ··· 56
　第九节　挑高球技术 ··· 58
　第十节　放小球技术 ··· 59
　第十一节　反弹球技术 ··· 60

第四章　网球技术训练方法 ··· 62
　第一节　发球和接发球训练方法 ······································· 62
　第二节　正、反手击落地球训练方法 ··································· 65
　第三节　截击球训练方法 ··· 66
　第四节　高压球和挑高球训练方法 ····································· 68
　第五节　放小球和反弹球训练方法 ····································· 69

  第六节 网球运动员身体素质训练 ·· 70

  第七节 网球运动员心理素质训练 ·· 94

第五章 网球比赛基本战术及制胜规律 ··· 105

  第一节 网球比赛基本战术 ··· 105

  第二节 网球比赛基本打法 ··· 106

  第三节 网球比赛单打战术 ··· 108

  第四节 网球比赛双打战术 ··· 111

  第五节 网球竞技制胜规律和战术制订原则 ··· 116

第六章 网球比赛规则、裁判法则与竞赛组织工作 ··· 119

  第一节 网球比赛的常用规则 ·· 119

  第二节 网球比赛的裁判法则 ·· 125

  第三节 网球运动竞赛与活动的组织 ··· 132

第七章 网球运动损伤的预防与营养恢复 ··· 139

  第一节 竞技网球运动中产生损伤的原因 ·· 139

  第二节 竞技网球运动损伤的预防 ··· 145

  第三节 网球运动训练中的营养 ·· 147

第八章 短式网球运动 ··· 152

  第一节 短式网球运动简介 ··· 152

  第二节 国际网球联合会 ITF 校园短式网球创意计划简介 ··· 157

  第三节 短式网球教学基础理论知识 ··· 160

  第四节 短式网球教学方法 ··· 167

  第五节 短式网球规则、裁判法则与竞赛组织工作 ··· 175

  第六节 课外实训 ·· 180

第九章 软式网球 ·· 181

  第一节 软式网球简介 ··· 181

  第二节 软式网球演变与发展 ·· 181

  第三节 软式网球双打比赛规则 ·· 182

  第四节 课外实训 ·· 195

第十章 信息技术在网球技术教学诊断与纠错方法中的应用 ·· 196

  第一节 信息技术在网球技术教学中的意义与作用 ·· 196

  第二节 基本应用软件 ··· 197

  第三节 诊断与纠错方法 ·· 203

  第四节 课外实训网球发球技术诊断与纠错方法 ·· 205

第十一章 创业指导 ··· 207

  第一节 创业的基本概念 ·· 207

第二节　创业的关键要素 ……………………………………………………… 208
　　第三节　创业资源 ……………………………………………………………… 209
　　第四节　创业团队的概念 ……………………………………………………… 210
　　第五节　团队的组建 …………………………………………………………… 211
　　第六节　深圳×××网球俱乐部创业实例简介 ……………………………… 212
　　第七节　课外实训 ……………………………………………………………… 216
第十二章　校园网球运动教学辅助器材设计与专利申请 ……………………… 217
　　第一节　历史背景及现实意义 ………………………………………………… 217
　　第二节　应用价值 ……………………………………………………………… 217
　　第三节　网球运动辅助教学训练器材专利申请的基础知识 ………………… 218
　　第四节　网球运动辅助器材发明专利技术的工具和思路 …………………… 219
　　第五节　校园网球运动辅助器材实用新型专利的实例介绍 ………………… 220
　　第六节　课外实训 ……………………………………………………………… 232
参考文献 ……………………………………………………………………………… 233
附录　世界网坛风云人物简介 ……………………………………………………… 234

第一章 网球运动基础理论概况

第一节 网球运动发展的历史与现状

一、网球运动的起源

网球运动起源于十二三世纪的法国,最早是传教士在教堂的走廊里用手击打一种用布裹着头发的布球,当时这种游戏叫"掌球戏"。这项活动后来传入英国宫廷,作为上层社会的一项娱乐活动。自此,网球运动就被称为"贵族运动"。英国人哈利梅姆在草地上建造了"网球场",创建了网球俱乐部,扩大了网球游戏的影响,促进了网球运动的形成。1873年,美国人温菲尔德把早期的网球打法改进,变成夏天在草坪上进行的一种娱乐活动,并取名为"草地网球"。同年他还出版了名为《草地网球》的刊物,里面对这项运动进行了详细的介绍,从此,草地网球问世。1875年英国的板球俱乐部制定了网球比赛规则,并在1877年7月,第一次举办了温布尔登男子网球单打比赛,标志着网球运动从休闲娱乐跨入到了竞技运动时代。

关于网球的历史渊源,有很多的说法。"网球"运动,实际上已经经过了许多世纪的进化演变,由国际公认的协会来制定规则,并且成为一般大众较容易接受的形式。在网球运动发展的最初阶段,它的玩法事实上在任何地方都是大同小异的,但在不同的国家被赋予了不同的名字。早期在英国即称为 Tennis,或者更细分即称为 Tennis、Real Tennis 或 Royal Tennis;在美国则称为 Court Tennis;法国称为 Jeude Paume(Handball);在澳洲也称为 Royal Tennis。不同的名称起因于各国不同的网球发展史。但早在12世纪之前,网球便已在法国开始成形,可以说是网球运动的源头。网球运动的起源可以追溯到十二三世纪法国传教士在教堂回廊里

图 1-1-1 游戏图

用手掌击球的游戏。这种游戏是以手掌击球的一种手部的运动。英语网球 Tennis 是从法语词 tenez(意思是"抓住")而来的,它是运动员发球时提醒对方注意的感叹词,或是法语动词 tendere(意思是"抓、握")演变而来的。14世纪中叶,法国诗人把网球游戏介绍到法国宫廷,作为皇宫贵族的消遣活动。起初游戏是在皇宫的大厅进行的,球以布裹头发用绳子绑成,场地中间拉起一根绳,利用两手当球拍拍打球的游戏(图1-1-1)。1358~1360年,这种室内活动传入英国。法国王储赠送网球(外壳布制,内壳毛发等物)给英王亨利五世,英王颇感兴趣,下令在宫内建造室内网球场。从此,网球开始在英国盛行,成为英国上层社会的一种娱乐活动,所以有"贵族运动"的雅称。16世纪到17世

纪是法国和英国宫廷从事网球活动的盛兴期。之后，人们厌倦了用手击球的方式，从此板拍和球拍便渐渐应运而生。最初贵族用一种介于驾驶手套和棒球手套之间的皮制手套击球，之后，由手套逐渐演变成板拍，板拍又很快被用粗笨蒙着羊皮的木制球拍所替代。同时，场地中间拉起的绳子，添加了许多的短绳子向地面垂下，当球从绳子下面穿过时，可以明显地发觉。到了17世纪初，场地中间的绳帘改成小方格网子，而球拍也改成穿线的球拍。随着球拍的变化，球也随之发生改变。最初的球很柔软，主要由羊毛和麻制成，弹力非常小，这是由于当时的场地面积较小，加之运动时都是着宫廷服饰，人们的跑动范围不大，所以对球的弹力要求也不高。随着这项运动的发展，人们对这项运动有了更高的要求，随着网球服装变得越来越轻便、场地的逐渐扩大以及板拍的出现，一种比较结实的、用皮革充填锯屑和细砂制成的球应运而生。后来出现了穿线球拍，人们便使用一种用皮革、棉、麻缠在一起并在接缝处缝合起来的球，并根据场地的背景，把球分黑、白两色，直到1845年，用橡胶制成的网球的出现，才给网球运动带来了一次革新。

网球比赛的记分术语是从法语中衍生而来的。"Love"来自法语鸡蛋或蛋"L'oeuf"一词。"Deuce"来自法语两个或共同"adeux"一词。网球的记分顺序是15、30、40。有人认为原始记分制是效仿的法国的货币计量方法。法国的早期货币就是采用15、30、40这种增量方法，但有一位名叫琴·高斯的人认为，这三个数字是参照天文的六分仪而来的。当时的网球赛每局4分。4个15为一度，和4个15构成1/6个圆一样，采用15为基数以计算每一分球的得失，至于45改成40，是为了报分发音的简便清晰。

1858年，英国人哈利·梅姆在英国伯明翰一位朋友的草地上建造了一个"网球场"，促进了早期网球游戏的开展。1872年，他又创建了莱明顿网球俱乐部，扩大了网球游戏的影响。哈利·梅姆促进了现代网球运动的形成。

1873年，美国人沃尔特·克洛普顿·温菲尔德把早期的网球打法进行了改进，变成夏天在草坪上进行的一种娱乐活动，并取名为"草地网球"。同年他还出版了一本以"草地网球"为题的小册子，对这项运动进行了详细的介绍。从此，草地网球问世，并很快取代了板球而成为英国最流行的室外活动，温菲尔德因此享誉"近代网球之父"之名。1974年确立了场地的大小和球网的高低。1875年英国的板球俱乐部制定了网球比赛规则。1877年7月，全英板球俱乐部更名为全英板球和草地网球俱乐部，并第一次举办温布尔登男子网球单打比赛，后来由这个组织确定了网球场地为一个长方形的平面，长78英尺（23.77m）、宽27英尺（8.23m），计分采用中世纪古老式计分方法，0分叫"Love"，胜1分叫"15"，胜2分叫"30"，胜3分叫"40"，平分叫"deuce"。球网中央的高度为90cm，1884年，英国伦敦玛丽勒本板球俱乐部把球网中央高度改定为91.4cm，现在网球比赛所采用的网球规则基本上是1877年7月温布尔登比赛的规则。1874年，美国女运动员玛丽·尤因·奥特布里奇从百慕大的英国陆军军官手里买了网球器材，用这些器材在美国纽约斯塔滕岛板球和棒球俱乐部的场地内建立了第一个网球场，美国网球运动从此拉开序幕。1881年，美国成立草地网球协会，并在罗得岛的新港举办了首次美国男子冠军锦标赛。之后美国网球运动迅猛发展，影响逐渐赶上并超过了最早开展网球运动的法国和英国。

1891年，法国首次举行了男子单打和男子双打锦标赛，参加者仅限于法国公民。1896

年,在雅典举行的第1届奥运会开始设网球项目,并一连7届都作为正式比赛项目。1900年,美国人戴维斯为增进网球运动员间的友谊,捐赠了一只当时约值800美元的黄金衬里的纯银大钵,命名"国际草地网球挑战杯",但通常习惯称作"戴维斯杯",它后来成为国际网坛声誉最高的男子团体锦标赛永久性流动杯,每年的冠军队及其队员的名字都刻在此奖杯上。1904年,澳大利亚草地网球协会成立,并于1905年举办了第一届澳大利亚网球锦标赛,设立男子单打、男子双打两个项目,1922年又增加了女子单打、女子双打和混合双打三个项目。1912年3月1日,澳大利亚、美国、法国等12国的网协代表,在巴黎召开会议,成立了世界网球的最高组织——国际网球联合会,总部设在伦敦。1919年,抽签首次采用了"种子"制度。1945年至20世纪60年代,网球趋向职业化,1963年第一次举办女子团体赛——联合会杯赛。1968年首次实行了职业和业余运动员均可参加同一比赛的参赛制度。1972年,由60名男子职业网球运动员组织成立了国际男子职业网球协会。1973年,国际女子网球协会成立。

20世纪70年代以后,网球又得到了进一步的发展。网球运动发展较快的主要原因有如下几点: 第一是允许职业选手参加温布尔登等锦标赛,开创了职业网球巡回赛的先河,取消了职业选手和业余选手的界限,增加了大赛的激烈程度和热烈争夺的气氛,从而促进了运动员技术水平的提高,吸引了广大网球爱好者从事该项运动的热情和观看、评论网球比赛的积极性;第二是科技在球拍等器材制造中的应用,促进了先进器材的生产,技术水平的提高,造就了一批年轻的优秀选手,从而促进了网球运动向前发展。

进入20世纪90年代后,网球的发展呈现出以下几个特点:一是普及程度进一步扩大,据有关资料透露,1990年年初,在国际网联注册的就有156个协会;二是运动水平进一步提高,比赛争夺激烈;三是随着器材的改革,尤其是球拍的研制,网球将向着力量、速度型方向发展;四是随着网球各种大赛奖金的不断提高,网球的职业化、商业化程度越来越高。总之,作为世界第二大运动的网球运动将以其无比的魅力和不断发展的技术吸引越来越多的爱好者和观众。

二、现代网球运动的发展现状和趋势

1. 商业化、职业化的比赛刺激网球运动的发展

网球的重大比赛一直不允许职业球员参加,至1968年国际网联取消了这一禁令,世界各大赛事便充满了商业色彩,当今是四大公开赛和不同级别的大奖赛、巡回赛、大满贯及独资赞助的大赛奖金额都大得惊人,在高额奖金刺激下,优秀网球选手的职业化、早期专项训练、早期参赛等推动了网球训练的变革和技术水平的提高。

2. 运动员的竞技能力全面而同步发展

运动员的竞技能力大致由技能、体能和心智能三个方面构成。运动员这些方面的能力都得到了全面而同步的发展。

3. 运动员的技术更加全面、精细、个性化

沥青混凝土涂塑硬场地,球速快,适于进攻型打法,它广泛适用于各大赛事。英国的温布尔登是草地球场,法国公开赛仍用土地球场,还有人造草地、合成材料的地毯等新型

场地，多种不同性能的场地的球速和弹跳规律不同，跑动步伐和调整方式也不同，要求运动员具有广泛的适应能力，这促进了运动员的技术更加全面。另外，由于在现代的网球运动中，赛事频繁、对抗日益激烈，在比赛中，运动员之间的攻防矛盾经常转换，主动与被动经常交替，为了适应这种制约与反制约的需要，运动员也必须力求技术全面。此外，技术向精细化发展，是网球技术发展的一大趋势。在现代网球运动中，并不是每一位选手一味地追求速度，速度在 200 千米/小时以上的发球颇为鲜见，而速度在 150~180 千米/小时的发球直接得分随时可见。这并不是说现代网球运动员发球技术不及以前，而是当今运动员更注重发球技术的精细化，将发球的旋转变化和角度很好地结合在一起。另外，随着球体的增大，击球的回合不断增加。运动员很难依靠大力击球得分，而是更多地用提早击球时间、打更精准的落点和极佳的球速占得先机。这些以上旋球为主的全面型球员正凭借着出色的接发球、网前截击、穿越球、放小球以及滑拍等精细、全面的技术，主宰当今世界网坛。

4．各项攻防技、战术不断创新和发展

在技术上，双手反拍极大加强了反拍的攻击力，正手攻击性上旋高球现已发展为反拍攻击性上旋高球，提高了防反能力。鱼跃截击技术、反手高压、胯下击球及双打中的扑抢网技术、用快速起跳高压对付攻击性上旋高球等高难技术不断出现。发球上网战术在快速场地上的运用，推动着接发球破网技、战术的发展。双打接发球方的抢网战术不仅在男双而且在女双和混双中使用。这使各项攻防技、战术已达到空前的高水平。

5．青少年跨入世界水平行列，运动员有早期成熟的趋势

1998 年转入职业球员，年仅 20 岁的瑞士小将费德勒，在 2001 年爆冷击败了 20 世纪 90 年代网球统治者桑普拉斯，引起了公众的注意。2003 年获得温布尔登网球公开赛男单冠军，自此开启了新一代球王的卫冕之路；2005 年，18 岁的西班牙小将纳达尔夺得法国网球公开赛男子单打冠军；俄罗斯姑娘莎拉波娃 17 岁时就在温布尔登网球公开赛中拿下了人生的第一个大满贯冠军。近几年网坛涌现了一大批优秀而年轻的选手，如德约科维奇、穆雷、沃兹尼亚奇、布沙尔等，网球职业运动员的年龄越来越趋于年轻化。

6．女子动作男性化

女子网坛的一个比较明显的趋势就是力量派选手占主导地位，即女子动作男性化。国际女子网球协会（Women's Tennis Association，WTA）排名前几位的选手无一不是力量派的杰出代表，如美国的小威廉姆斯能发出令许多男子选手也咋舌的速度 200 千米/小时以上的发球。我们说当今女子网坛力量派占主导地位，并不否认技术的重要性，像美国威廉姆斯姐妹以及比利时的海宁和克里斯特尔斯不仅力量占优，而且底线技术几乎与那些技术型选手一样出色，再加上她们灵活的步伐、充沛的体能，使她们长期占据网坛的霸主地位。

第二节　国际网球组织机构及其职责

一、国际网球组织机构

1. 国际网球联合会

国际网球联合会（International Tennis Federation，ITF）（图1-2-1），成立于1913年3月1日，是成立最早的国际网球组织。总部设在伦敦。中国网球协会于1980年被接纳为该组织的正式会员。国际网球联合会是世界网球组织的最高权力机构，其主要职责是：负责有关网球比赛的一切事务；负责制定网球规则；为发展中国家的网球教练开设培训班；推进各国网球协会搞好本地区网球运动的普

图1-2-1　国际网球联合会会标

及；提高人们对网球运动的兴趣，吸纳更多的人参与网球运动，促进世界网球运动的发展。国际网球联合会每年都要组织100多次青年级比赛，组织16岁以下的国际男、女青年团体赛，即"世界青年杯赛"；还要负责组织世界上的两大团体赛，即戴维斯杯赛（男子）和联合会杯赛（女子）；负责指导四大公开赛，即温布尔登网球公开赛、法国网球公开赛、美国网球公开赛和澳大利亚网球公开赛；负责奥运会网球比赛最后阶段的比赛等。国际网球管理委员会是国际网联的最高权力机构。管理委员会每两年改选一次，除执行主席和执行副主席外，其他委员均为名誉身份，管理委员会成员中有四大公开赛所在国的代表，并且至少有亚洲代表1人、南非、巴拿马以北国家代表2人和欧洲的代表2人。1989年起，增加了一名来自非洲的代表。常务理事会中的正式成员都是网球运动比较发达的国家，而且有资格参加戴维斯杯和联合会杯赛。非正式会员无选举权，但可向常务理事会提出入会申请，3年后方可成为正式会员。国际网球联合会由它的理事会进行管理，通过常务会确定下一年度国际网球联合会工作计划。

2. 世界男子职业网球协会

世界男子职业网球协会（Association Tennis Professionals，ATP）（图1-2-2），成立于1972年。它是世界男子职业网球选手的"自治"组织机构。其主要任务是协调职业运动员和赛事之间的伙伴关系，并负责组织和管理职业选手的积分、排名、奖金的分配，以及制定比赛规则和给予或取消选手的参赛资格等项工作。

图1-2-2　世界男子职业网球协会会标

1990年，职业网联负责人马克·迈尔斯，为了提高赛事水准，首先改革了沿用多年的平均体系排名法。该排名是从1973年开始使用的，其主要弊端是使一些优秀网球选手每年参赛的次数急剧下降。基于这一点，职业网联决定采用"最佳14场累计分+击败种子奖励分"体制，即我们现在所见的世界男子职业网球协会排名，后来国际女子

网球协会也采用了与此类似的计分方法。国际网球联合会（ITF）没有自己的排名，但它承认世界男子职业网球协会和国际女子网球协会的最具权威性的网球选手排名。世界男子职业网球协会每年所举办的主要大赛有：四大公开赛、大师杯系列赛（前身为"超级九次赛事"）锦标赛、挑战赛等80个左右的赛事，分别在六大洲34个国家举行。

3. 国际女子网球协会

国际女子网球协会（图1-2-3），成立于1973年。它是世界女子职业网球选手的自治组织，其主要任务是组织职业选手的各种比赛，主要是国际女子网球协会巡回赛，以及管理职业选手的积分、排名、奖金分配等。国际女子网球协会的工作是代表职业球员的利益，保证世界上几百位职业球员都能有机会参加比赛，并在比赛中打出水平；协调与赞助商、赛事主办者之间的关系，推动网球运动的发展。国际女子网球协会有一所网球学院，每一个成为职业球员的人都要参加该学院的学习，帮助她们了解在职业圈子里将要遇到的一些问题。通过学习，将保证她们每一个人对所选择的事业有一个充分地了解，为事业的起步打下良好的基础。国际女子网球协会还考虑成立一所培训球员的父母、教练和经纪人的学校，使她们能有效地帮助小球员。国际女子网球协会负责的比赛有：国际女子网球协会年终总决赛、四大公开赛、巡回赛等60个左右的赛事。国际女子网球协会的年终排名，由美国举行的国际女子网球协会世界锦标赛最终确定，世界上只有16位选手有资格参加。

图1-2-3 国际女子网球协会会标

二、国际网球机构组织的网球重大赛事

1. 四大网球公开赛

温布尔登网球公开赛（Wimbledon Open）、美国网球公开赛（US Open）、法国网球公开赛（Roland Garros Open）和澳大利亚网球公开赛（Australia Open），称为世界四大网球公开赛，是每年一届的最为重要的世界性网球单项比赛。世界各地选手均把获得四大公开赛的桂冠视为最高荣誉。网球运动员在一年中，能同时获得四大公开赛冠军者，称为"大满贯"获得者，若获得四大公开赛其中之一冠军者，称为"大满贯赛冠军"。

（1）温布尔登网球公开赛

温布尔登网球公开赛（图1-2-4）是"四大满贯"中历史最为悠久的、当今最为著名的网球赛事之一，第一次全英公开赛于1877年在英国的温布尔登举行，当时称为"全英男子单打锦标赛"，只设立了男子单打一个项目，而且比赛的规则也与现在不尽相同：规定先胜六局即取得一盘胜利，所以不会出现7：5、7：6及必须净胜两局的长盘制的情况，另外，当时采取每盘结束交换场地，也不如现在的单数局结束后换场地更为合理。到1879年，此项赛事增加了男子双打项目，直到1884年，才设立了女子比赛，而且也只有女子单打项目，又过了

图1-2-4 温布尔登网球公开赛赛标

29 年，女子双打和混合双打才走进温布尔登，所以目前的温布尔登共有男子单打、女子单打、男子双打、女子双打及混合双打共 5 个项目的比赛，每年 6 月份的最后一周是温布尔登网球公开赛序幕拉开的日子，也有数十万的球迷观众从世界各地汇集于此，欣赏比赛，见证历史，通过电视转播观看比赛的人数也会超过 5 亿。郑洁、晏紫曾在 2006 年获得温网女子双打冠军，这是迄今为止中国球员在温网上的最好成绩。

早期的网球场地也都是造价昂贵的草坪场地，而且保养起来十分困难，温布尔登网球公开赛是历史最悠久的网球赛事，同时它也延续了使用草场这一传统，温布尔登拥有 18 块质地优良的草坪场地，并长年精心维护，每年迎接来自全世界的网球精英，草地与其他场地不同，首先由于摩擦系数较小，减速也较少，球速较快，同时会常常出现弹跳不规则的现象，所以擅长发球和网前技术的球员会很占优势。

（2）美国网球公开赛

美国网球公开赛（图 1-2-5）首届比赛于 1881 年在罗得岛新港举行，当时只是国内比赛，1968 年被列为四大公开赛之一，在每年的 8 月至 9 月举办，它是四大公开赛中最后一站的比赛。由于美国网球公开赛高额奖金和美国社会高度商业化，以及采用中速硬地场地，每次比赛都吸引世界上众多高手前来参赛。由于美国网球运动的普及，美国网球公开赛冠军获得者

图 1-2-5　美国网球公开赛赛标

中美国人居多，如 1995 年美国选手桑普拉斯第 3 次夺得美网冠军，1999 年美国选手阿加西获得冠军，女子冠军被美国选手小威廉姆斯夺得，2002 年，球王桑普拉斯又一次获得了美网的冠军奖杯，也破纪录赢得了 14 次大满贯的冠军，2003 年，罗迪克获得美网冠军。

（3）法国网球公开赛

图 1-2-6　法国网球公开赛赛标

法国网球公开赛（图 1-2-6）始于 1891 年，它是与温布尔登草地网球公开赛一样享有盛名的传统网球比赛。比赛设在巴黎西部蒙特高地的一座叫罗兰加洛斯的大型体育场内。这座体育场建于 1927 年，以在第一次世界大战中为法国捐躯的空中英雄罗兰加洛斯名字命名。比赛安排在每年 5 月底到 6 月初进行。它是四大公开赛中的第二站比赛。罗兰加洛斯网球场属慢速红土场地，打法上对底线抽击为主的选手较为有利，因其球速较慢、来回次数多等特点，观看比赛的观众非常过瘾。如果选手之间实力较为接近，一场比赛打上 4 小时是司空见惯的。西班牙网球选手从小都在土场上训练、比赛，因此土场战绩很好，西班牙选手纳达尔更是九次捧起法网的冠军奖杯，刷新了埃德伯格的球王称号。2011 年我国选手李娜获得了法网女单冠军，刷新了亚洲女网运动员在四大公开赛上最好成绩的记录，世界排名第四。

（4）澳大利亚网球公开赛

澳大利亚网球公开赛（图 1-2-7）是四大公开赛中历史最短的赛事，从 1905 年至今，已有 111 年的历史，赛地在澳大利亚的第二大城市墨尔本。由于比赛时间安排在 1 月底到 2 月初，是四大

图 1-2-7　澳大利亚网球公开赛赛标

公开赛最早的一站比赛。1968年，随着国际网球的职业化，它才被列为四大公开赛之一，由于得分和奖金均高于一般巡回赛，其身价有所抬高。澳大利亚网球公开赛是在硬地网球场上进行的，打法全面的选手在这种场地上占优势。由于比赛安排在1、2月份，正值当地盛夏，创办比赛初期，比赛男女冠军几乎都是本国选手获得。但是进入20世纪80年代后，打进男女前4名的基本上都是欧美选手。2000年澳大利亚网球公开赛进入冠军赛的也是欧美运动员。2003年世界排名第一的本土选手休伊特也只进入了16强，我国选手李娜在沉寂了三年后实力爆发，于2014年获得了澳大利亚网球公开赛女单冠军，世界排名第二位，这也是我国乃至亚洲女子网球选手迄今为止的最高世界排名。

2. 戴维斯杯赛

戴维斯杯网球赛（Davis Cup）（图1-2-8）是一年一度的世界男子网球团体赛，也是世界网坛层次最高、影响最大的国际性团体赛，由国际网球联合会主办，是除奥林匹克网球比赛以外历史上最长的网球比赛。因系美国人D.F.戴维斯（Dwight Filley Davis）倡议举办的，并捐赠银质奖杯授予冠军队，故名"戴维斯杯网球锦标赛"。1900年8月，第一届戴维斯杯网球赛在美国波士顿郊外一家叫做长木板球俱乐部的地方举行时，仅美国和英国参加，戴维斯本人是美国队的队长又兼运动员，并在当年的比赛中带领美国队以3∶0战胜英国队捧

图1-2-8 戴维斯杯赛赛标

走奖杯。而在戴维斯杯赛创立100周年后的1999年，全世界已有129个国家参与了这项代表着国家网球团体最高水平的赛事。由于参赛国家与日俱增，戴维斯杯网球赛规则进行了多次修改，1923年起分为美洲区和欧洲区；1952年又增加了一个东方区；1966年欧洲参赛队剧增，又从3个区分成4个区，即美洲区、东方区、欧洲A区、欧洲B区（非洲国家参加欧洲B区）。1981年开始采取分为两级的升降级比赛的办法，第一级有16个队参加，称为世界组，第二级是四个分赛区各队的比赛。

现行的规则是将比赛区划分为亚太区4组、美洲区4组及欧非区4组各有A、B两区，水平最高的在一组，一组的上下半区各出线一个队。每区的前两名出线参加世界组的资格赛。这样，亚太区一组、美洲区一组及欧非区一组的A区和B区，各出线2个队，共8个队，进入世界组的预选赛，同当年世界组16个队中第一轮被淘汰的8个队抽签对阵，逐队厮杀，胜者升到第2年世界组，成为16强争夺戴维斯杯，负者回到各区的一组，第2年再战。戴维斯杯比赛采用4单1双，5场3胜制。比赛时间为三天，第一天两场单打，第二天一场双打，第三天又是两场单打，赢三场以上为胜方。中国网球队在新中国成立前曾6次参加戴维斯杯网球赛，新中国成立后从1963年起又重新开始参加。1984～1986年连续3年进入东方区半决赛，1987年取得东方区第二名，这是中国运动员在戴维斯杯网球赛中取得的最好成绩。

戴维斯杯国家排名是根据所有参赛国近4年所取得的比赛成绩来定的。每一轮比赛之后排名都会调整一次，而4年前的任何比赛结果都将视为无效。近来又有一项新的举措：前年、前2年、前3年的分数将相应地减少25%、50%、75%，因此，100分将分别变为75分、50分、25分。只有获胜的队伍才能赢得分数，进而提高排名，还有只要能击败排

名比本队高的对手还能拿到奖励分。对于那些能在对手的主场赢得比赛的国家，还能得到额外的分数。如果一个客场国家赢得淘汰赛，那它将获得该轮的分数加上奖励分数，还有以上总分的 25%。

3．联合会杯网球赛

在女子网球比赛中，联合会杯网球赛（Federation Cup）（图 1-2-9）是一项重要的赛事，它是 1963 年为庆祝国际网联成立 50 周年创办的。联合会杯网球赛是与戴维斯杯网球赛齐名的团体赛事，是各国网球整体实力的大检阅。第一届联合会杯网球赛是在伦敦的女子俱乐部进行的，共有 16 支代表队参加，这比预期想象的要多得多，因为毕竟比赛没有奖品，而且各队

图 1-2-9　联合会杯网球赛赛标

还需支付各自的支出。联合会杯赛每年进行一次，至 2002 年已进行了 40 届。随着女子网球运动的不断普及，参加联合会杯赛的国家也慢慢地增多。中国队是从 1981 年开始参加联合会杯的，曾进入过前 16 名。举办此项赛事的想法可追溯到 1919 年，那时候，H. H. 怀特曼夫人就萌生了举办女子组队比赛的想法，当时这个想法未被接受。N. 霍普曼夫人，即传奇人物澳大利亚戴维斯杯队长 H. 霍普曼的妻子，后来承袭了 H. H. 怀特曼夫人的最初设想。1962 年一位名为 M. H. 海尔的美籍英国人，提交了一些文件，并最终说服了国际网球联合会同意每年在不同的比赛地举办组队锦标赛。同时，赛事得以成功举办很大程度上也归功于当时网坛的领导人物，M. 考特和 B. J. 金。参赛队伍的增加致使 1992 年开始了地区预选赛。看到戴维斯杯主客制的编排形式取得的巨大成功，1995 年联合会杯也改变其原有的编排形式，使得女子可以像男子一样在自己国家代表她们的国家打球。1995 年以来编排形式进行了多次调节，至此，联合会杯网球赛仿效了戴维斯杯网球赛的比赛办法，实行"联合会杯新赛制"，由上年联合会杯赛四分之一决赛的 8 个队组成世界组，其余 8 个队成为 A 组。这两组的比赛都采用一场主场和一场客场的比赛方法。在世界组中，第一轮获胜的 4 个队进行半决赛，第一轮失败的 4 个队与 A 组中获胜的 4 个队进行比赛，比赛中获胜的队进入下年度世界组。A 组中第一轮失败的队同各区中获胜的队进行比赛，然后由 4 支获胜的队进入下年度 A 组比赛。4 支失败的队则参加下年度的区级比赛。世界组和 A 组的比赛采用 5 场 3 胜制，第一天进行两场单打，第二天进行两场单打和一场双打。

联合会杯国家排名可参见戴维斯杯国家排名。联合会杯国家排名将在各个水平的联合会杯比赛选定种子队时被视为首要的标准。在选定种子队时，联合会杯组委会也将利用此标准，如参加比赛运动员的世界排名、在不同比赛场地的经历、双打比赛的经历和其他任何相关的标准。所有参赛国家，无论是参加世界组比赛还是地区组比赛都将会得到排名。

4．大师杯系列赛

自从职业网联改用新的排名法和调整了比赛日程后，职业网坛一片繁忙景象，同一时间世界各地会举办几起赛事，可谓热火朝天。可时间一长，问题也暴露出来了。由于高级别的选手分别参加几起赛事，他们之间的交锋次数自然就减少了。另外过多的比赛和排名榜的压力使得许多球员超负荷运转，导致伤病和弃权现象的增加，比赛水平下降。而水平

图 1-2-10 大师杯系列赛赛标

不高的比赛会降低观众的兴趣，失去观众就意味着失去市场，基于这些，国际职业网联进行了改革，于是，一个"超级巡回赛"诞生了。这个计划的口号是"以少促多"，即以减少赛事来提高比赛的质量。他们将原有的 11 起最高水平的赛事减至 9 起，以其为基础组织超级巡回赛。这些赛事的总奖金额从 60 万～200 万美元。在选择赛事时，职业网联充分考虑了场地、资金、观众等因素，使 9 起赛事能充分展示男子职业网球的各种不同风格。根据场地的不同类型划分，它们是：塑胶场地的利普顿大师赛、印第安纳大师赛、红泥土地的蒙特卡洛大师赛、汉堡大师赛、罗马大师赛，硬地的多伦多大师赛、辛幸那提大师赛，室内地毯场地的斯德哥尔摩大师赛、巴黎大师赛，这就是超级九项赛，它们是大师杯系列赛（图 1-2-10）的前身。为了保证赛事质量，职业网联与排名前 10 名的选手都签订了合同。合同规定这些球员必须准时出席以上赛事，不能在同一时间参加其他低级别的比赛。每年 11 月 15 日在德国法兰克福由 8 名世界顶尖选手参加世界男子职业网球协会年终总决赛（又称世界锦标赛）。

1995 年 4 月，德国著名的高级轿车奔驰（Mercedes Benz）汽车和世界男子职业网球协会签下了 4 年合同；自 1996 年起的 4 年内，奔驰将成为九项大师赛的头衔赞助者（Title Sponsor）。根据合约，在世界男子职业网球协会每年所举办的超过 80 站巡回赛中，奔驰汽车有权利将其著名的圆形商标架设在球网的两侧，不过奔驰公司也必须在其中大约 60 项比赛中，提供车辆作为选手交通运输之用。但是，在 21 世纪伊始，男子职业网球赛与已往有所不同，它将以往的超级九项赛和世界男子职业网球协会世界年终总决赛改了名，超级九项赛现在名为大师系列赛，年终总决赛也改了名为大师杯赛，大师系列赛也同样分九个地方举行，但有小部分会有所改变，而大师杯赛也如往年一样，由全年成绩最好的 8 位球手参加。2002 年及 2005 年的大师杯赛在中国的上海举行。

三、世界男子职业网球协会、国际女子网球协会组织的网球赛事介绍

1. 世界男子职业网球协会网球赛事

世界男子职业网球协会的比赛主要分为两大系列：一是 ATP TOURNAMENTS，可以译为世界男子职业网球协会系列赛；二是 CHALLENGER SERIES TOURNAMENTS，译为挑战系列赛。挑战系列赛前并没有世界男子职业网球协会，虽然挑战系列赛是由世界男子职业网球协会来负责的，但挑战赛头衔并不是世界男子职业网球协会头衔，是完全不同的两个概念。世界男子职业网球协会系列赛又包括下面六种比赛：大师杯赛、世界双打锦标赛、世界队级锦标赛、网球大师系列赛（现更名为 ATP1000 大师赛）也就是超九赛事、国际黄金系列赛、国际系列赛。

国际系列赛是世界男子职业网球协会最低级别的比赛，它比赛的总奖金分成 40 万美元、60 万美元、80 万美元和 100 万美元不等。而国际黄金系列赛的总奖金分为 80 万美元、100 万美元。九个大师赛的总奖金当然是超过 100 万美元的，它们的奖金由各自的组委会来决定。如上海喜力公开赛就是 40 万美元的最低级别的 ATP 赛事。

挑战系列赛的总奖金分为以下几类：2.5 万美元、5 万美元、3.75 万美元加免费住宿和早餐、7.5 万美元、10 万美元、12.5 万美元加免费住宿和早餐、15 万美元。如参加一个 5 万美元的挑战赛，获得冠军能拿到 50 分的世界男子职业网球协会电脑排名分和 7200 美元的奖金。

2. 国际女子网球协会网球赛事

国际女子网球协会的赛事系统较为简单，分为 Tier 1～5 级。最低级 5 级的总奖金为 11 万美元，4 级的总奖金为 14 万美元，3 级比赛的总奖金可以是 17 万美元和 22.5 万美元，2 级的总奖金为 58.5 万美元和 65 万美元，最高级 1 级的总奖金可以是 126.2 万美元、132.5 万美元和 200 万美元。如在上海举行的女子比赛的总奖金 58.5 万美元也就是国际女子网球协会的 2 级比赛。在这些比赛里夺魁才算是拥有国际女子网球协会的头衔。

第三节　我国网球运动发展的历史与现状

一、网球运动在中国的发展历史简述

1885 年前后，网球运动传入中国。先是在上海、广州等大城市的外国传教士和商人之间出现网球活动，之后一些教会学校也开展起这项运动。1898 年，上海圣约翰书院举行斯坦豪斯杯赛，这是中国网球史上最早的校内比赛。1906 年，北京汇文学校、协和书院、清华学校之间，上海圣约翰大学、南洋公学、沪江大学，以及南京、广州、香港的一些学校开始举行校际网球赛，促进了网球运动在中国的传播。

在 20 世纪二三十年代的网球运动只在少数人中间流行。从 1924 年到 1946 年虽 6 次派队参加戴维斯杯比赛，但多是在第一、二轮被淘汰，技术、战术水平较低。新中国成立后，网球运动在起点低、基础差、交往少的情况下逐渐发展，1953 年在天津首次举办了包括网球在内的四项球类运动会（篮、排、网、羽），1956 年举办了全国网球锦标赛，后来全国网球等级联赛定期举行，并实行升降级制度，还定期举办全国网球单项比赛、全国硬地网球冠军赛、全国青少年网球比赛、巡回赛，以及老年网球赛、高校网球赛、少年网球赛。这些竞赛对促进网球技术水平的提高起到了积极的推动作用。1956 年 7 月 9 日至 8 月 17 日，印度尼西亚草地网球协会派队访华。双方先后在北京、天津、上海、南京、广州等地进行了 24 场比赛，客队胜 15 场、负 8 场、平 1 场。这是新中国成立后首次进行的网球国际交往，促进了网球运动在中国的发展。此后，中国网球运动员曾先后同 30 多个国家和地区交往，参加过不少大型的国际比赛，并取得了较好的成绩。例如，1959 年新中国的第一代网球选手朱振华和梅福基在波兰"索波特国际网球赛"中首次获得男子双打冠军；1965 年，又有戚凤娣和徐润珍分别获得"索波特国际网球赛"的女子单打冠军和亚军。

20 世纪 80 年代以来，我国网球运动水平提高幅度较快。1986 年第 10 届汉城亚洲运动会网球比赛，李心意获得女子单打冠军。1990 年第 11 届北京亚洲运动会网球比赛，我国运动员获得三块金牌、三块银牌和一块铜牌（男子团体冠军、潘兵获男子单打冠军、夏嘉平和孟强华获男子双打冠军）。女子队参加 1991 年联合会杯网球团体赛，在 58 个参赛队中进入 16 强，李芳从国际网球排名 200 位跃升到 155 位；夏嘉平参加世界大学生运动会网球比赛获得男子单打冠军；在 2004 年雅典奥运会上我国双打选手李婷、孙甜甜获得

双打金牌；2006年郑洁、晏紫获得澳网、温网双打冠军；李娜在2011年法国网球公开赛、2014年澳大利亚网球公开赛女子单打比赛中获得冠军，职业排名上至世界第二，这是亚洲历史上女子单打的最好成绩。这些成绩说明我国网球运动竞技水平有了大跨步的提升，令国人振奋和鼓舞。然而从世界网球水平的角度来看，我国网球男女运动员竞技水平存在的差距是相当大的，2014年7月李娜宣布退役，标志着李娜时代的终结，中国女网能否出现第二个李娜成为了目前首要的任务，而中国男子网球运动员的世界排名正努力向前100位进发。

二、世界男子职业网球协会、国际女子网球协会在我国组织的网球重大国际赛事介绍

1. 中国网球公开赛

图1-3-1　中国网球公开赛赛标

中国网球公开赛（China Open）是国际网球协会批准自2004年每年一届在中国连续举办11届的大型国际网球比赛（图1-3-1）。2009年，中国网球公开赛经过调整后，男子赛事为仅次于四大满贯和九站"1000分赛事"的十站"500分赛事"之一，女子赛事则为仅次于四大满贯赛的四个钻石皇冠赛事之一（即皇冠赛A9赛事）。中国网球公开赛在整体级别上仅次于四大满贯，与印第安维尔斯大师赛、迈阿密大师赛和马德里大师赛并称"四大超级赛事"。北京体育竞赛管理中心决心通过多年的努力把中国网球公开赛办成继法网、美网、澳网、温网之后的具有浓厚中国文化底蕴和现代化节奏相结合的世界第五大网球公开赛。

2. 上海网球大师赛

上海网球大师赛（Shanghai Masters）是职业网球联合会世界巡回赛的九站"世界男子职业网球协会世界巡回赛1000大师赛"之一，其重要程度仅次于网球四大满贯和世界男子职业网球协会世界巡回赛年终总决赛。上海大师赛每年10月中旬举行，上海大师赛成立至今包揽了历年所有的由世界男子职业网球协会全体球员票选的"年度最佳大师赛"的赛事至高荣誉。在2009年之前，上海曾连续五年举办世界男子职业网球协会世界巡回赛的年终总决赛，即原大师杯赛，但最终上海遗憾地与世界男子职业网球协会世界巡回总决赛的永久举办的身份擦肩而过（世界男子职业网球协会世界巡回总决赛在2008年后举办地不固定）。上海ATP1000大师赛的落户，使得9、10月亚洲地区举办的世界男子职业网球协会巡回赛事形成了一个级别完整的亚洲系列赛，其中包括了ATP250级别的中国深圳、马来西亚吉隆坡、泰国曼谷的赛事和ATP500级别的中国北京、日本东京的赛事，使亚洲地区在世界网坛的地位进一步提高。同时，于10月进行的上海网球大师赛也对世界网坛顶级高手竞争11月年终总决赛的席位至关重要。

3. 武汉网球公开赛

武汉网球公开赛（图1-3-2）是继北京中网、上海大师赛之后，国内级别最高的网球赛事，武汉网球公开赛与多哈网球公开赛、罗马网球公开赛、蒙特利尔网球公开赛、辛辛那提网球公开赛并肩成为全球五大超五巡回赛。赛事运营主体

图1-3-2　武汉网球公开赛赛标

为武汉体育发展投资有限公司。赛事奖金总额为 240 万美元，冠军积分为 900 分。比赛时间安排在每年 9 月底，在广州网球公开赛之后，中网之前的一周举行。

4．广州国际女子网球公开赛

广州国际女子网球公开赛是国际女子网球协会职业巡回赛国际级赛事，由中国网球协会、广州市体育局主办，广州天河体育中心协办，作为国际女子网球协会全球 54 站分站赛之一，是中国历史最悠久的国际女子网球赛事，每年一度的广州网球盛事，与中国网球公开赛、上海网球大师赛并称为中国网坛三大职业赛事。

5．深圳国际女子网球公开赛

深圳国际女子网球公开赛（简称深圳公开赛）从 2013 赛季开始首次举办，与澳大利亚举办的布里斯班网球赛和新西兰奥克兰 ASB 网球赛同周，作为澳网热身赛的第一站进行，规格为奖金总额 50 万美元，冠军积分 280 分，是国际女子网球协会全球巡回赛中的其中一站国际级赛事。深圳网球赛也成为除中国网球公开赛和广州国际女子网球公开赛之外中国大陆同时运行的第三站 WTA 巡回赛事。

6．天津网球公开赛

天津于 2013 年 12 月 11 日成功获得了 2014 年到 2018 年国际女子网球协会国际赛事在天津的承办权。2014 年 1 月 24 日的发布会上，组委会正式将这项赛事命名为"WTA 天津公开赛"，并向全球媒体宣布这项赛事即将隆重举行，赛会为期 7 天，预计共有来自全球约 20 个国家超过 32 位国际女子网球协会注册的世界顶尖女子网球职业选手来到这里一比高下，上演国际女子网球协会巡回赛共计 280 积分、总奖金 50 万美元的荣誉之战。2014 年，首届 WTA 天津公开赛成功举办，获得了来自国际女子网球协会和参赛球员的高度认可。并且，天津本身具有非常好的网球氛围，培养出了许多网坛重量级选手。2015 年，第二届 WTA 天津公开赛继续成长，不仅赛事奖金比去年翻倍，同时还引入了鹰眼技术。因此，WTA 天津公开赛从一个备受好评的年轻赛事，逐渐提升为一场令每一个参与者都印象极为深刻的国际化网球盛宴。

7．江西国际女子网球公开赛

江西国际女子网球公开赛（图 1-3-3）是国际女子网球协会 125K 系列赛 2014 全球首站赛事，由国家体育总局、江西省人民政府主办，国家体育总局网球运动管理中心、江西省体育局承办，江西省网球运动管理中心、南昌国际体育中心协办。江西国际女子网球公开赛是国际女子网球协会旗下的 WTA125K 系列赛之一，赛事奖金 12.5 万美元，冠军积分 160 分，成绩最好的中国女子球员将享有国际女子网球协会皇冠明

图 1-3-3　江西国际女子网球公开赛赛标

珠赛事中国网球公开赛外卡一张，其影响力仅次于国际女子网球协会顶级赛和国际赛。国际女子网球协会新开启的 125K 系列赛在于为还没有能力举办国际女子网球协会顶级或国际赛的市场提供一个展示平台，并为国际女子网球协会低排名和有前途的球员提供更多的比赛机会和积分。根据规则，每一轮次晋级的选手都将获得相应的国际女子网球协会世界

排名积分和奖金，单打冠军积分高达160分，相当于在大满贯赛事打进32强，高于中国网球公开赛打进16强的积分。

三、我国竞技网球运动水平分析

根据有关资料统计，目前遍布全国的网球人口逾百万，网球场超过1万片，全国网球场地正以每年40%的速度增长，由此说明网球的市场在逐步扩大。但除了2002年上海大师杯赛、2004年中国网球公开赛等一系列高水平的国际赛事的举办，观看比赛的观众较多，其他一些全国卫星赛、巡回赛中入场观看的人数非常少，个别比赛甚至运动员比观众还多。这说明全民网球意识较为薄弱，这与网球运动消费较高有一定关系：场地少、场租昂贵。以上海为例，每20万人还摊不上一片场地，而美国每1万人就有5片场地。网球运动的消费极大超过了普通工薪阶层的承受能力。可见，如果没有观众，没有群众基础，网球的生命力就不可能持久和强大，没有充分的资金做后盾，网球事业更不可能蓬勃发展。

1. 教练员执教水平不高

要想提高网球运动水平，高水平、高素质的教练员队伍是十分重要的一个环节。当国际网联主席贝蒂被问及中国网球目前最大的问题是什么时，他毫不客气地指出：中国教练员的水平不高。作为一名好的教练员，他必须要在第一时间掌握世界网坛的最新技术和动态。随着技术的不断革新，教练员的观念、训练手段也应随之变化。

2. 部分运动员对网球的态度不够端正

国际女子网球协会网球学院教练丹尼尔柯谈到曾在他们学院训练的几名中国球员时指出，运动员主观精神上的不足是阻碍他们水平提高的最大原因。中国球员缺乏为网球付出一切的精神，缺乏明确的动机和强大的动力，缺乏挑战自我的勇气。其中一名球员因为想念女朋友在四个月的培训后就打道回府了。而在国外，一些球员为了继续参加网球比赛，他们付出了相当大的代价。例如，瑞典名将博格自己背着帐篷参加比赛，俄罗斯的萨芬13岁时在举目无亲、语言不通的情况下去西班牙接受培训，正是他们永不言弃、顽强拼搏、高度敬业的精神才驱使他们走向成功。

3. 运动训练观念落后

科学的运动训练是取得好的运动成绩的重要保证。目前我们存在的主要问题是训练和比赛脱节，训练没有从实战出发，练的用不上，用得上的练得不够，场上变化少，战术组合粗略，这些都是没有充分地把握网球竞技制胜规律的表现。

在技术训练上，大部分的省体工队的训练都是单纯的底线对攻打法，连续对打十几拍甚至几十拍，只是以熟练的技术和顽强意志消极地等待对手的失误，这样就会造成欠缺主动进攻的意识。综观当今世界网球比赛，球速、力量都非昔日可比，一场比赛比分的70%都是在双方运动员各击二至三拍就能分出胜负。所以，训练应在头三拍上下功夫，特别是发球和接发球尤为重要。因为发球、接发球的得分总和占一场比赛比分的40%还要多。因此首先在技术的训练理念上就存在错误；在战术训练上，贯彻不彻底，尤其在培养运动员的战术意识方面存在严重不足，许多国手在比赛失利后都深刻地谈到这一点。反观国外青少年选手，具备了他们成年队先进打法的雏形，击球的力量大、速度快，网前拼抢积极，动作连贯，进攻与防守的转换意识强，球路变化目的明确，已初步具有了自己的技、战术风格；在身体素质训练上，由于训练方法不当，运动员在场上的移动速度较快，但灵活性和调整能力不够，体能训练也没有从实战出发。

因此，要想改变中国网球运动落后的面貌，必须要认真面对困难，找出解决问题的办法。例如，在2002年上海大师杯赛上，高水平的教练、国际网联主席贝蒂先生指出："一个国家要发展网球的竞技水平，最关键的就是要抓好三点！一是要有高水平的教，二是艰苦的训练，三是多参加国内外的比赛。"但是，也要着手找出一条适合中国国情的网球发展之路。例如，加大网球运动在中国的普及力度，健全管理及竞赛体制，更新运动训练模式，加大运动员参加国际职业比赛的次数，并提高运动员及教练员的素质，提高网球科研水平，将网球的教育结合起来，加大改革力度，才能积极寻找出一套适合中国国情的网球发展之路。

近几年，随着中国金花在世界网坛取得的不俗成绩，在国内掀起一阵阵网球明星热潮，公众的关注度提升了很多，越来越多的人参与到网球运动中来。每年在中国举行的国际网球赛事也越来越多，网球赛事收视率和现场观看的人数也节节攀升。如2002年上海大师杯赛、2004年中国网球公开赛落户北京，以及在各大城市举办的国际女子网球协会分站积分赛等。

中国网球协会也一直坚持不懈地致力于发展一些经济较落后以及网球运动不发达城市的推广工作，定期指派训练水平较高的网球教练员到各地教学，传达先进技术的理念，使许多省、市级二三线运动队训练方法得到更新，为网球运动员的选材工作奠定了基础。

四、我国青少年网球运动发展现状

我国青少年网球启蒙运动的时间相比欧美国家较晚，我国网球运动的培养分为各省市运动队、俱乐部、家庭自费三种形式。在网球运动的培养过程中，都需要坚实的经济基础做保障。通常，一名网球运动员一年至少需要4万～6万元的训练、比赛经费，如果要输送到海外进行学习，一年至少需要几十万元的费用。无论是哪种培养形式，经费缺口一直是网球运动员培养过程中的一大阻碍因素；另外，青少年网球运动员的文化程度普遍不高，大部分青少年网球运动员都是来自各省地市的体校、体工队，由于从小就被选入体校，教练员重视出成绩忽视文化学习，许多运动员从小没有掌握最基本的文化知识，影响了他们对训练、比赛技战术理论的理解和掌握；此外，青少年过早进行专业化的训练模式，有研究得出，大部分的运动队教练员都是网球退役运动员，他们虽然有丰富的实践经历，但缺乏科学的运动理论知识体系，为了出成绩，过早地用成人化的训练方法来培养青少年，短期内确实能够达到效果，但过早地进行专业化训练，影响了青少年身体、心理素质的自然发展规律，这就是我国网球运动员在青少年时期都具备一定的水平，但到成年后，比赛能力停滞不前，甚至因为训练过度，患有严重的运动损伤而过早地退役的原因。网球教练员业务能力以及职业精神也有待提升，虽然我国青少年网球运动正积极开展多元化的培养途径，但在青少年网球运动梯队建设的路上任重而道远。

五、我国网坛风云人物简介

1. 男运动员

1）夏嘉平。1969年出生于上海。外公吴生康是我国20世纪50年代著名网坛高手。1989年夏嘉平在国内夺得全国甲级团队体赛冠军和全国甲级单项赛男单冠军之后，又代表中国队在加法尔杯网球赛中获冠军，同年年底，在北京国际网球挑战赛中又获铜牌。1990年北京亚运会上，夏嘉平力克菲律宾、印度和韩国选手，为在亚运会上中国男子网球实现金牌"零"的突破立下汗马功劳。1991年7月，在世界大学生运动会上夏嘉平获得男子网球单打比赛的冠军，创造了中国网球选手在世界综合性运动会上第一次夺得金牌的纪录。

2）潘兵。1970年出生于安徽。湖北网球名将，前中国男子最高排名创造者，1990年的北京亚运会上，潘兵夺得了中国男子网球的第一个亚洲冠军，四年后的广岛亚运会，他蝉联该项冠军，在长达十年的时间里，他把持着中国男单的头号位置，无人可敌。七运会、八运会上包揽男单、男双四项冠军的霸气至今仍是网球界人士津津乐道的话题。

3）朱本强。1979年出生于湖北，中国著名网球运动员，世界大学生运动会混双冠军、ATP双打亚军和全运会男团、混双冠军。2005年南京全运会后退役，2009年济南全运会前复出，随后再退役，专心在湖北省网球队当教练。2011年南昌城运会收获执教生涯中首枚综合性运动会男子网球团体金牌。

4）张择。1990年出生于江苏南京，我国新一代男子网球球员中的实力派，ATP最高排名148名。1998年开始接受网球训练，2003年进入江苏省队。2012年凭排名入围法网资格赛，成为公开赛时代继潘兵之后第二位参加四大满贯单打资格赛的中国大陆男子职业网球选手。在2015年澳网公开赛中，搭档中华台北姑娘张凯贞，在混双首轮迎战跨国组合、2014年法网冠军罗耶尔/格罗恩菲尔德（荷兰/德国）。最终经过抢十激战，张择/张凯贞以6-2、4-6、10-6获得胜利晋级混双第二轮。这是公开赛年代以来，中国大陆男网选手在大满贯正赛斩获的首场胜利。

2. 女运动员

1）陈莉。1971年出生于湖南湘潭，李芳最重要的双打搭档。曾与李芳搭档获得1994年WTA北京四级赛女双冠军。单打最高排名112，双打最高排名135。参加过巴塞罗那和亚特兰大两届奥运会。1996年北京四级赛单打亚军，大满贯方面仅在1997年有过一次澳网正赛经历。退役后进入国家队当教练，曾经担任过郑洁、晏紫这对黄金组合的教练。

2）易景茜。1974年出生于江苏南京，第二个打入WTA单打TOP100的球员。职业生涯单打最高排名69，双打最高206。2000年澳网单打32强，另有4次大满贯单打二轮经历，1995年印尼四级赛单打亚军，1995年泰国四级赛单打亚军。职业生涯最重要的胜利是1996年法网首轮击败前世界第一卡普里亚蒂。由于年龄稍小且巅峰期较晚，其职业生涯末期已经能看到李娜等新一批金花的身影。

3）李娜。1982年出生于湖北武汉。职业生涯单打最高排名第二位。1989年，6岁的李娜开始练习网球。1999年转为职业选手。2002年年底，李娜前往华中科技大学新闻专业就读。2004年，在丈夫姜山的鼓励和支持下选择了复出。获得2008年北京奥运会女子单打第四名，2011年法国网球公开赛、2014年澳大利亚网球公开赛女子单打冠军得主，亚洲第一位大满贯女子单打冠军得主，亚洲女单世界排名最高选手。

4）郑洁。1983年出生于四川成都。1990年开始练习网球，2001年选调进入国家集训队。2003年开始转入职业网坛，2004年，郑洁成为中国第一位杀入大满贯16强的运动员，2006年，和晏紫搭档摘下了澳网和温网的女子双打冠军。2008年北京奥运会，郑洁与晏紫搭档摘得女双的铜牌。截至2014年年底，郑洁个人职业生涯共获得4个WTA巡回赛单打冠军，15个网球女子双打冠军。

5）彭帅。1986年出生于湖南，八岁起开始学习网球，曾被誉为最有前途的女网球运动员。2009年第十一届全运会网球项目上，彭帅获得女团、混双、女双、女单四枚金牌，2013年十二届全运会上女团、混双、女双、女单四个项目全部实现卫冕，2013年7月获得温网女双冠军，这也是彭帅职业生涯的首个大满贯冠军，同年10月夺得年终总决赛女双冠军，创造亚洲历史。2014年2月17日，彭帅正式登上女双世界第一的宝座。2014年6月8日，夺得法网女双冠军，这是她的第二座大满贯冠军头衔。

6）郑赛赛。女，1994年出生于西安，2011年获得广州网球公开赛女双冠军，2013年跻身澳网女双四强。2014年8月美国网球公开赛，首度闯入大满贯正赛即进入第二轮。2014年9月香港网球公开赛，职业生涯首次晋级国际女子网球协会巡回赛的女单八强；2014年10月天津网球公开赛，职业生涯首次晋级国际女子网球协会巡回赛的女单四强。

第四节 网球运动的场地器材知识

一、网球器材的分类

1. 网球拍

（1）球拍的重量

网球拍的重量系数指未上网线和握把胶皮等配件即整支网拍的净重克数。具体可分为拍头重量和拍身重量两部分。作为初学者或初级水平的选手，应该选择拍头和拍身较轻的球拍，也就是拍头较宽大，拍头平圆为流线形的球拍。此类球拍可培养灵巧和球感性能，还可减少回球失误率。

（2）球拍的长度

对于网拍的长度，选择标准：一是依据使用者的身高；二是使用者的打法特点。通常，身高与网拍长度成反比。选手为弥补身高的不足，选用加长的网拍是适宜的。在技术风格的打法类型上也有底线型选手用加长拍、上网型选手用非加长拍的说法，但网球拍的长度一旦按选手身高条件和打法类型确定后就不应随便改动。当一只球拍比较长而且头比较重的时候，不管当你第一次拿起这支球拍的感觉有多轻，它加长的长度和平衡点将使挥拍重量增加。这两点都可以增加击球的力量，但是这也会使灵活性变差。

（3）拍面的大小

现在的网球拍依其拍面面积的大小，大致上可分为四种类型（图1-4-1）。

中拍面球拍：穿线面积小于94平方英寸（$1in^2=6.4516\times10^{-4}m^2$）。

中大拍面球拍：穿线面积介于95～104平方英寸。

大拍面球拍：穿线面积介于105～115平方英寸。

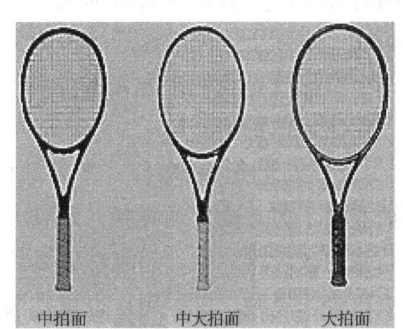

图1-4-1 球拍类型

超大拍面球拍：穿线面积大于116平方英寸。

目前，市场上最普遍的拍面在110～115平方英寸。那么，不同的拍面大小对网球技术水平的发挥起着什么样的作用呢？必须认清的一点，就是大拍面对网球技术动作有较大的宽容度，也就是说当你击球偏离甜点区时，也可以把球打出去。因此，拍面越大则甜点区越大，击球的稳定性越强，对技术动作的要求难度降低。另外，大拍面的直弦较长，从而使弹力增加。那么为什么不把110～115平方英寸再加大，那不是更有利吗？目前市场上最大的拍面在135～138平方英寸。乍看之下犹如钓鱼的鱼网：相当有弹性，大部分球都可以轻松送回，站在网前有如天罗地网之感。但它也有自己的缺点。因为球拍的拍面大，风的阻力也大，虽甜点区加大不易失球，但是缺乏速度。也就是说，很容易打到球，但是与中拍面相比，击出的球速较慢，容易漂浮，同时越大也会越重，而且不灵活。其实，职业球员所用的球拍拍面很小，也很薄。为什么他们不太用大拍面呢？事实上，除了女选手，男选手几乎不用大拍面的主要原因在于：甜点区越小，力量越集中，因此球速越快。一些业余球员只希望能打到球，所以用大的比较有利；而职业球员，打到球已不是问题，他们所追求的是球的力量和速度，所以他们几乎都使用95平方英寸左右的中拍面。对中大拍面的使用也不限于职业球员，因为只要控球良好、反应快，稍有基础的年轻人或中年人都可以用中到中大的拍面。

因此，我们可以看出，大拍面易学，稍微偏高重心也能打到，而缺点则是缺少速度、控制也较差，适合女性、初学者及年纪大者使用。中拍面适合中上级及年轻球员，用它击出的球速快、控制好，但是甜点区小，适合技术水平较高的职业选手或有良好球技的选手使用，它是攻击型球员的得力武器。

（4）拍柄的大小

拍柄的尺寸大小选择与重量一样，选择自己觉得最舒适的尺寸。拍柄如果选得太细，不易抓紧，遇上强力来球容易造成拍面松动而使拍面翻转。当然，太粗的拍柄容易产生疲劳，灵敏度会降低，不易处理小球或截击球。尺寸表示通常都贴在球拍外框或内框，标上注释的L、SL、USL来标识球拍的重量范围，L指拍重（含网线）在335克以上，SL指拍重在320～335克，USL则指拍重在320克以下。其后面的数字则是以英寸为单位标识的手柄周长，数字越大则表示手柄越粗，相反，则手柄越细。通常拍柄粗细有欧式和美式两种标识法，其换算公式为美式012345以此类推；欧式4、4 1/8、4 1/4、4 3/8、4 1/2和4 5/8。实际上，你应该选多少尺寸才合适，必须看你的手掌大小，不可一概而论。不过有一个指标就是我们东方人很少有人需要4 1/2以上的握把。

（5）球拍的材料

在20世纪60年代，木质球拍几乎占了所有的网球球拍市场。到了70年代，金属球拍取代了多数的木质球拍。现在是复合材料的天下，如碳纤维、玻璃纤维、克维拉纤维、高张力碳纤维、钛、超刚性碳纤维等材料单独使用或者混合使用。这些材料与木或铝比起来更轻、更硬、更耐用，也更能吸收振荡与振动。这些材料同时也让制造厂商在球拍的硬度、球感、击球性能的设计上有更大的伸展空间。

（6）网球拍的平衡点

平衡点的中心话题实际上就是"拍头重"或"拍头轻"的问题。最简单的表达方式如下。

头重：适合长拍，常常被底线型职业选手选用。

头轻：适合双打或网前截击。因为截击要求灵活的拍面转动。

那么怎样知道球拍拍头的轻重呢？这儿有一个简易的测试方法。

首先用一条布尺量一下你球拍的长度。把长度除以二，也就是说，球拍一半长的中心点。把球拍平放在椅背水平的地方或一块木板，看它哪一头下垂。如果往拍面方向下垂，那就是头重；如果往握把方向下垂，那就是头轻；如果中心点分隔的两边一样重，那就是平衡。大家应注意，球拍的平衡点是从球拍握把的底部往上量的，以厘米数来表达平衡点。

（7）网球拍弦的选择

网球拍弦的种类根据材料来分主要有两种，即天然肠弦和人造复合弦。

天然肠弦一般由猪、牛、羊等动物的小肠做成，因为最早的网球拍弦常用羊的小肠做成，故又称为"羊肠弦"。人造复合弦是由不同的纤维丝结构组成的，一般也称为"尼龙丝"。目前，随着拍弦厂商的不断努力研制，现在复合弦在性能上比以前的"尼龙弦"更加接近于"羊肠弦"，所以又称为"仿羊肠弦"。当今，大多数职业球员都选择天然肠弦，他们认为天然肠弦是当前数百种拍弦中最好的。天然肠弦不但击球感觉好，拉力不容易下降，而且拍弦的弹性很好，即使穿弦的拉力很大，在击球时对手的震动力也很小。它的不足之处是价格昂贵、耐磨性差、怕热、容易受潮变质。由于价格较低，大多数爱好者都选择用人造复合弦。随着科技的进步，人造复合弦的制造工艺越来越精良，并且种类繁多，可供不同技术风格的爱好者选择。其优点是不易受潮湿影响，使用寿命较长；但要与天然肠弦相比，弹性较弱、伸缩性不太好，所以不宜在寒冷的天气使用。

除此之外，还有聚酯弦。聚酯可以用来做衣服，也可以用来做网球拍的网弦。聚酯弦已经成为欧洲与南美洲新一代网球选手最喜爱的弦。几年以前，只有几位顶尖世界男子职业网球协会球员使用聚酯弦，而当今前100名内的球员大约有30名使用聚酯弦。为什么聚酯弦可以赢得这么多职业球员的喜好呢？因为它除了耐用，还拥有相当柔软的感觉，对击球力量以大量上旋击球为主并且经常断弦的人而言，聚酯弦是完美的。聚酯的反弹性并不像尼龙那么好，它很强韧，你甚至可以使用细弦来增加咬球性，而不用担心会常常断弦。常断弦的人可以期望聚酯弦的寿命为同等粗细尼龙弦的两倍。但记得：如果你使用聚酯弦，而这弦很久都没断，它毕竟还是会丧失大量的紧度和适打性的，就像其他的合成弦一样。所以要奉行这条金科玉律：一年换弦的次数等于一星期打球的次数。

（8）磅数的高低

一般最常用的缠弦磅数是55～60磅（1lb=0.453592kg）。职业选手往往都拉到70磅左右。不过磅数只是一个参考值，机器与人工穿线之间都会产生偏差。

最理想的穿线原则：①经常找同一个人穿；②同一台机器穿。这样磅数才会准确。

磅数的作用：磅数高，弹性减低，但是挥拍速度快的球员则能因此得到更好的控球效果。磅数低就会产生弹簧床作用而使反弹力增加，而相对地，控球性就会降低。

因此，臂力小的人，除了用硬度高的球拍，最好还要把弦穿松一点，这样可以省力。如果又是大拍面，那就能打得更轻松。相对地，年轻力壮、挥拍快而有力的球员则以较软的球拍、配上较紧的磅数才能控球于有效区内。再以中拍面的球拍击球，会有惊人的球速出现。

2．球

网球呈白色或黄色，它由橡胶制成，外层覆盖均匀无缝的羊毛和尼龙的混合物质，圆形，具有弹形。球的直径为 6.35～6.67 厘米，重量为 56.7～58.47 克。球的弹力，若从 2.54 米的高处自由落下时，能在混凝土地面上弹起 1.346～1.473 米。在气温 20℃时，如果在球上加压 8.165 千克，球应下陷 0.6～0.74 厘米。网球用球分为训练用球和比赛用球。

3．减振器

减振器对减少振动的确有一定作用，过多的振动会伤害手臂，导致网球肘的发病。对弹性过高的球拍也有改善作用。如果你拉线的磅数高了，也可以通过减振片（条）调节。但加了减振片之后手上感觉会好一些，所以不是所有人都喜欢使用。特别一些手感好或使用低弹性球拍的选手。减振器的安装要视个人手感的喜好而定，需注意的是其安装的部位，规则里明确指出此类东西必须装在弦与弦交叉的地方之外，也就是说横竖弦交错的地方是不可以安装减振器的。

4．吸汗带

吸汗带用于缠绕在球拍拍柄上，目的是使手感舒适，握拍牢固，吸汗防滑。在比赛间隙，更要经常更换握把胶。吸汗带一般有两种：一种是用皮革制成的；另一种是人们通常所说的毛巾布。毛巾布吸水能力较强，但汗水留在毛巾布上容易结块；现在很少用皮革制成的吸汗带，虽防滑效果较好，但价格比较高。

5．网球鞋

在打网球时，一定要穿专用网球鞋，它的特殊构造会有助于你提高球技，增强有效跑动。这是因为打网球胜负 50%取决于你的跑动。在网球运动中，经常有快速起动、急停急转、曲弓弯背、踮足转体、凌空腾跃等多种变化的网球技术动作，它决定了网球鞋的设计理念和制造要素。网球鞋最重要的是鞋底。由于大多数网球场地均由三类性质不同的材料构成（草地、沙土、硬地），因此，不同形状的鞋底几乎决定了你在不同场地的发挥效率。草地场首选有突出胶状纹路的鞋底，但对于沙土场地则应选择宽波沟纹路的鞋底，而现在使用的最多的是硬地球场（塑胶、沥青），则要选择细密人字形纹路的平滑鞋底。如果你经常奔波于三种场地之间，为免更换麻烦，也可仅选择一双综合功能鞋底的运动鞋。次重要的是配件。对于脚部的保护系统设计是任何一款网球鞋最应加以考究的部分。"前足稳带""后跟托杯"、护趾、箍或中垫等配件的保护功效能让许多"天才球手"长青于网坛。次要的是鞋面。皮质鞋面（真皮、人造皮）总能使球鞋光泽生辉，并给人牢固和扎实之感，也提高了穿用档次。在注意皮质鞋面的同时，还应注意内衬材料的吸收作用，注意其柔软性和舒适度。至于尼龙或棉质，以及化纤类做鞋面，似乎更多适合木质场地为主的运动项目，不应作为网球首选鞋面材料。

除了以上选择的制造要素，还应在购买时注意尺寸和比例。有着不同网球风格的球员很少会喜欢相同的网球鞋。适合进攻性强的全场型球员的球鞋是那种重量轻、移动犀利的球鞋，适合较不具进攻性球员的球鞋是那种保固、较重、较有支撑力的球鞋。

6．袜子

网球专家建议，打球时最好穿两双袜子，不少网球明星就是这么做的。而且，其他运动明星也是这么做的，如乔丹就是这样做的。因为再好的鞋也不能完全与脚形一致，鞋与脚之间的空隙应该用棉线袜来补充。这样做还可以使你的脚在运动后少一些汗臭，也会让你的球鞋穿得长久一些。厚厚的棉袜会充分保护你的脚底、脚趾和脆弱的跟腱。

7. 其他装备

职业网球选手或一些经常打球的网球爱好者都要准备一个背包，里面装有球拍（最好两副，不至于因打断拍弦而影响打球，职业球员一般要准备5~6副）、网球、毛巾、水、袜子、护腕、运动服、创可贴等物品。

选择网球服装的原则是舒适、方便。早先若参加正规比赛还需符合规则要求。一般男子打网球常穿网球衫（T恤衫），要求是短袖、翻领，下身穿网球裤。女子打网球常穿T恤衫、圆领短袖、背心等显示青春奔放，下穿网球裙，颜色以白色为主。如今的网球比赛对球员的穿着要求很松，任何颜色均可，可以没有衣领、衣袖。

网球帽起到在打网球时遮阳的作用，同时又有固定头发的作用，在有太阳的时间打球，戴上一顶网球帽很有必要；头带有管束头发和吸汗的作用；护腕主要是保护腕关节的功能，在长时间打球过程中有了护腕既可以防止腕关节运动损伤，又可以在打球时擦汗。

二、场地的规格与分类

1. 网球场地与设施的布置和规格

根据国际网球联合会规定，标准网球场地为长78英尺（23.77米），单打宽27英尺（8.23米），双打宽36英尺（10.97米）的长方形。发球线至底线的长度为18英尺（5.485米），发球线至网线的距离为21英尺（6.4米）。

中间是球网，网的两端为网柱，网柱顶端距离地面3.6英尺（1.07米）。球网中点的高度应为3英尺（0.914米）。球场两端的界线叫底线，两边的界线叫边线。全场除底线可宽至10厘米外，其他各线的宽度均不能超过5厘米，也不得少于2厘米。底线后应留有空地不少于6.40米，边线外应留有空地不少于3.66米。

在距离球网两侧21英尺（6.4米）的地方各画一条与球网平行的线，为发球线。球网与每一边的发球线和边线组成的场地再被发球中线分为两个相等的区域，为发球区，发球中线是一条连接两条发球线中点并与边线平行的线，线宽2英寸（5厘米）。图1-4-2为网球场地示意图。

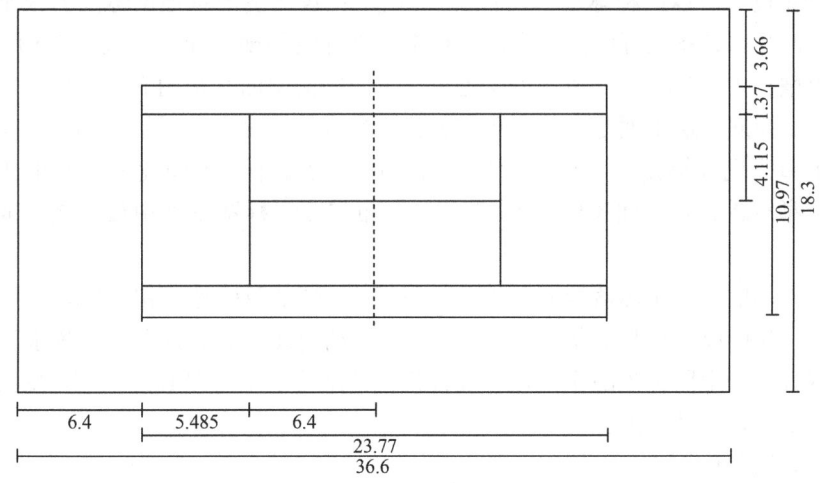

图1-4-2 场地示意图（单位：米）

两片或两片以上相邻而建的平行网球场地，相邻场地的边线之间距离不少于4米，室内网球场室内屋顶在球场上空的净高不少于11.50米。

安装照明灯光的网球场，室外应安装在边线两侧，高度在7.60米以上的位置，灯光从球场两侧朝场面均匀照射，室内球场应安装在离地面11.50米以上的屋顶上。

2. 场地的类型及特征

现代网球运动的一个重要特征是在多种不同性能的场地上比赛，无论室内或室外，职业或业余比赛都是如此。在可预计的将来，国际网球规则还不会规定一个标准的网球场地。例如，在最著名的四大网球公开赛中，澳大利亚公开赛和美国网球公开赛是硬地塑胶场地；法国网球公开赛是红色沙土场地；英国温布尔登网球公开赛是天然草皮场地；毯式球场较多地用于室内比赛。国际网球联合会的规则甚至允许戴维斯杯赛在多种类型的场地上进行。根据影响球的反弹程度的不同，网球场大致可分为以下几种：慢速球场（黏土、其他土质球场等）、中速球场（粗糙的人工合成材料、油漆地板等）、快速球场（草地、光滑的人工合成材料、硬木地板等）。当然这些都只是粗略的划分，而在两块不同的黏土球场上球的反弹情况也可能不大相同。原则上，球场越硬，尤其是越光滑的球场表面对球的反弹影响越小。图1-4-3是带旋转的球在不同场地上的反弹情况。接下来，向大家详细介绍不同的球场类型及其各自的特点。

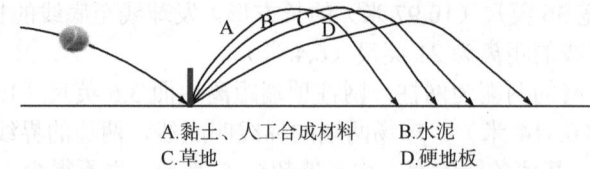

A.黏土、人工合成材料　　B.水泥
C.草地　　　　　　　　　D.硬地板

图1-4-3　网球在不同场地类型的反弹情况

（1）草地

这是历史最悠久、最具传统意味的一种场地。由于其对草的特质、规格要求极高，而适宜的草籽又不具备良好的适应性，加之气候的限制以及其需要极周到、细致的保养与维护，费用昂贵，所以此种球场（特别是对用于正规比赛的草地网球场）很难推广到世界各地。它们必须具备良好的排水系统，标准草地球场的横切面的上层是7.5厘米（3英寸）的精挑土壤和15厘米（6英寸）的畅通层，下面的两层面则是由石碟层所分开的非组织结构渗透层，而底土层上面是44厘米（18英寸）宽的排水道。球场的周围是由细长耐用的条板、混凝土壁和墙角所建造的。目前每年的寥寥几个草地职业网球赛事几乎都是在英伦三岛上举行的，且时间集中在6、7月。温布尔登锦标赛是其中最古老、也最负盛名的一项。

草地球场的特点是球落地时与地面的摩擦小，球的反弹速度快，对球员的反应、灵敏、奔跑速度、奔跑技巧等要求非常高，同时球员也利用此特点大打"攻势网球"、发球上网、随上上网等各种上网强攻战术，几乎被视为在草地网球场上制胜的法宝，底线型选手在草地网球场上常常无功而返。

（2）人造草地

这是天然草场的仿效物，其结构有点儿像地毯，只不过底层是尼龙编织物，其上栽植的是束状尼龙短纤维，为保持纤维的直立性，纤维之间以细砂为填充物。这种场地需要平整、坚固的基底，附设有良好的排水结构，并且，因其白色界线是与周围场地直接拼编在一起的，所以免去了许多如画线等维护上的麻烦，也使其成为了全天候场地的一种，维护者只需经常梳平整理并适时增添其间的细砂就可以了。

（3）软性场地

这是不被人熟知的一个名字，如果提到法国公开赛的红土球场，人们就不会陌生了，它就是"软性球场"最典型的代表。另外，常见的各种沙地、泥地等都可称为软性场地。此种场地不是非常坚硬，地表铺有一层细沙或砖粉末，特点是球落地时与地面有较大的摩擦，球速比较慢，球员在跑动中特别是在急停急回时会有很大的滑动余地，这些特点决定了球员必须具备比在其他场地上更优良的意志品质和更出色的奔跑移动能力，否则很难取胜。在这种场地上比赛对球员是极大的考验，考验其在底线相持的功夫。球员一般要付出数倍的汗水及耐心在底线与对手周旋，获胜的往往不是频繁上网者，而是在底线艰苦奋斗的一方。沙地或土地网球场虽然造价比较低，但保养和维护起来却是相当麻烦的，平时它需要浇水、拉平、画线、扫线，两天过后需要平整、滚压等。由此，打球的人更应该对场地及场地上的一切设备多加爱护。

（4）硬地

这是最普通的一种场地了，经常打网球的人没有不熟悉此种场地的。它一般由水泥和沥青铺垫而成，其上涂有红、绿等漂亮的颜料或铺有一层高级塑胶面层，其表面平整、硬度高，球的弹跳非常有规律但球的反弹速度很快，平时易于清扫和维护，基本上用不着很精心的照顾。许多公共网球场都采用这种硬地球场。在硬地球场上，由于球速较快，地面粗糙，所以对球的磨损特别快，也容易划伤网球拍。长期在这种硬地上打球，很容易形成关节疲劳和损伤。

（5）合成塑胶场

此种场地的材质与塑胶田径跑道的材质属同类，它以钢筋混凝土或其他类似的材质结构为基底，表面铺撒的是合成塑胶颗粒，其间以专用胶水相粘。这种场地的弹性及硬度依据塑胶颗粒的大小、铺撒的紧密程度及其本身的特质而定。塑胶场地颜色艳丽、管理方便，室内外皆可铺设，也是可供选择的理想的公共球场。合成塑胶场又有聚胺酯塑胶场地和丙烯酸塑胶场地两种。

聚胺酯塑胶场地，主要材料是聚胺酯橡胶。这种材料有厚度、有弹性，特别适合用于运动跑道的铺设。用它建造的网球场，如果处理不当，则球场的地面层对网球的反应有时会不正常，即网球会出现不规则弹跳的现象。另外，网球鞋底的性能与场地表层会有些抵触，跑起来很"涩"，不太舒服。但是，由于它有一定的韧性，防水效果好，有时也适合铺设在一些有裂纹的水泥或沥青场地上，或者比较粗糙的层顶球场上。

丙烯酸塑胶场地是当前国际大赛中常用的，它不受地域、气候等因素的影响。场地平整度较好，表面硬度较强，而且耐磨，使用寿命长而不易老化。颜色鲜艳且耐紫外线不易褪色，色彩多种，可供自行挑选。保养维护也十分方便。此外，这种材料还是环保型的，无毒无害。不足之处是因为它的基础是水泥或沥青，比较硬，长期在这种场地上打球，如果热身不足或放松不够，就很容易造成疲劳和损伤。

（6）网球地毯

它是一种"便携式"可卷起的网球场，其表面是塑胶面层、尼龙编织面层等，一般用专门的胶水粘接于具有一定强度和硬度的沥青、水泥、混凝土底基的地面上即可，有的甚至可以直接铺展或粘接于任何有支持力的地面上，其铺卷方便、适于运输且有非常强的适应性，室内、室外甚至屋顶都可采用。球的速度取决于场地表面的平整度及地毯表面的粗糙程度。在保养上此种场地也是非常简单的，只要保持地面清洁、不破损、不积水（对于相应的排水设施配套）就可以了。除此之外还有专门用于儿童训练的小球场。

三、网球运动的服饰

阳光、球场，以及穿着各式各样色彩明亮的网球服装的人们，构成了一幅优雅的网球运动的画面，自1877年创办温布尔登网球公开赛以来，网球服装也历经了百年的发展与演变。

1. 早期的网球服装

网球被人们称为"贵族"运动。早期在宫廷、俱乐部、赛场上竞技，人们都穿着代表圣洁、清纯的白色服装。女士长袖长裙，男士长袖长裤，且鞋袜都是白色的，以此来展现贵族和绅士们的风貌。网球服装是由布、棉、麻等材料制成的，其重量大、与身体的摩擦大、缺乏足够的柔韧性等缺点严重影响了选手们在场上的发挥。由于网球运动还处于发展的初期、网球场地的面积较小等，尽管有很多不利因素，运动员们也必须保持这种传统（图1-4-4）。

图1-4-4　早期的网球服装

2. 过渡时期的网球服装

随着网球场地的面积变大，球的材质也变得充满弹性，加大了运动员在场地内的奔跑范围。传统的束腰长衣长裤，极大影响了运动员的呼吸与运动，为了解决此问题，网球服装的规定改为了"以不影响呼吸为标准"。在此期间，网球服装在款式、色彩以及材质上都发生了巨大变化。尤其是在款式上，长衣长裤逐渐变成了短衣短裤，长袖变成了短袖甚至是无袖，这些变化是对传统服装的极大挑战。随后的年间里，网球服装的变化也只是材质、款式和颜色的区别。从此长裤长裙终于告别网坛，进入了短裤短裙时代（图1-4-5）。

图1-4-5　过渡时期的网球服装

3. 个性化时期的网球服装

20世纪90年代后，女子网球服的进化趋势开始向"领口越来越低、裙摆越来越短、布料越来越少"的方向发展。男子网球服也不甘落后，纳达尔的无袖圆领T恤和海盗裤，具有强烈的个人风格和现代气息。面料方面，由于科学技术的不断发展，网球服装呈现出高科技化、功能化、生活化等特点，更加有利于运动员的大幅度活动，款式不但更加时尚，透气性也非常好（图1-4-6）。

如今，网球服装已成为网球商业运作中一个重要的分支产业，越来越多的运动品牌参与到网球服装款式的设计和推广当中，款式和功能性一直是球员们所推崇的，这也是网球赛事越来越被公众所关注的一个重要的原因。

图1-4-6　个性化时期的网球服装

第五节　网球运动的特点和价值

一、网球运动的特点

1. 突出的竞技性与频繁的国际比赛

网球运动是一项竞技性极强的运动项目：一方面，它的技术含量高，实战中的技术内容多种多样；另一方面，一场势均力敌的网球比赛对运动员的体能和心智有较高的要求。网球比赛是双方运动员在技战术能力、体能和心态方面的综合较量。目前国际上各种类型的高水平赛事非常多，几乎每周都会有大型国际网球赛，其中"四大满贯赛"只设单项比赛项目，即男、女单打，男、女双打和男女混合双打，比赛采用淘汰制，男子为五盘三胜制，女子为三盘二胜制。另外，世界上最著名的团体项目赛事是戴维斯杯和联合会杯。这两项比赛必须以国家或地区为单位参加，该比赛由各赛区选拔赛和最后的决赛组成，主要目的是要保证决赛的各个参赛队必须代表世界最高水平。比赛场次由4场单打和一场双打组成，先胜3场的队为胜。除了以上六个经典赛事，还有各种锦标赛、大奖赛、挑战赛和巡回赛等不同类型的多项网球国际大赛，在此方面网球运动堪称各项运动之首。

2. 浓厚的商业色彩与高水平运动员的职业化

由于网球运动具有极高的观赏性，其本身具有很高的商业价值，加之世界上各种大赛所设的高额奖金的刺激，使网球运动成为当今世界上最活跃的竞技项目，也是当今世界上最为热门的运动项目之一。

1972年，60名职业网球选手组建了国际男子网球协会，协会为职业运动员提供比赛机会和高额奖金，规定只有名列世界前200名的运动员才有资格加入协会。1973年国际女子网球协会和国际女子职业网球协会成立。由此，网球运动开始了真正的职业化发展。网球运动发展的另一个动力来源于商业化运作，而商业化运作对于运动员来说，其动力在于高额奖金的刺激。因此可以说网球运动的发展离不开职业化，职业化发展的原动力就是金钱。20世纪80年代著名网球运动员贝克尔与彪马公司签订的一项6年广告合同金额为2000多万美元，1990年温布尔登网球赛的奖金总额为387万英镑，到了2004年法国网球公开赛时总奖金已达到了6228980美元，英国温布尔登公开赛奖金为9707280英镑。网球运动本身具有超强的商业功能，从运动器材到品牌宣传，从竞赛出场费到比赛奖金，从品牌代理到形象代言人再到著名公司赞助著名运动员，加之各种商业广告等，构成了一个巨大的商业运作体系。

3. 高水平运动员的明星效应与项目本身的吸引力

网球运动突出地体现了竞技体育的美，竞赛中的击球动作和跑动与滑步展现了速度美、力量美、协调美、舒展美。运动员在充分展示其高超球技的同时，还张扬出个人魅力与个性。人们对网球明星的喜爱和崇拜与日俱增，职业网球运动多年来造就了众多的球星，他们代表着不同的时代，也影响着同一时代和不同时代的球迷。网球运动明星们对网球运动的发展作出了巨大贡献。由于明星的作用许多人喜爱上了网球，并投身到了网球运动当中，而网球运动本身的吸引力也是众多人参加网球运动的一个理由。一说到网球，人们脑海中浮现的是阳光、球场、穿着优雅得体的网球服的男女老少在球网两端快速地挥动球拍，充分享受击球成功的快乐。网球运动要求运动员具有良好的球场道德和绅士风度，在比赛中要展示出良好的体育竞技风尚。网球运动既体现出竞争中的对抗，又在练习与比赛中体现了力与美。

二、网球运动的价值

网球的击球动作粗看起来就是用一只手握住球拍打球，好像只是一个手臂在用力，其实这一个看似简单的动作需要全身合理地协调用力才能成功地完成动作，并达到好的击球效果。在实战中运动员不可能站在原地击球，而是要根据对方的来球不断地跑动，寻找最佳击球位置。网球比赛和实战对抗中球速很快，这就要求运动员对来球做出快速的反应，并做好击球准备。网球比赛中运动员既要有强劲的爆发力，打出力量大、速度快的球，又要具备良好的耐力素质，以保证有充足的体力打好整场比赛。网球运动技术含量高，这对运动员和网球爱好者来说是一种挑战，网球运动的击球技术要求运动员要有良好的协调性和柔韧性。反过来说，网球运动要求运动员所具备的各种素质完全可以通过网球运动本身得到提高，也就是说，通过参加网球运动可以对上述各种素质进行充分的训练而使它们得到锻炼和提高。综合而言，长时期坚持打网球可以有效提高人体爆发力、提高人体心肺机能，并使人体的灵活性、协调性和快速反应能力等相关方面的素质得到提高。同时网球运动中的运动量和运动强度非常容易控制，这对运动基础差的人来说是非常有意义的，也就是说对于大部分人来说网球运动的安全性有非常可靠的保障。综上所述，我们有理由说网球运动的健身价值突出，是一项值得全身心投入的运动项目。

网球运动员可以有很长的运动寿命，虽然在当今世界网坛职业运动员保持高水平的巅峰时期相对而言只有不多的几年，但是从其从事网球运动的年限来看也是很长的。现代网球运动对高水平运动员的培养一般从5岁开始，优秀女运动员在16～18岁的年龄即达到运动巅峰，一般男运动员会晚一些，在18～20岁时期会出现运动高峰。随着年龄的增长，高水平运动员的竞技水平及世界排名可能会下降，再后来可能会退出职业网坛，但是只要坚持，可以在身体条件允许的情况下打到80岁。对于业余选手或网球爱好者来说，只要坚持并科学地从事网球运动，就完全可以拥有一个健康的身体，并做到活到老打到老。

三、网球运动的人文交往价值

网球运动逐渐成为一种社交活动，由于其消费水平普遍较高，在我国，网球运动深受社会地位和经济实力较高的中产阶层人士的喜爱。而近年来，由于中国女子网球运动员在世界网坛所取得的优异成绩，越来越多的人参与到网球运动中来，这给网球行业带来了生机。与此同时网球运动在高校也开始风靡，并且开设成课堂作为教学内容。单从近年来各大高校网球专业毕业生就业情况来看，各大金融系统、国企以及事业单位招聘对象上，也有意向向网球特长生放宽招聘条件。学生们通过日常的网球社交活动，被更多招聘单位所熟知，在其被认可网球技能的基础上，获得一份不错的工作。这不论是对学生的身心发展，还是对他们知识结构、运动技能的形成都产生了积极的影响，网球运动已经形成了自己独特的文化，并融入社会文化当中。网球运动的价值也不断地深入到社会的各个领域，且随着社会的发展和进步也日益凸显出其重要性。

思考与练习

1. 网球运动的起源有哪些不同观点？
2. 我国举办的国际赛事都有哪些？试举例说明世界男子职业网球协会、国际女子网球协会的各类赛事及形式。
3. 你认为我国网球运动员的竞技实力有哪些不足之处？未来我国网球运动的发展趋势是什么？谈谈自己的看法。
4. 网球场地、网球器材以及网球服饰都是相互关联变化的，请查阅相关文献资料谈谈未来网球运动的发展趋势。

第二章 网球运动的运动学基础理论

本章简介：本章主要从运动学原理角度解释击球角度、击球速度、击球力量、击球旋转等概念；概括并详释网球技术的四个击球环节；接着介绍网球各种飞行性能并解释其原理；最后介绍网球击球瞬间与拍面的关系以及控球能力的具体内涵。

第一节 网球运动的击球运动学原理

一、击球角度

1. 击球角度的概念

角度是指角的大小，是从一点引出的两条直线形成的，或是从一条直线上向左侧或右侧展开的两个平面所形成的空间。就网球运动来说，角度是指从打球人的击球点至接球者所构成的一条直线，然后向左侧或右侧展开的两个平面所形成的空间。如果以击球点与接球人所构成的直线为 $0°$，那么，向左侧或向右侧展开的平面越大，则角度也越大。一般来说，离接球人身体两侧越远的球角度越大，越具有威胁性。击打角度球就是尽量扩大击球点至落点与击球点至接球者之间所形成的角度，如图 2-1-1 中的角 α，使击球后球行进线路远离接球者。

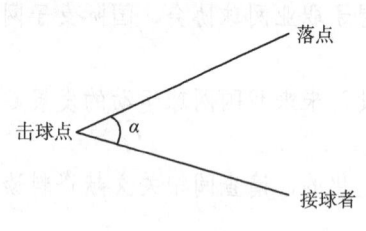

图 2-1-1 击球角度

2. 击球角度的意义

1）击球角度能调动对方，特别是能将对手拉出场外，使场上出现空当，继而击球得分。
2）击打角度球有时也可以直接得分，特别是在破网技术中运用效果更佳。
3）击打角度球还可以减少自己回中心的跑动距离。

二、击球速度

1. 击球速度的概念

速度用来表示物体运动的快慢，在数值上等于单位时间内通过的路程。速度的计算公式：$V=S/t$。网球运动中的击球速度为：$V_{(击球速度)}=S_{(球飞行距离)}/t_{(球飞行时间)}$。从来球飞至网上开始，直到被回球球拍击出，又飞行越网碰到对方场区内的障碍物（包括落地、被对方拍击或击中对方身体等），此过程所用的时间就是该次飞行时间。我们可把这段时间分为两部分 t_1 和 t_2：t_1 来球过网后的飞行时间（从来球飞至网上始，直到被回球球拍击中止）和 t_2 球被击后的空中飞行时间（从球被回球球拍击中始，到球飞行过网碰到障碍物止），如图 2-1-2 所示。因此，在球飞行距离一定的情况下，欲提高击球速度，则必须设法缩短这两段时间。

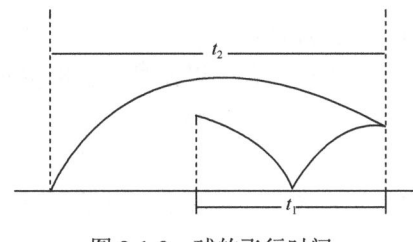

图 2-1-2 球的飞行时间

2．击球速度的作用

在网球运动中，人的反应过程一般分为 5 个阶段：感觉阶段、区别阶段（在同时起作用的许多刺激中将所感知的部分加以区别）、再认阶段（将当时的刺激归入已知的类别中）、选择阶段（选择最有利的应答动作）、运动阶段。运动员要判断来球的速度、力量、落点、旋转和弧线，需从对方的击球动作和击球后球的运行弧线两方面分析，这需要一定的时间。击球速度越慢，对方准备的时间就越充分，判断来球也就越容易、越准确。反之，击球速度越快，给对方的判断时间越少，从而增加了预判难度，甚至出现对方反应不及和无反应的现象。

3．提高击球速度的方法

从理论上讲，提高击球速度就是缩短来球过网后的飞行时间和球被击后的空中飞行时间。在掌握技术时，应注意如下几点。

1）站位靠近网，击球点适当接近球网。

2）适当提前击球时间，减小动作幅度，减小引拍动作，触球瞬间充分发挥小臂的爆发力，击球后迅速制动、还原。

3）适当降低球在空中飞行弧线的高度。

4）提高判断、反应能力和移动速度。

三、击球力量

1．击球力量的概念

在网球运动中，击球力量大是指物理学中的动量（mv）大。因为球体本身的质量是固定的，所以，击球力量大的外在表现形式就是球向前飞行的速度快。

2．击球力量大的作用

1）力量大的来球，要求接球者的动作必须迅速，否则就会来不及调整动作。

2）力量大的来球，对接球者球拍的作用力也大，这就增加了接球的难度。

3）球向前飞行的速度很快，接球者因看不清疾飞中的球，而只能凭经验估计它的走向和时间。因此，经验不足者极易判断失误。

3．加大击球力量的方法

加大击球瞬间的向前挥拍速度以及提高参与工作的肌肉质量，是提高击球力量的关键。为此，应注意以下几个方面。

1）注意腿、腰、上臂和前臂力量的协调配合，击球瞬间应有较强的爆发力。

2）整个动作的用力方向应尽量一致向前，避免有相反方向的分力，注意触球瞬间适当减少对球的摩擦力，应向前用力击球。

3）掌握合理的击球时间和击球位置，以便身体各部位肌肉集中发挥出最大的力量。

4）适当加大动作半径，适当加大引拍幅度。

5）击球前，发力肌肉应尽量拉长且放松。

6）遵循身体肌肉发力的正常顺序：躯干带动上臂，上臂带动前臂。以发挥各关节点的加速作用。

7）击球后，应迅速放松，注意动作还原，以便于下拍球的发力。

8）重视身体训练，提高力量素质，并使其与技术密切结合。

四、击球旋转

1．网球旋转的力学原理

在力学中，欲使球旋转，必须具有力矩（M）。力矩等于作用到球体上的力（F）和此力到球心的垂直距离（L）的乘积。写成公式：$M=FL$。从公式中看出，F大、L大，两者的乘积M也大，该球旋转得也厉害。若$L=0$，作用力正通过球心，该球不产生任何旋转。

2．增加球旋转的方法

1）加大挥拍摩擦球的力量。不仅要发挥腰、腿和手臂之力，还需配合手腕的力量。

2）用力方向适当远离球心。

3）采用向内凹的弧形挥拍路线，增加球拍摩擦球的时间。

4）加大球拍触球瞬间的挥动速度。

第二节　网球击球动作环节

一、引拍轨迹

引拍是反映进入挥拍击球之前向后挥摆球拍的动作。引拍的轨迹大致可分为从上往下、直线、从下往上三种。一般来说，在正手击球时使用从上往下的后摆引拍，而在反手击球时多采用直线横向后挥摆或从下往上的向后挥摆。例如，在正手击球时从上往下向后引拍是一般的后摆动作，这是因为从上往下的挥动球拍比较省力，动作也比较轻松。但也有人使用横向后挥摆或从下往上的挥摆动作。而反手击球时的引拍要比正手击球时更早地进行，因此要收肘转肩向后挥摆，这时的拍面位于手腕高度或稍微靠上的位置，便于横向后摆。但是进行底线对攻时，许多选手会从下往上后摆。

总之，做引拍动作时除握拍需要用力外，其他部位应保持放松，做到轻松协调，这样为向前挥拍击球动作的进行提供了充分有利的收缩条件，使之获得最大的击球效果。此外，要注意球拍不能拉得太后，应伴随身体扭转的动作将球拍后引。现代网球技术以争取速度为主，若球拍向后摆动过大，势必会影响向前挥拍击球的速度。后摆的大小应根据击球需要灵活掌握。

二、挥拍轨迹

向前挥拍是把引向身后的球拍从后向前挥动去迎击来球。球拍触球是球拍击中来球的瞬间。这两个动作都必须有相当的握力和臂力。为了克制来球的撞击力，应牢牢固定球拍击球的拍面。这时如果球拍的角度稍有变化，形成球击球拍使拍面晃动，就会引起较大的误差。初学者由于击球瞬间球拍握得不牢，经常会出现击球不稳或失误现象，应引起重视。对于还击的球使之具有不同的旋转性质，也是在向前挥拍与触球这段过程中形成的。球拍从下向上挥动具有上旋性质，球拍从上向下挥动具有下旋性质。向侧上挥动具有侧上旋性质，向侧下挥动具有侧下旋性质。

三、球拍触球

球拍触球时，拍面所朝的方向决定击球路线，拍面角度决定触球部位，并直接影响击球的稳定性。这一环节是决定击球方向和落点的关键。一般而言，击球点靠前，容易打出斜线球；击球点靠后，击打直线球概率更高；触球时拍面打开朝上，容易击出高球和出界球；触球时拍面垂直地面，击球效果较好，这是击球较理想的触球；触球时拍面朝下容易击球下网。

四、随挥球拍

随挥球拍，简称随挥，是指球拍击球后有一段随势前挥的动作。这一动作有利于增大击球的力量，减少身体受伤的机会，并能在击球的结束阶段保证击球动作的稳定性和协调性。随挥后的手臂平缓地收回到身体的中心，并做好再次击球的准备。

第三节 网球的飞行性能

网球运动中的击球是飞进中的球与运动员挥拍迎击来球这两个对立方面的协调与统一。为了使上述两个对立面获得高度统一，就必须对该事物的这两个方面的有关技术、原理等问题及其相互间的内在联系，从理论上有较深入的理解和分析，并将之付诸实践。以下将用力学的基本原理对动态中的网球进行力学分析，使我们进一步了解动态中网球的运动性能，从而对网球技术动作进行一定的理论指导与建议。

球产生运动是由于球拍给球一个作用力。如果这个作用力给球产生的力矩为 0，则球不产生旋转；若力矩不为 0，则使球产生旋转运动。在力学中，要使物体产生旋转，就必须要有旋转力矩（M）。

$$M=FL$$

M 表示旋转力矩，F 表示作用到物体上的力，L 表示力臂。从公式中可以看出，F 越大，L 越大，M 也越大，该物体旋转得也越强烈。若 $L=0$，作用力正通过球心，无论 F 多大，此球也不会产生旋转。因此，作用力在球体方向上的不同使球产生不同的旋转。

一、平击飞行性能

无论采用哪一种手法击球，只要击球的力量仅仅是一个单一的正对着来球的力量，即只有主击球力 P_1，这样击出的球属平击球。如图 2-3-1 所示，球拍以角速度 ω 正对来球挥拍，击球的瞬时将对球产生正向打击力 P_1。该正向打击力是主击球力，可以高达 400 多磅。但由于是正向击打，P_1 将通过网球的球心，L（力臂）为 0，因此不会使球获得一个旋转的力矩，只能使球获得一个初速 V_{01} 和射出角 α_1 的方向飞进。因此球在首飞过程中本身是不转的。高压球、高空截击、平击发球基本上只存在主击球力，而且是很大的主击球力，故都可视为平击球。

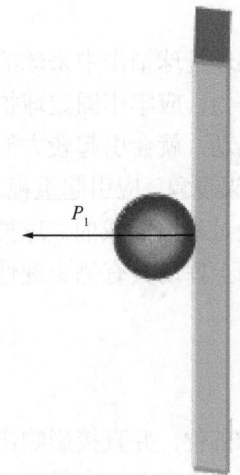

图 2-3-1　平击球

二、旋转球与反弹

1. 上旋球

上旋球如图 2-3-2 所示，击球的瞬间除了对球施加一个正向主击球力 P_1 以实现球的首飞外，还给球附加一个垂直于主击力、向上的、作用于球后侧的摩擦力 T。在此力 T 的作用下，球按获得的相应转速 n（转速常以每分钟旋转若干转 n 来表示）绕其球心轴线 OY 旋转。故在球的首飞过程中做向上的旋转运动（以击球者正对球的方向看，以下均同）。如果附加的旋转力 T 越大，则球的旋转速度 n 也越大。

由于击球瞬时对球附加了一个摩擦力 T，对球进行搓旋作用，所以球在球拍的弦床平面上停留的时间远比平击球的时间长。其与拍面的接触，即撞点，不是一个固定的点，是一个移动的线段。

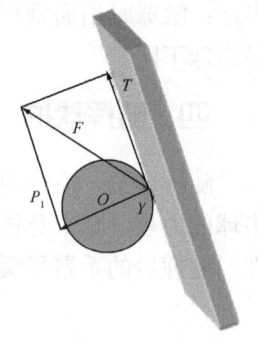

图 2-3-2　上旋球

在网球运动中用得最多的正手提拉球的手法，就是从球的后下方正向击球时，再附加一个向上提拉的动作从而获得上旋。

2. 下旋球

下旋球形成的基本原理与上旋球是一致的，只是所附加的摩擦力 T 的方向是向下的，如图 2-3-3 所示。下旋球在首飞过程中，球的旋转是绕其球心轴线 OY 向下旋转的。其余情况与上旋球相同。

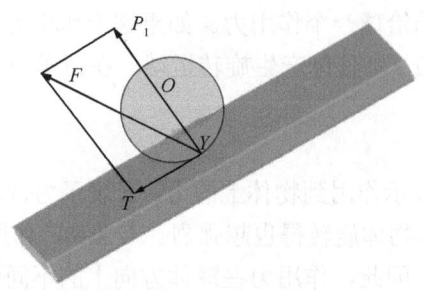

图 2-3-3　下旋球

3. 侧旋球

侧旋球的形成也和上旋、下旋球形成的原理是一致的，只是附加的摩擦力 T 在球的侧边，它可以与主击球力 P_1 平行或垂直。如果附加的摩擦力 T 作用于球右侧面并与主击球力 P_1 成 90°角度交叉，如图 2-3-4 所示，则球将绕球心轴线 OX 旋转。如果附加的旋转力 T 作用在球的右侧，且与主击球力 P_1 平行，方向一致，击球后，球绕 OZ 轴线逆时针方向旋转。反之，如果 T 力作用于球的左侧面，则球做顺时针方向旋转。

4. 复合旋转球

复合旋转球是上旋球或下旋球与侧旋转球相结合的一种旋转球。它是使 P_1、T 相互协调补偿打出的一

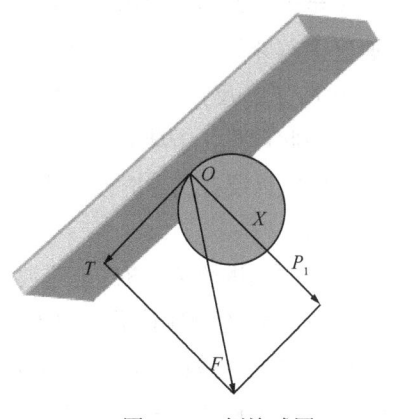

图 2-3-4 侧旋球图

种旋转球。实践证明，在临场使用得最多的就是这种球。因为这种球具有两种旋向的特点。如果击出强力的复合旋转球，会给对方造成很大的威胁，往往使之陷于被动。

最后必须指出，在实践中，无论用正手还是用反手击球，只要技术动作能满足上述各类球的旋转条件都能打出相应的各种旋转球。

第四节 击球瞬间球与拍面变化的关系

一、球抛物线轨迹的特点

网球运动的基本过程是双方运动员将球往返回击到对方场区的相互攻击过程。因此，球在球网两侧场区间的交错飞进就构成了网球运动中球的基本运动形式，这是网球运动必不可少的主运动。该运动的具体形式（球的飞进轨迹——球路）虽然因击球的手法不同而有所差异，但是球的飞进这一主运动是它最基础的运动。要使球实现这一主运动，只要给球一个向前并向上的打击力，球就会根据力学有关原理按斜抛物线的轨迹进行飞进。所以斜抛物线运动是网球在空中飞进的最基本的运动状态。它是网球的主运动，与炮弹在空中的运动轨迹相同。如图 2-4-1 所示，当球被击的瞬时，由于球在 A 点受到一个打击力 P_1 使球获得一个初速 V_{01}（初速 V_{01} 的方向与击球力 P_1 的方向是一致的），并按射出角 α_1 向空中斜向飞出。该初速 V_{01} 可以分解为 $V_{水平}$ 和 $V_{垂直}$ 两个分速度。$V_{水平}$ 使球水平前进，而 $V_{垂直}$ 则使球向上飞升。但由于球受到地心引力的作用，$V_{垂直}$ 逐渐减小，待球飞到 B 点时，$V_{垂直}=0$，球便达到最高的高度 h_1。以后球继续飞进，由于它继续受到地心引力的作用而不断地下降，直到 C 点着地。故球的飞进全过程构成球的斜抛物线轨迹 ABC。

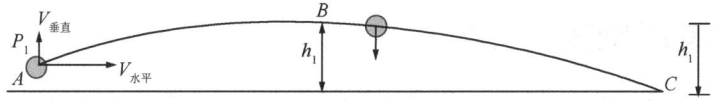

图 2-4-1 球的飞行轨迹

至于球速问题，由于球在飞进过程中存在能量损失，其速度将逐渐减小。在着地时的速度 V_n（末速）已小于它的初速 V_{01}。故其着地时碰撞产生的反弹力 P_2 就小于拍击时的打击力 P_1 了，反弹时球的速度 V_{02} 也相应地减小了。

由此可见，击球力 P_1 是使球获得主运动的力，称为主击球力。它与球的初速 V_{01} 相对应。所以只要在击球时改变力 P_1 的大小、方向及射出角，就可以打出不同深度 AC 和高度 h_1 的球。

球的飞进轨迹 ABC 是球被拍击后直接产生的，称为首次飞进（first flight）。而轨迹 CDE 则为球着地碰撞后，由于反弹力 P_2 的作用第二次飞进（second flight）所产生的。它的轨迹也呈斜抛物线。它的形成和首飞的原理是一致的，即球着地反弹时的反弹力 P_2 及其相应的次飞初速 V_{02}（V_{02} 同样可以分解为 $V_{水平}$ 和 $V_{垂直}$ 两个分速度）和次飞的射出角 α_2 决定了次飞的球路轨迹（图2-4-2）。

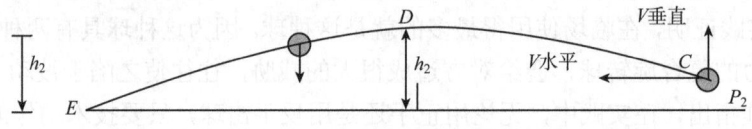

图 2-4-2　球的第二次飞行轨迹

在次飞中，如果忽视其他一些因素的影响，特别是球的旋转的影响，那么次飞的射出角 α_2 与首飞的射入角 β_1 应是相等的。此外，由于首飞过程中和着地反弹时存在一些能量损失，以及次飞的 P_2、V_{02} 均小于首飞的 P_1、V_{01}，故次飞的进程 CE 和高度 h_2 均比首飞极大减小。

以上所述均属射出角 α_1 为仰角时球向上飞进的情况。如果击球时角 α_1 为俯角，即球向前向下飞进。则球路轨迹为向下斜射，它就没有球路轨迹的高度 h_1，而只有击球点的高度和飞进进程了。

上述情况都是把空气的阻力等略去不计的，但实际上空气的阻力影响还是比较大的。如图 2-4-3 所示，它不仅使抛物线的射出进程 AC 减小，也使球的射出高度 h_1 减小。如果再考虑球在次飞中必然要出现球的旋转，那么球的各种形式的旋转还将进一步影响，甚至显著地扭曲次飞的轨迹。故不了解不熟悉球的自转造成的次飞球路的变化，必将引起还击来球时，不能很好到位和回击技术动作不当造成失误。关于这方面的问题将在后面予以详述。

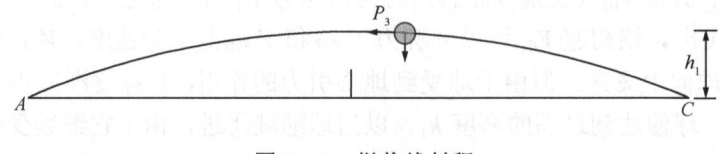

图 2-4-3　抛物线射程

二、拍面轨迹变化的特点

拍面角度指击球时拍面与地面所形成的角度。击球部位指拍与球撞击时，拍对球所碰撞的位置。球的后半部是拍与球撞击的有效部位，可以把后半部的半个球体，按高低情况分为上、中、下，按与击球者身体的左右情况分为左、中、右。这样一来，在后半部半个球体的凸面上即可分为 9 个部位，也就是左上、中上、右上、左中、正中、右中、左下、中下、右下。运动员击球时如果注意拍与球碰撞应撞击的合理部位，对掌握好拍面角度和调整好拍面方向是大有帮助的。

拍面垂直：指拍面与地面的角度为 90°，击球部位为中部。

拍面前倾：指拍面与地面的角度小于 90°，击球部位为中上部偏上部位。

拍面稍前倾：指拍面与地面的角度接近并小于 90°，击球部位为中上部偏中部位。

拍面后仰：指拍面与地面的角度大于 90°，击球部位为中下部偏下部位。

拍面稍后仰：指拍面与地面的角度接近并大于 90°，击球部位为中下部偏中部位。

拍面向上：指拍面与地面的角度接近 180°，击球部位为球的下部偏底部的部位。

拍面向下：指拍面与地面的角度接近平行，击球部位为球的上部偏顶部的部位。

不同的击球方法要求不同的拍面角度和挥拍方向，平击球一般要求拍面垂直，并向前挥拍；上旋球要求调节拍面使其前倾，并向前向上挥拍；下旋球要求调节拍面使其后仰，并向前向下挥拍；如果拍面垂直并向下挥拍，也可削出下旋球；如果拍面垂直并向上挥拍，也可拉出上旋球。

实践经验告诉我们，球拍撞击球的正中部的情况比较少，多数情况不是偏左一些就是偏右一些，因此，要依靠调节拍面来掌握好击球动作。

第五节 控球能力

控球能力是指击球者能够使用各种技术打出自己预期击球效果的能力。换言之，就是击球者控制击球力量、路线、落点和旋转等的能力，击球者能对来球应对自如，应变自如。控球能力包括以下几个具体方面。

一、控制力量的能力

网球运动是网球与网球拍相互碰撞所进行的运动，属于弹性碰撞运动。球与球拍相互碰撞时，在力的作用下互相变形，球和拍面的变形恢复过程中，球就离拍而去。网球拍拉弦磅数 55 磅以上的情况下，网球拍与网球相触时间为 0.0004 秒左右，如图 2-5-1 所示。现代网球比赛，越来越强调速度。网球的运动速度来源于击球力量的大小，而击球力量的大小主要取决于击球时挥拍加速度的大小。因此，要想加大击球力量，增大网球飞行速度，就必须靠全身的协调配合，加大击球时的爆发力，因为力与速度是成正比的。但是网球比赛中，不是每一拍击球都要发力，控制力量的能力是比赛过程中根据具体情况做到发力、借力、减力击球变换的能力。因此，控制网球飞行速度也在控制力量的能力之中。

图 2-5-1　高速摄影机拍下的击球瞬间球和拍面的变形与恢复情况

二、控制路线、角度的能力

击球员所站的位置与击球的落点之间的连线，称为击球路线。最基本的路线有 5 条：右方斜线、左方斜线、右方直线、左方直线和中路直线。此外，还有左、右两条小斜线。击球点以对方队员与落点关系来考虑时是角度。控制路线和角度的能力就是打出各种路线和角度的能力，是调动对方移动的能力，它既是技术能力也是战术能力。

三、控制落点的能力

1．击球落点的概念

球被球拍击出后，落在对方场区地面上的点叫击球落点。

2．好落点

（1）一般情况下的好落点

一般情况下的好落点指球落点接近两条边线、端线，或落在对方脚下，或远离对方站位，或对方跑动的相反方向。

（2）对方球员技术上的缺点

1）技术上的明显缺点。如反手弱、失误多，就应多打其反手。

2）调动后暴露的缺点。如在对方失去平衡的情况下，将球打到另一面，极易得分。

3）运用假动作，或根据对方的心理，声东击西。如你估计我打左方，我实际打右方。

4）扩大对方跑动的范围。如打远离对方站位的球。

5）增加对方击球的难度。如打深球或在对方失掉重心后打另一角。

6）促使对方判断错误，延误最佳击球时间。如假动作的"声东击西"等。

3．与击球落点紧密相连的两个概念

（1）击球路线

击球员所站的位置与击球的落点之间的连线，称为击球路线。最基本的路线有 5 条：右方斜线、左方斜线、右方直线、左方直线和中路直线。此外，还有左、右两条小斜线。

（2）击球区域

把场区地面分为若干区域，并将其与击球落点相连。距球网约 1.5 米的区域，叫作前场；发球线附近区域，叫作中场；近底线处，叫作后场。击球近网，称为"浅"；击球近

底线,称为"深"。击球在边线近端线处,称为"大角";击球在边线近网处,称为"小角"。

4. 提高控制落点能力的方法

1)规定区域练习法:将场地划分若干区域,规定专门的击球区。

2)有目的地培养队员重视击球落点的意识,提高场上观察能力,在常规的训练或比赛中有针对性地对击球落点提出要求。

四、控球节奏能力

节奏是自然、社会和人的活动中一种与韵律结伴而行的有规律的突变。自然界或人文艺术界因变化而丰富进化,在包括高度、宽度、深度、时间等多维空间内的有规律或无规律的阶段性变化简称节奏。在网球运动中,网球击球的节奏是指击球速度、击球深度、击球角度、击球弧度和击球旋转之间有规律或无规律的变化。控制球的节奏与以上的控球力量、控球角度、控球路线和控球落点息息相关。如果没有以上的控球能力,控球节奏就不可做到。在网球比赛中,不能一直使用单一节奏,要不断变化、调整节奏,使对手不适应。同时在比赛过程中也要打出自己的击球节奏,不能被对手的击球节奏所牵制。

思考与练习

1. 简述网球不同飞行球的优、劣势。
2. 结合所学理论知识,如何打出又转又深且角度又大的球?
3. 网球击球技术环节有哪些?找一位初学者,在实践中将网球击球技术进行运用。
4. 在比赛中,如何较好地控制比赛节奏?

第三章 网球技术基础

本章简介：本章重点介绍网球技术基础的理论及技术运用分析。其内容包括：网球握拍法，基本站位及移动步伐，正、反手击球过程的基本环节，发球技术，接发球技术，击落地球技术，截击球技术，高压球技术，挑高球技术，放小球技术，反弹球技术。整个章节图文并茂地分析这十一项技术理论和实践方法。

网球运动就是连续击打有回合且有效的落地球。有效击球是指在场地（单打、双打场地）上，球过网后且在场地内落地一次后被来回击出。网球比赛实际上就是比谁能多打出一拍有效回击球。在以上的网球技能体现之前必须依靠网球技术来完成。网球技术由发球、高压、截击和正、反拍底线五大主干技术组成。在球场不同区域运用不同的技术，如网前高压和截击技术。本章通过握拍法、站位、移动步伐和各技术动作环节的精细分类，详细阐述了不同技术的特点、作用和动作方法。

第一节 网球握拍法

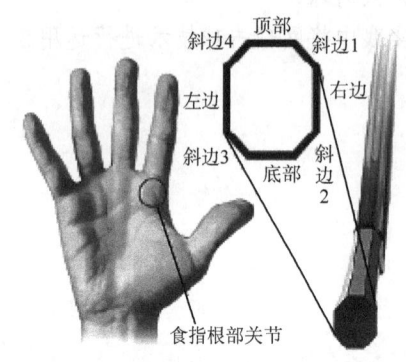

图 3-1-1 握拍法

握拍是所有击球的基础，它主宰着挥拍的方式、击球时的拍面角度、击球点以及控制、深度和力量等重要的击球品质。基本握拍法大致分为 4 类：大陆式、东方式、半西方式、西方式。握拍的术语是对持拍手的"虎口"所形成的"V"形而言的。但每个人的手不可能完全相同，单凭"V"形不一定可靠，所以务必从以下三点来进行检查。①手掌根，即小鱼际所在部位。②食指下关节，即食指掌指关节腹面所在部位。③手指垫，即拇指指尖关节腹面所在部位。如图 3-1-1 所示，详细介绍的握拍法中需要大家首先明确的是食指指根所对应的拍柄平面（以右手持拍者为例，左手持拍者握拍动作则相反，下同）。

1. 大陆式握拍法

大陆式握拍法是食指指跟对应拍柄的右斜边，它的特征最形象的表述是"手握铁锤柄"，它与使用铁锤的握法相似。如图 3-1-2 所示，由于大陆式握拍法在正、反手击球时球拍不用转动，因而在上网截击或在来不及判断该用正手还是反手击球时（如接发球时）使用较方便。

2. 东方式正手握拍法

东方式正手握拍法分为正手和反手击球握拍两种。东方式正手握拍法是食指指跟对应拍柄的右垂直面（即图 3-1-3 中的"左边"），此时手的虎口自然对准拍柄的右上棱。由于右垂面与拍面平行，手掌会与拍面平行，拍面便能很好地发挥手掌的作用。

3. 半西方式正手握拍法

半西方式握拍法是介于西方式和东方式之间的一种握拍方法，其握拍要点是将食指指跟对应拍柄右边第 3 面和第 4 面之间（即图 3-1-4 中的"斜边 2"）。然后握住球拍，手掌比东方式正手向拍柄后移动得多。用此种握拍法，易于击打腰部以上高度的球，它具备西方式握拍的旋转和东方式握拍的力量，倾向于正手主动进攻。

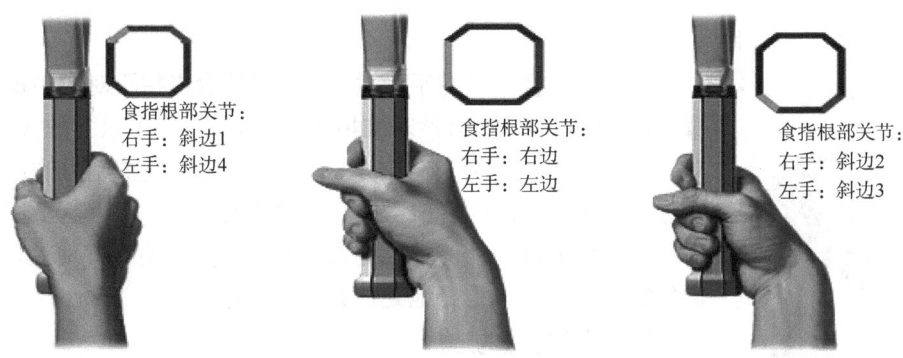

图 3-1-2 大陆式握拍法　　图 3-1-3 东方式正手握拍法　　图 3-1-4 半西方式正手握拍法

4. 西方式握拍法

西方式正手握拍法由于掌握难度较大，所以只被一些职业运动员所采用。它的特点是击出的正手球旋转强，用于"破网"威力较大。其要点是：拇指与食指几乎成直角，拇指直伸压住拍上平面，食指下关节握住右上斜面，手掌根贴住右下斜面，与拍底平面对齐（图 3-1-5）。西方式反手握拍法是在正手握拍法的基础上，手腕按顺时针方向转动，拇指直伸紧压拍子右垂直面，食指下关节压住上平面，手掌根贴住左上斜面，与拍底平面对齐。简单地说，就是把球拍柄上下平面颠倒过来，正、反手用同一拍面击球。

5. 东方式反手握拍法

东方式反手握拍法是在正手握拍法的基础上，手沿逆时针方向旋转一个平面（图 3-1-6）。其要点是：食指下关节压在右上斜面上，手掌根部贴住拍的左上斜面，与拍底平面对齐，食指与其余 3 个手指稍分开，拇指垫稍弯曲贴在左下斜面。

6. 超东方式/半西方式反手握拍法

半西方式反手握拍与西方式正手握拍相对应，从东方式反手握拍开始，持拍手逆时针转动，直到食指根移动到拍柄的下一条边上（图 3-1-7），这是一种进阶的握拍方式，只有技术全面的球员会选择使用。

 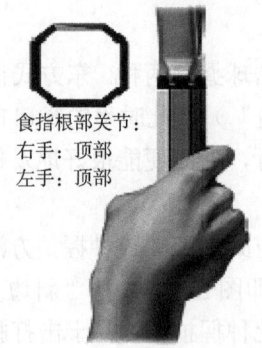 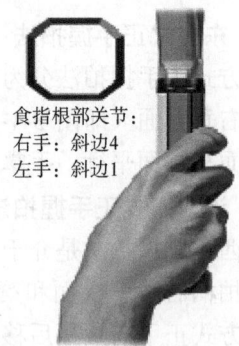

图 3-1-5　西方式握拍法　　图 3-1-6　东方式反手握拍法　　图 3-1-7　超东方式/半西方式反手握拍法

7. 双手反手握拍法

双手反手握拍以左手为主导，左手的食指指跟对应拍柄的左垂直面，此时手的虎口自然对准拍柄的左上棱，右手以大陆式握拍法，双手紧贴并握住拍柄（图 3-1-8）。这是单手反拍无力的球员的最好选择。此握拍法能够击出比单反更扎实的球，双手基于肩部的旋转和更高效的挥拍能够提供更大的威力，并且能很好地处理低球，额外的一只手可以更好地处理齐肩高的球。

8. 握拍方法的选择

图 3-1-8　双手反手握拍法

不同的技术对应不同的握拍，如发球、高压、截击技术采用大陆式握拍，底线正反拍则可根据球的飞行高度、个人的技术水平以及身体能力来进行选择。例如，实践击球中，采用大陆式握拍更易击到低于膝盖下水平线位置的来球，采用东方式握拍的最佳击球高度在膝盖与腰部之间。而采用西方式和半西方式握拍更易击到腰部或者肩部以上高度的来球。初学者通常更习惯采用大陆式握拍来击球，因为不用考虑任何拍面的角度就能对准来球。网球技术较高的运动员可以根据不同的来球对应不同的握拍方法；儿童、女性等初学者根据自己的能力来选择一种握拍方法。

第二节　基本站位及移动步伐

一、站位的种类及要求

1）开放式站位：双脚与肩同宽，与球网平行站立（类似于乒乓球的开放式站位）。此种站位适用于大幅度横向、侧向折返移动或者滑步击球时。

2）半开放式站位：双脚与肩同宽，与球网平行站立时，左脚稍靠前站立。因站位灵活，对重心和腿部借力等能力要求更高，故半开放式站位适用于技术较为纯熟的高水平球员。

3）封闭式站位：以右手持拍手为例，正手击球时，左脚向右斜前方上步，左脚尖斜对右网柱，双脚与肩同宽；反手击球时，右脚向左斜前方上步，右脚尖斜对左网柱，双脚与肩同宽。初学者由于动作不够熟练，在击球时容易重心不稳定，采用封闭式站位时重心较为稳定，便于感受由地面传递到腿部的力量，容易击出高质量的球。

4）半封闭式站位：在封闭式站位的基础上，前脚只需向身体前方上步，并正对球网，此种站位重心稳定的同时还利于快速调整步伐，如网前截击就是此站位。

图 3-2-1 为四种站位分类图。

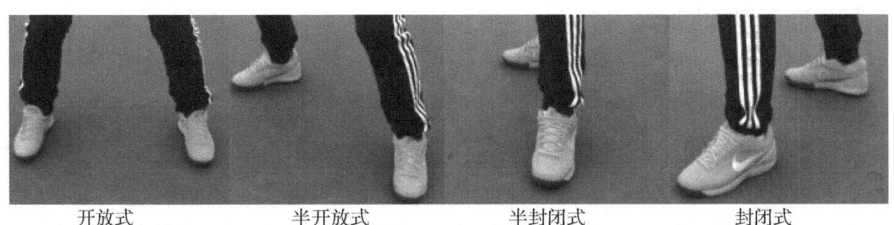

开放式　　　半开放式　　　半封闭式　　　封闭式

图 3-2-1　站位分类

二、移动步伐

1）分腿垫步：在对方击打球的同时，双脚平行于身体原地弹动一次。职业球员几乎在每一次击球前都会做分腿垫步，目的是帮助身体快速进入启动状态，有利于迅速判断来球方向、速度等。初学者应该养成击球前分腿垫步的好习惯。

2）交叉步：面对球网，两腿呈交叉状向侧面跨步，重心保持在两腿间。如果向右侧移动，应先跨左腿在右腿前；反之同理。当完成一次击球后，要迅速回位并准备下次击球时，交叉步是最好的选择。

3）滑步：面对球网，将外侧的腿向所要移动的方向滑动。内侧腿向其移动时，两腿在空中并步（根据回位的速度，也可不并步），然后进入准备击球状态。滑步是底线技术中的主要步伐，多用于正、反拍横向折返移动中。

4）前进后退步：双腿向网前跑动或者向底线后退跑，身体必须面对球网（随时注意来球的变化）。此种移动步伐利于快速进行前后场的移动击球。

5）小碎步：小幅度频率较快的跑动。当身体快速移动到来球方向时，重心容易不稳，所以在站稳击球前，双脚快速地进行小碎步的调整，以缓冲加速带来的重心不稳定，这样有利于击出高质量的回球，同时快速回位。

第三节　正、反手击球过程的基本环节

1. 判断

判断来球方向是正、反手击球的第一步。通常当对方将网球击出后直到落地的这段距离中，通过分腿垫步做出身体的提前启动，接球方就能够判断出来球的方向是左还是右。一般情况下，球的过网高度较高且速度较快时，该球的落点普遍都会落在中后场，此时接球方应提前向后方移动；球的过网高度较低平且速度较慢时，该球的落点普遍会落在前场，此时接球方应提前向前场区域移动；当球的过网高度较高但速度较慢时，接球方可以待在

底线位置随时观察落点变化准备击球;当球的过网高度虽然低平但速度较快时,接球方应降低重心随时准备上前移动击球。

2. 移动

移动是击球的第二步。快速移动的能力可以帮助练习者争取更多的时间来进行击球前的准备。根据判断来球的方向、速度来选择滑步、交叉步等步伐进行跑动,以便击到最佳击球点,打出高质量的回球。

3. 击球

在准确的判断和快速移动到位后,击球的过程会较为充分。此时,击球的时机最关键,分为飞行期、落地起跳期和下降期三个阶段。在落地起跳和下降期的过程中又以人体躯干划分为高、中、低三个击球位置:膝盖以下为低点球;腰部到膝盖之间的高度为中点球(这个位置的球点为最佳击球点);胸部或肩部以上的高度为高点球。练习者根据不同高度的球点用不同的技术回球。在底线技术中接低点位球时小臂应强力内旋,将球提拉起来;高点位时应将拍头高于来球,由后向前进行挥拍,而不是从上往下将球下压击打;在最佳位置击球时,常规挥拍即可。在截击技术中,是在飞行阶段中高点位置击球,由于截击站位在网前,球点较高有利于截击回球的角度,同时无需担心回球挂网。发球和高压球的最佳击球点在头部以上,以持拍手直臂贴近耳根时的高度最佳,这两项技术对练习者的空间感要求较高。

4. 回位

击球结束时,应快速回到底线的中点位置,若离中点位置距离较远可采用交叉步快速移动,若距离较近可采用滑步快速回位(整个回位过程要求面向球网),随时准备判断接下一个来球。

第四节 发球技术

发球是最重要的技术之一。发球是网球比赛中每一分的开始,它是进攻的开始,也是网球技术中唯一不受对方制约和限制的技术。好的发球,不仅可以直接得分,而且能够在较大的程度上发挥出个人的特点,用以控制对方,最大限度地施展自己的战术意图。为此,要求练习者必须比较全面地掌握各种发球技术,在比赛中争取主动。

一、发球基本技术

发球基本技术中包括握拍法、准备姿势、抛球与引拍动作、击球动作和随挥动作六个环节。

1. 握拍法

大陆式握拍法或东方式反手握拍法。

2. 准备姿势

全身放松,侧身站立在端线外中场标记近旁边(单打场地),左肩对着左侧网柱,面向右侧网柱,两脚分开约与肩同宽。在右区发球时,左脚与右区端线约成45°;在左区发球时，左脚与左区端线约平行，重心在左脚上。左手持球轻托球拍在腰部，拍头指向前方。呼吸均匀，双眼凝视前方。

3．抛球与引拍动作

抛球与后摆拉拍动作是同步开始的，持球手拇指、食指和中指三指轻轻托住球，掌心向上，如图3-4-1所示。当球拍向下向后引拍时，持球手同时下降至右脚处，紧接着当球拍从身后向头上方做大弧度摆动，身体作转体、屈膝、展肩时，持球手柔和地在身前左脚前上举，直至伸高及头顶。抛球动作要协调、平稳，球送至最高点时离开手指抛向空中。此时右肘向后外展约与肩同高，拍头指向天空，左侧腰、胯呈弓形，身体重心随着抛球开始先移向右脚，然后平稳地开始前移。此时，肩与球网成直角。

图 3-4-1　抛球与引拍动作图

4．击球动作

当左手抛出球时，球拍继续向上摆起，这时握拍手的肘关节放松，向前移动的身体和右肩自动地使手臂产生一个完美的绕圈。当球下降至击球点时，迅速向上挥拍击球，双脚向上蹬地，使手臂和身体充分伸展；当身体向前上方伸展击球时，肩、手臂已经回转，双肩与球网平行。挥拍击球时，持拍手腕带动小臂有一个旋内的"鞭打"动作，这就是发球发力的关键动作，也是其他如重心前移、蹬腿、转体、挥拍等力量聚集的总合。

5．随挥动作

球发出后，身体向场内倾斜，保持连续、完整的向前上方伸展的随挥动作。此时，球拍挥至身体的左侧，重心移向前方，做到完全、自然地跟进并保持身体平衡。

二、发球动作技术要点

1）使用大陆式或东方式反手握拍法。
2）用手指轻轻地托住球，抛球到位。
3）球拍正确地置于背后并抬起肘关节。
4）保持抬头看球。
5）击球时，在身体前击球做扣腕动作，并使重心跟进。
6）球拍横挥至身体的另一侧，完成随挥动作。

三、发球的类型

发球基本分三类：平击发球、侧旋发球和上旋发球。每一种发球都有自己的特点和用途，好的发球具有很大的攻击性。如果发球时，在球的速度、力量、旋转和落点方面加些变化，发出球的效果会更好。

1．平击发球

（1）特点

平击发球是所有发球类型中球速最快的发球法，也称为炮弹式发球，常被世界顶尖级选手在一发中所采用。该发球法不但球速快，而且反弹低。这种发球虽然力量大、球速快、威胁大，但准确率较其他发球法较低。

（2）动作要点

1）击球点在身体的右眼前上方，以拍面中心平直对准球，击球的后中上部。

2）此时手腕的向前抖甩和前臂的旋内"鞭打"非常重要，身体充分向上向前伸展，以获得最高击球点，提高发球命中率。

图 3-4-2 为穆雷平击发球技术动作分解图。

图 3-4-2　穆雷平击发球技术动作分解图

2. 侧旋发球

（1）特点

侧旋发球是网球爱好者经常使用的一种发球法，它可以用于第一发球和第二发球，是每个初学者必须要经常练习和掌握的技术。侧旋发球带有侧旋，因为它以曲线进入发球区，发球成功率较高，并且将对方右手握拍的接球者拉出场外（右区），造成对方回球困难。但球速往往较慢。场地地面越平滑，球的侧旋越强，因而在室内场地和草地地面这是一种得力的武器。

（2）动作要点

1）发球时把球抛到右侧斜上方。

2）球拍快速从右侧中上方至左下方挥动，击球部位在球的中部偏右侧，使球产生右侧旋转。

图 3-4-3 为费德勒侧旋发球技术动作分解图。

图 3-4-3　费德勒侧旋发球技术动作分解图

3. 上旋发球

（1）特点

发上旋球时，由于它过网时弧度高，落地后反弹更高，前冲很大，稳定性也很高，职业选手的第二发球一般都采用这种发球。场地地面越粗糙，球的反弹越高。这种发球在沙地、土场上经常被采用。

（2）动作要点

1）发上旋球时要把球抛到头部后偏左的位置。

2）身体朝击球方向向上向前转动，从球的后面将球从头部左侧击出，球拍挥动的弧线向上，球一侧的上部击球。

3）击球时身体尽量后仰成弓形，利用杠杆力量使球旋转，球拍快速从左向右上方挥动，从下向上擦击球的背面，并向右带出，使球产生右侧上旋。

4）随球动作的第一部分更偏向右侧。初始阶段球拍继续向外向右挥出，上体稍微倾向左侧，然后转向击球方向。左脚落地并支撑球员身体的重心，同时右脚自然抬起。

图 3-4-4 为费德勒上旋发球技术动作分解图。

图 3-4-4 费德勒上旋发球技术动作分解图

第五节 接发球技术

网球的发球和接发球是相互对抗、相互制约的一对孪生技术。对于一名网球选手来说，一场比赛中大约一半的得分是从接发球开始的。随着发球技术的不断提高，接发球的重要性更加引起人们的重视。其原因如下。

1）比赛从发球、接发球开始，双方机会均等。在提高发球攻击力的同时，必须同步提高接发球技术。无论在单打比赛还是双打比赛中，接发球都与发球同等重要。若一名运动员两项技术相差悬殊，发球的优势被接发球的劣势抵消，在实力相当的比赛中则无法取胜。

2）当今网球的技战术朝着积极快速的方向发展。尤其在快速场地上，发球的速度和发球后上网抢攻战术对接发球提出了更高的要求。

3）接发球技术水平的高低是攻守平衡的首要标志，因为比赛的第一回合就是从发球、接发球开始的，如果你处于劣势，其他技术将受到很大压力甚至无法发挥。

网坛高手们除了具有强有力的发球技术，都极力改善接发球技术，以求从被动中争取主动。由于接发球在态势上是被动的，是受发球制约的，有时不是某种特定的动作可以奏效的。为适应战术上的需要，它和发球一样，都有一定的准备时间，先预判对方的发球意图，计划好接发球的方法，但是，要在瞬间处理好，难度是很大的。必须指出：接发球的指导思想应该是"摆脱被动，力争主动，敢于挑战强有力的发球"。要在第一回合的交锋中在气势上压倒对方。尽管基本动作与正常的击落地球动作非常相似，但比赛中的情形完全不一样，因为发球的一方有机会给接发球的一方制造更大的压力。接发球分为进攻型和防守型。进攻型主要通过给对手施加压力来创造得分机会，防守型目的是接好发球。接发球的基本技术环节如下。

1. 握拍方法、准备姿势和引拍

当使用进攻型接发球时，应使用合适的正、反手握拍法（即半西方式或东方式握拍法），引拍动作应与正常击落地球的动作相似，根据来球的速度，它的幅度可小一些。接发球的难度越大，引拍动作的幅度应该越小。应该提前向前斜向移动击球，以便缩小发球方回击的角度，减少发球方回球的时间。当使用防守型接发球时，如果来不及对来球做出反应，球员可能不得不使用中间握拍法（即大陆式握拍法）。然而，如果球员有足够的速度或发来的球不太难接时，最好使用适合于每一侧击球的握拍法（即用正手接发球时使用东方式握拍法）。引拍动作应与截击时或击直线落地球时使用的动作相似。根据来球的速度，引拍的幅度可小一些（即挡击式的接发球）。

2. 向前挥拍和击球

使用进攻型接发球的向前挥拍与球拍击带上旋的落地球的轨迹（由低向前）相似。触球区通常比正常的击带上旋的落地球的触球区更高、更靠前，因为发的球弹跳更高（如带上旋的二发）。当球员跨步击球时，由于使用了他的身体链的所有部分，击球就有了速度。但同时，他们应力求保持身体所有这些部分，特别是头部和上体的动态平衡。防守型接发球的向前挥拍通常与截击时球拍的轨迹（由高向低）或击直线落地球时球拍的轨迹（由后向前）相似。接发斜线球时，触球区通常比正常的截击更靠前，或者比正常截击时更靠近身体。球员击球时应力求收紧挥拍动作，握紧球拍以控制球速。

图 3-5-1 为莎拉波娃正手接发球技术动作分解图。

图 3-5-1　莎拉波娃正手接发球技术动作分解图

3. 随挥动作

使用进攻型接发球的随球动作与击带上旋的落地球的随球动作相似，球员接发球后上网的情况除外。在这种情况下，球员通常采用"屏风"式移动，击球时就开始前移上网。使用防守型接发球的随球动作，根据发球的力量与正常的截击或凌空拦击（击球动作小）的随球动作相似。

第六节 击落地球技术

一、正手击落地球技术

正手击球是网球技术中最基本的击球方法，也是整个网球技术中的一项重要进攻技术。从实践上来说：底线正拍击球的机会多于底线反拍击球，而且动作比较深长，因而击球有力，速度也比较快。对于初学者来说，最重要的是先把球打过网并且要落在球场内，而正手击球恰恰容易做到这一点。下面以右手握拍为例详细介绍正手击球技术。

1. 正手击球基本技术

正手击球动作由 4 个技术环节组成：准备姿势、后摆引拍、挥拍击球和随挥跟进。

（1）准备姿势

面对球网，两脚自然开立与肩同宽或略大于肩宽，双膝放松微屈，重心落在前脚掌上，右手握住拍柄，左手托住拍颈，将球拍立于胸前，拍头指向对方，以便注意对方来球，做好击球准备。如图 3-6-1 所示。

图 3-6-1 准备姿势

图 3-6-2 后摆引拍姿势

（2）后摆引拍

当判断来球方向要用正拍回击时，向右转肩，转髋带动球拍向后向上弧线引拍，引拍要迅速，球拍指向球场后端的挡网，拍底正对着球网，拍头向上稍高于手腕。同时移动双脚，重心后移，左脚向右斜前方向上步（即封闭站位），左肩对球网，尽量保持侧身应击球，左手一定要随着侧身转体而指向前面的来球。如图 3-6-2 所示。

（3）挥拍击球

击球时应转动身体，用力蹬腿，以肩关节为轴，手腕固定，用大臂带动小臂挥动，沿着来球的轨迹挥出去，一般在左脚右侧前方与腰齐高的高度击球，当来球较高时，快速后退，来球较低时应上前并屈膝，始终保持在与齐腰高的高度击球。

（4）随挥跟进

球触拍后，使拍面平行于网的时间尽量长些，挥拍沿着球的飞行方向向前，将重心前移落在左脚上，身体转向球网，拍头随着惯性挥到左肩的前上方，肘关节向前向上，用左手扶拍颈，随挥跟进结束，立即恢复到准备姿势。

2. 正手击球动作技术要点

1) 击球全过程眼睛要始终盯住球。
2) 尽早、尽快地后摆引拍。
3) 击球时，握紧球拍，绷紧手腕。
4) 球拍随球送出，充分随挥至左前上方。

3. 不同握拍法的正手击球技术

（1）东方式正手握拍击球

1) 准备姿势和引拍。拍把置于拍身之后，拍面舒适地置于垂直状态，这样就可做出特定的拍头向后"绕圈"动作后进入准备状态。

2) 挥拍和触球。挥拍的根本特征就是由后向前，触球时将球呈小弧度向前平击。触球时身体的角度略呈半收缩状态，利用重心移至前脚产生附加力。因为挥拍需要空间，故在身体的一侧和前脚的上方触球。

3) 随球动作。由于产生的力量击向场地，球员面对球网朝左侧立，拍头绕左肩前挥向球的方向。如图 3-6-3 所示。

图 3-6-3 费德勒东方式正手技术动作分解图

（2）半西方式正手握拍击球

1) 准备姿势和引拍。半西方式正手击球的准备姿势通常由肘部开始。一般来说，由于球是对手击出的，离球较近的脚转动，接着抬肘（向后移动）并同时转肩。为了帮助引拍和转肩，可利用左手将球拍后推。不论何种情况，球拍向前挥动前，拍头位置都高于肘部。

2) 挥拍和触球。

①向前挥拍动作的要领：由于在挥拍的第一阶段球拍朝下，已经弯曲的双膝开始伸直，协助由低向高的挥拍动作；肘部（或大臂）贴紧身体，以便在向前挥拍的最初阶段保持击球的稳定；触球前肘部加速，上体转动；开始挥拍时，肘部伸直，以使挥臂成水平姿势；右髋抬起后转髋带动击球肩上提；向前挥拍过程中拍头移动的弧线是由低向高的；在挥拍的整个过程中，拍把控制着拍面直至与球接触；正式触球前，球拍移动的弧度增加，球拍的轨迹主要是肘关节弯曲形成的。

②触球的要领：触球时拍把带动手腕后转；头部绝对静止，双眼注视击球区；触球时，双脚通常分开站立，研究表明，顶尖球员（男、女）正手击球时，90%的情况下采用分腿站立姿势；膝部伸直的同时转动右髋，可确保在触球前后的拍头移动过程中的重心转移；触球时，拍头可稍低于手腕，这是可行的；如果拍头过于低于手腕，结果是握拍力量和控球能力减弱。

3)随球动作。向前挥拍动作是从球的下面向上至击球位置,动作继续直至将球击出。为了证实随球动作在击球后已经完成,肘部和肩部之间的手臂必须与地面平行。

在随球动作的结束阶段,动作各式各样。然而,为避免受伤,右脚通常有一个旋转动作,动作结束时与左脚处于同一水平线上。

随球动作的一个有趣的特征就是:触球后,由于转体,肘部抬至肩高,这样能确保拍头在触球时获得最大速度并减少受伤危险。因为击球臂有了减速的空间而不致发生伤情。若动作正确,击球的拍面应面对球被击出方向的地面。如图 3-6-4 所示。

图 3-6-4　海宁半西方式正手技术动作分解图

(3)西方式正手握拍击球

1)准备姿势和引拍。同半西方式握拍击球。

2)挥拍和触球。西方式正手握拍击球要求球拍挥动时有一个很高的弧线。触球时球拍的速度很快。击球时两腿完全分开。触球点比用东方式握拍或半西方式握拍击球时更高,更靠近身体。

3)随球动作。随球动作结束时的位置更偏向一侧,更低。如图 3-6-5 所示。

图 3-6-5　莎拉波娃西方式正手技术动作分解图

(4)正手削球

1)特点。正手削球的特点是挥拍时使球由后上方至前下方产生旋转,球过网时很低,球落地后弹起也很低,并伴有回弹现象。下旋球落点容易控制,能打出长球或短球,常用于随球上网,击球时比较省力。缺点是攻击力量不大。正手削球可以同上旋球和平击球交替使用,来交换旋转和节奏球,扰乱对方的节奏,使对手难以回球。

2）动作要点。正手削球的准备动作与前面几种击球方法相似，一般采用大陆式握拍法。

①当来球时，要引拍转体，左肩对球网，重心落在右脚上，拍头高于击球点，缩紧手腕。

②左脚向右前方跨出的同时，左手指向前面来球，以保持身体的平衡，由后上方向前下方挥拍，击球点在左脚右侧前方，击球的后上部，用球拍面把球包裹住，使球有在拍上滑动的感觉。

③身体重心移至前脚，击球后拍头应随球挥至身体左侧。

④完成随挥动作后，身体恢复到准备姿势。如图 3-6-6 所示。

图 3-6-6　费德勒正手削球技术动作分解图

二、反手击落地球技术

反手击球是网球基本技术中和正手击球同样重要的击球方法，初学者一般是先学习正手击球再学反手，当正手有了一定的基础后，再学反手比较容易。

1. 反手击球基本技术

反手击球动作技术由 4 个环节组成：准备姿势、后摆引拍、挥拍击球和随挥跟进。

（1）准备姿势

反手击球准备姿势与正手击球相同。面向球网，两脚分开与肩同宽，屈膝，上体稍前倾，重心落在前脚掌上，左手扶住球拍拍颈，拍头指向对方，拍面与地面垂直。眼睛密切注意对方来球。

（2）后摆引拍

当判断对方来球朝你的反手方向飞来时，扶住拍颈的左手应迅速帮助右手由正手握拍变换为反手握拍，向左转肩、转髋带动球拍向左后方摆动；后摆时肘关节自然弯曲，拍头稍翘起，指向后方，右脚向左前方上步，右肩或右背对着球网，重心在左脚；打反手的后摆动作应比正手的后摆动作要早，整个动作要连贯、协调，左手始终扶住拍颈，直到开始做前挥动作。

（3）挥拍击球

球拍由后向前上方挥出，前挥时手臂仍保持弯曲，直到随挥结束后才伸直；击球点在右脚左侧前方，击球时球拍与右脚应在一条直线上，高度在膝与腰之间（比正手击球稍低）；拍触球时手腕绷紧，拍面与地面保持垂直，击在球的中部，用转体和转肩的力量使重心前移到右脚上。

（4）随挥跟进

击球后，球拍沿着球的飞行方向向前、向上送，重心前移落在右脚上，挥拍在右肩上方结束，身体转向球网，恢复原先的准备姿势。如图 3-6-7 所示。

图 3-6-7　萨芬反手技术动作分解图

2. 反手击球动作技术要点

1）转体、转肩要迅速，球拍及早后摆。
2）眼睛在整个击球过程中要紧盯住球。
3）握紧球拍，绷紧手腕。
4）向上挥拍，球拍随球送出（反拍下旋球是向下向前挥拍）。
5）随挥动作在旁侧的高处结束。

3. 不同握拍法的反手击球技术

（1）单手握拍反手击球

1）特点。由于单手握拍，击球时没有另外一只手扶持，在抵挡对方凶猛来球时，击球较不稳定，但由于身体转动的幅度大，击球点靠前，击球的攻击性增强，击球的角度大，增加了攻击的范围，同时需要快速地移动步伐。

2）握拍方法。单手反手东方式、西方式、半西方式握拍法，根据技术掌握和个人特点采用。

3）动作技术。单手反手击球动作技术包括四个环节：准备姿势、后摆引拍、前挥击球和随挥跟进。

①准备姿势。和正手准备姿势相同。

②后摆引拍。看到来球朝你的反手方向飞来时，移动到位，形成击球步法（开放式或关闭式），向左转体转肩，左手扶住拍颈，帮助右手将拍引到身体左侧，肘关节自然弯曲，手腕保持自然姿势，拍头高于手腕。

③前挥击球。降低拍头，重心从左脚过渡到右脚，向右转体，带动大臂、小臂向前向上挥击来球，触球时拍面与地面基本垂直，左手松开维持平衡。单手反手击球的击球点比双手略偏前。

④随挥跟进。拍面触球后，让拍子沿着出球方向继续挥动，自然停住。如图 3-6-8 所示。

图 3-6-8　费德勒单手反拍技术动作分解图

（2）双手握拍反手击球

1）特点。由于双手握拍，击球时有另外一只手扶持，可以抵挡住对方凶猛的来球，击球固定，球拍更稳，对手很难判断挥拍动作及击球的角度，有较好的隐蔽性，击球的准确性和攻击力增强，提高主动进攻的意识。但对脚步移动和判断能力的要求很高，体力消耗较大，扩大了对方的攻击范围。单手反拍和双手反拍各有长处，一般来说：初学者还是尽可能地先学习正规的双手反拍击球，有了一定基础后根据自己的打法和习惯，选择单手或双手打。

2）握拍方法。双手打反拍最好是右手用东方式反手握拍，左手是东方式正手握法。一旦来球向你的反手方向飞来时，右手要立即换成反手握法；向后拉拍时，左手顺着拍柄向下滑，直到双手相接，左手掌贴在拍柄背面以东方式正手握拍法握拍，双手靠拢紧握球拍。

3）动作技术。双手反手击球的动作技术同样由四个环节组成：准备姿势、后摆引拍、前挥击球和随挥跟进。

①准备姿势：反手击球的准备姿势和正手击球相同。

②后摆引拍：看到来球朝你的反手方向飞来时，扶住拍颈的左手迅速帮助右手形成反手握拍法，移动到位形成反手击球步法（开放式或关闭式），同时转肩带动球拍向后摆动，肘关节微曲。

③前挥击球：拍头降低至低于击球点，左腿蹬地，身体右转，带动大臂、小臂发力，拍头向前向上挥击来球，触球时拍面与地面基本垂直。

④随挥跟进：击出球后，拍子沿发力方向继续挥出，自然停住。如图 3-6-9 所示。

图 3-6-9　拉德万斯卡双手反拍技术动作分解图

（3）反手削球（单手，下旋球）

1）特点：反手削球的特点是球过网时很低，既能打较深的球又能打短球，落点容易控制，控制范围大，稳健准确，但球速一般不快，可以与上旋球结合使用，变换旋转和节奏来扰乱对方回球质量。

2）动作要点：当来球飞向你的反手时，要迅速转体引拍，引拍要比上旋反拍高，球拍要远离身体，拍头向上高于手腕，拍面稍后仰；右脚向左前方跨出，扶住拍颈的左手放开，右手向前下方挥拍，在右脚左侧前方与腰齐高处触球，手腕绷紧，球拍与球接触的时间尽可能地长一些，要有球在球拍上滑动的感觉；挥拍时不要用球拍向下"斩球"，要有向下送的动作，眼睛始终盯住球；击球后，球拍随着球出去的方向向前上方挥出，随挥动作要充分，结束在高处，然后，面对球网，恢复成准备姿势。如图3-6-10所示。

图 3-6-10　费德勒反手削球技术动作分解图

第七节　截击球技术

当球还未落地并在空中飞行时（高压球除外），被凌空打掉，称为截击，也叫拦网。截击球的特点是：缩短球的飞行距离和时间，扩大击球角度，加快回球速度，在网球比赛中截击球已成为一种主要打法和进攻武器，是网球比赛中重要的得分手段之一。对初学者来说，学习网前截击不仅能提高球感，而且能提高学习网球的兴趣。

一、截击球基本技术环节

截击球的动作技术包括握拍法、准备姿势与站位、向前挥拍和触球以及随球动作。

1. 握拍法

网前截击时，有时来球很快，没有时间改变握拍方法，而大陆式握拍法就符合这个要求。大陆式握拍法的优点是：正反手截击都可以使用，在快速近网截击时，不需要变换握拍方法。因此，在网前截击时要采用大陆式握拍法。

2. 准备姿势与站位

面对球网，两脚自然开立约与肩同宽，双膝微屈，上体前倾，球拍放在身体前面，略高于正反拍底线击球的准备姿势，拍头朝前并高于握拍手，左手轻托拍颈，眼睛注视来球。当对手击球的一刹那，你应该从对手的击球位置、挥拍动作判断出来球的方向、高度和路线以便及早起步、快速移动。一般将跨步作为准备动作的一部分，因为跨步可以使球员保持平衡，能够向各个方向移动，并能使腿部肌肉的预张储存弹性能，使落地时产生爆发力，从而增强朝来球方向快速移动的潜能。应该说网前截击稍靠前为好，因为越靠近网，控制的角度就越大，对方就越被动。但太靠近网也容易导致球拍触网。通常情况下，以臂长距网 2 米左右为宜，最近距网 1 米，最远不要超过 3 米。

3．向前挥拍和触球

正手截击时，球拍向下向前移动。在这一动作过程中，前脚朝来球跨步成半开形站立姿势。双肩也向前转，肘部伸展，拍面稍开使球产生下旋。

反手截击时的特点与正手截击时相似，但转体动作很小，触球点比正手截击更靠前。正反手截击都需要身体各个部分的协调，击球时各个关节均应相对固定。

4．随球动作

球拍向前向下移动。身体各部分逐渐减速。随球动作幅度极小，但在完成推球动作时，球员就在随球动作的开始阶段使球拍保持几乎与球网平行的位置。

二、截击球动作技术要点

1）眼睛始终盯球。
2）握紧球拍，绷紧手腕。
3）在身体前面击球。
4）保持拍头向上。
5）用较短的撞击或推击动作击球。

三、正反手截击技术

1．正手截击球

当判断对方来球方向后，立即转肩，以转肩带动球拍后摆，但后摆动作不要过肩，如果引拍过大，反而会增大失误的可能性，左脚朝来球方向跨出，以增加击球的力量，拍头要高于握拍手，握紧球拍，绷紧手腕，在身体前迎击球（前腿前 15～30 厘米处）；截击球的动作是挡击或撞击，球拍在与球短促撞击的同时微微向下，有点像切削球，击球时保持拍头上翘，拍面稍向后斜。击球后有一个幅度较小的随挥动作，拍子对着球击出的方向撞出去，并恢复成准备状态。如图 3-7-1 所示，网前截击球分进攻型和防守型两种打法，当截击高于网的来球时，便处于进攻型的打法，这是得分机会球，可以打成决定性一击；如果截击的是低于网高的球，就处在防守地位，首先保证回球具备一定深度，再准备下一拍截击。

图 3-7-1　穆雷正手截击技术动作分解图

2. 反手截击球

一般来说，反手截击比正手截击更容易，因为反手挥拍简短而不复杂，更加符合人体的解剖特点。当球来到反手一边时，用扶拍手向后拉球拍的同时转肩，球拍开始做较短的后摆，拍头高于握拍手，眼睛看球。如果有时间，可以上步击球以增加力量，球与球拍接触时，握紧球拍，手腕绷紧，在身体前面 15~30 厘米处撞击球，向前撞击时，左手向后方摆动，保持身体的平衡。击球后，球拍对着球撞击方向送出去，随挥动作要简短，以便能恢复到准备状态，打下一次球。如图 3-7-2 所示。

图 3-7-2　费德勒反手截击技术动作分解图

3. 截击高球

如果对方来球高度较高，但又不够高压的高度球时，必须在身体前面截击，截击高球要有一定的后摆，触球时要握紧球拍，手腕绷紧并朝上；击球时球拍对准球，重心向前，然后用简短的随挥动作，对着球推击并向下方送出，准备下一次回击。

反手截击高球时，扶拍手帮助球拍向后摆，同时控制好拍面，球拍后摆幅度不要太大，拍头朝上，眼睛盯住球，击球挥拍时扶拍手放开，触球的一刹那，手腕绷紧，球拍从高到低向前向下击球并随挥出去。

4. 截击低球

截击低球比截击高球难度要大一些。击低于网高的来球时，首先应降低身体重心，屈膝至适当高度，如果不降低重心，仅靠垂下拍头去击球，那么就会以无力的手腕动作将球向上托起。在采用弓步击球时，有时后膝盖可触及地面，拍头略低于手腕，拍面放开些，在身体前面击球，击球时最好加上旋或侧旋，尽量要把球回击向深处以迫使对手向上击球，击球后球拍随着球出去的方向做短促的随挥动作。

5. 近身截击球

近身球就是对方击出朝着自己身体中央快速飞来的球。在网前截击时，会经常遇到这种朝身体飞来的空中球，即"追身球"，这时没有时间往一侧跨步去打正规的正拍截击或反拍截击，对付这种"追身球"的最好办法是把球拍放在身体的前面用反拍截击，保持手腕笔直和绷紧，拍面在体前正对着球截击，如果加力截击，身体向左转，没有后摆动作直接把球击出，击球后，身体前倾，球拍对准球落地的方向，随挥出去。

6. 中场截击球

中场截击球指在本方发球线附近的截击球，多在发球上网战术中使用。中场截击球大部分是在腰部以下的部位击球，要注意精确的击球点和拍面的角度，尽量回击到对方深区的空档，以便及时抢占网前有利位置。

7．凌空抽球

凌空抽球现在已当仁不让地成为一种击球方式，如果对手软弱无力的球来到头部高度或肩部附近时，不要犹豫，挥拍去击吧！挥拍的轨迹由下向上，击球点在身前，用击落地球的要领挥拍（握拍法与击落地球相同），但不要忘记夹紧腋下击球。在击球时充分地夹紧腋下，可使挥拍稳定有力，击球后拍子要大幅度地随挥。

另外，在击球的同时前脚要大跨步，为迅速向后引拍做准备，牢固地确定作为"轴足"的右脚的位置，重心移到左脚的同时开始挥拍，击球时把全部重心转移到球上去，还要注意由下向上挥拍击球。为了使截击球更加有力，要注意步法，根据球速协调地向后引拍，并首先确定"轴足"，然后在击球的同时前脚大幅度向前跨步，如果重心落在后脚上，球可能飞出底线，不要忘记自己处在进攻状态，要果断地跨步击球。

第八节　高压球技术

高压球，是指在头部上方用扣压的动作完成的一种击球方法。无论在单打或双打比赛时，当你飞奔到前场近网时，对方常用挑高球调动你，使你无法靠近球网进行有力的截击，因此你必须学会高压球技术。该项技术与截击球密切相关，为了加强网前的攻击力，截击球与高压球要同步提高，否则将失去网前的威力。

高水平球员应力求打出稳而有威力的高压球。先进的高压技术基本特点包括对来球路线的判断、站位、击球落点和力量。

高压动作与发球十分相似。然而，击球的某些特点却完全不同。打高压球时，球员无法控制来球的路线，因而，他必须移动寻找打高压球的最佳位置。因此，时机是关键。正因为这个缘故，打高压球时要用 1/2 的发球动作，手臂伸直进入准备姿势，用一小幅度的引拍动作，而不是用齐下齐上的动作。

一、高压球的基本技术环节

1．握拍法

球员应使用大陆式或东方式正手握拍法打高压球。

2．准备姿势与站位

球员用侧并步侧身移动并做好迎击来球的准备。上体后倾，身体的全部重心移至后腿。与此同时，球拍有一个很简单的准备（引拍动作缩短，没有像发球时的摆动动作）。引拍动作结束时，曲肘至肩高，拍面置于球员头部的后上方，非持拍臂向上伸展以保持平衡和协调。理想的是从对准来球飞行路线的非持拍臂的手指尖到持拍臂弯曲的肘部能画一条直线。拍面向下移向球员的背后（动力环）。如果球员的站位正确，来球的方向应是对准伸展的左手的。

3．击球

由于动力链产生的力量，拍头向上向前加速。上体前转，后肩移动高于前肩，身体重心移至前腿，后脚跟抬起。小臂和肘部在触球时完全伸展，小臂外转以便平击。可能时，球拍应在球员头部的前方击球，拍面与网平行，与击球方向垂直，非持拍臂在持拍臂下方交叉移动以协助平衡。

4．随球动作

小臂外转（外转的继续），上体跟随球的路线继续向前屈体，身体重心移至前腿。球员向前移动，恢复平衡准备再次击球。如图 3-8-1 所示。

图 3-8-1　高压球技术动作分解图

二、高压球的种类及特点

1．近网高压

对方挑高球落点位于发球线之前，就可迎上去大力扣杀，直接置对方于死地。

特点：高压球的击球点偏前，以便击球时向下扣压。

2．后场高压

对方挑高球落点位于发球线之后，此时要大胆果断，就像打正常的高压球一样。

特点：击球点可稍后些，步法及时移动到位，迅速跳起给予猛击，击球后的跟进动作要长些，向前向下扣杀。

3．落地高压

当对方挑出直上直下的高球时，可等球落地弹起后再打。这样可增加打高压球的把握和信心。

特点：一般这种高球落地后跳起的弧线是直线向上的，所以步法移动要迅速，退至球的后面，调整好击球点的位置，然后向前还击球，就像发球一样向前向下击球，落地对准发球线与底线之间，这样才能提高击球的成功率。

4．反手高压球

由于反手高压球不容易发力，且易发生失误，故在比赛中运用较少，一般都及时侧身后退，打顶头高压。

特点：当对方挑高球至左侧场边线，需被迫使用反手高压球时，应及时向左侧侧身，提肩抬肘，拍子低于手腕与肘关节，击球点在左上侧，击球时前臂和手腕迅速向上挥起，手腕紧固，集中精神和力量打落点及准确率。击球后，高压球的随挥动作就像平击球一样，扣腕动作要继续，并让拍子绕过身体，使它在结束时在身体的左侧，并指向身后的挡网。

三、高压球技术要领

1）眼睛自始至终盯住球。
2）当对方挑高球时就马上后退侧身面对球网。
3）调整好步伐，跟进重心，在身体前面击球，要用力扣腕。
4）充分完成随挥动作。

第九节　挑高球技术

挑高球在网球基本技术中占有重要的位置。随着网球进攻型战术的发展，面对双打比赛中双上网发球抢攻战术的发展和广泛采用，以及在快速场地上单打比赛网前战术比例的增加，作为对付网前进攻的重要武器之一的挑高球技术就更显得重要。它已由过去单纯防守型的挑高球，发展成为进攻型的挑高球技术，不仅可以变被动为主动，而且可以直接得分。

一、常见的挑高球技术

1. 平高球

1）准备姿势和引拍。准备姿势与击落地球的准备姿势相似，引拍动作的幅度略小一些。球拍向下移动，拍面展开，双膝弯曲以调整击球区，身体重心移至后脚。

2）向前挥拍和触球。拍面展开并由很低的位置移向很高的位置，且控制流畅、慢速的挥拍动作。随着身体重心向前和向上移动，膝部逐渐伸直。触球时拍面打开、腕部固定。

3）随挥动作。球拍随着球的飞行路线移动。这是一个很高的动作，球拍动作在头部上方结束，此时整个身体保持平衡。如图 3-9-1 所示。

图 3-9-1　挑高球技术动作分解图

2. 上旋高球

这是一种极具攻击性的高球。当球越过对手时，强有力的旋转立刻使球快速下落。球落地时，又快速反弹脱离对手。这种变型的击球方式有以下特殊的技术要领。

1）准备姿势和引拍。握拍法和准备姿势与击带上旋的落地球时相似。引拍结束时，球拍几乎处于踝骨高的位置，拍面隐蔽，双膝完全弯曲，身体重心移至后腿。

2）向前挥拍和触球。向前移动时，球员必须利用后腿向上伸展，上体向上转动，用一个急速的擦刷动作向上挥动拍头。触球时，拍面与网平行，腕部松开并放松以提高球拍的速度。

3）随挥动作。随球动作在一个由低而高的、几乎垂直的路线上继续向上向前。随球动作结束时，球拍正好处于头部上方，在全部动作过程中身体一直保持平衡。

3. 侧旋高球

这是一种防守型的高球，因为击出的球很高，使球员有时间恢复原位。它要求击球有准确的落点。这种变型的高球有以下特殊的技术要领。

1）准备姿势和引拍。握拍法和准备姿势与击带侧旋的落地球相似。引拍动作结束时，球拍几乎处于踝骨高的位置，面打开，双膝完全弯曲，身体重心移向后腿。

2）向前挥拍和触球。向前移动时，球员必须利用后腿向上伸展，上体向上转动，拍头向前向上平挥。触球时，拍面打开，腕部固定。

3）随挥动作。随球动作继续向上向前，呈一条由低向高的轨迹。随球动作结束时，球拍正好处于头部上方，身体和非持拍臂在整个动作过程中保持平衡。

二、挑高球动作技术要点

1）眼睛盯住球，边移动边向后引拍。
2）挑高球必须有一定的深度。
3）击球后，迅速回防。
4）挑高球要做到动作隐蔽。

第十节　放小球技术

放小球也叫放轻球、放短球，是把球打到对方场区靠近球网的位置，用以调动对方，争取主动。它与深区的落点相配合效果很好。随着网球技术的发展，要求技术全面的程度越来越高，放小球作为网球一项不可缺少的技术，只能越来越精湛，尤其在各种不同性能的场地上与不同风格对手的比赛中放轻球更显得重要。虽然放小球不像发球和高压球得分那样壮观。但巧妙的放小球，以智取胜，同样可以达到调动对手争取主动得分的目的，否则你在比赛中将失去一项重要的武器。中国运动员素以"灵巧、快速"见长，这项技术更不应忽视。

对于高水平球员，通常在沙地或慢速场地使用放小球十分奏效。在草地地面，特别是女子比赛中使用放小球也能奏效。他们应把这种击球作为比赛技能不可或缺的组成部分进行训练。

一、放小球基本技术

放小球的动作技术包括握拍法、准备姿势和引拍、向前挥拍与触球以及随球跟进。

1. 握拍法

正手和反手短吊的握拍法相同，使击球具有隐蔽性，也可使用东方式或大陆式握拍法。

2. 准备姿势和引拍

放小球时，球员应在场内，以缩短球飞行的距离。球员的站立姿势应与正常地击落地球时一样，以使对手防备不及。引拍应与正常地击落地球（侧旋或上旋）的引拍动作相似，以使动作具有隐蔽性。向上的竖向引拍能使球落地后"不起"。

3. 向前挥拍与触球

引拍动作结束时，拍面在拍柄之上，朝触球区开始做一个向下的动作。这一动作与击带侧旋的落地球时的动作相似。拍头减速，速度的控制十分重要。

触球时拍面打开，腕部松开，球拍在触球时向下移动，使球产生下旋。击球时要求触球动作非常细腻且有很好的球感，这样，球员就能控制球速。

4. 随球跟进

随球动作幅度很小，通常大约在腰部高度结束。随球动作结束时，拍面打开。身体保持平衡。复位应包括向网前移动准备再次击球，封住对手的角度。如图 3-10-1 所示。

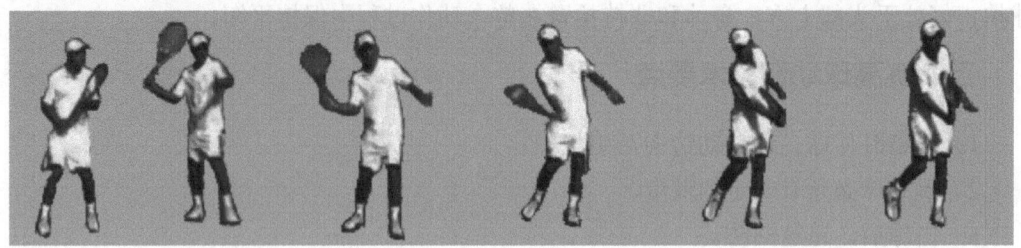

图 3-10-1　放小球技术动作分解图

二、放小球动作技术要点

1）眼睛始终盯住球。
2）准备动作要尽量隐蔽好。
3）球拍面抚摸球，使球速减低。
4）随挥动作要小。

第十一节　反弹球技术

击反弹球的高级技术不仅包括防守型的变型击球法（即从发球线区域击反弹球），还有进攻性的变型击球法（即从靠近底线处将球击出，用对攻中的变速突袭对手）。这种变型的截击动作要领如下。

1）准备姿势和引拍。球拍向后向下做一个小幅度的引后动作，同时转体。球员应侧向站立。
2）向前挥拍和触球。后腿深屈，球拍向前移动，它的轨迹几乎与地面平行，触球区差不多是在前脚前方踝骨的高度，身体重心前移并稍微向上以保持平衡。

3）随球动作。随球动作是一个由低向高的慢速动作。

一、反弹球基本技术

1. 握拍法

球员们常常使用东方式或半西方式握拍法用正手和反手上网打反弹球。上网打带侧旋的反弹球时，也可使用大陆式或东方式握拍法。

2. 准备姿势和引拍

双肩转动，上体几乎侧对球网。击上旋球时，引拍是一个连续的弧形动作，击侧旋球时，引拍是一个直线动作。它的引拍比击侧旋球时的引拍收得更紧。击上旋球和击侧旋球时上体姿势相似。击上旋球时球拍转动的幅度比击侧旋球时的幅度大，但这一动作仍比击落地球时使用的转拍幅度小。

3. 向前挥拍和触球

双脚的站位大致与网垂直。身体继续向球网的方向移动。击上旋球时身体姿势比击侧旋球时更伸展（击侧旋球时的姿势较低）。击下旋球的触球区比击上旋球时离身体更远，与击侧旋球比较，击上旋球时的触球点离前脚踝骨的前方更远。

触球时，击上旋球的球拍速度比击侧旋球时快。击上旋球时球拍移动的轨迹是由低向高的，击下旋球时是由高向低的。在触球时，击上旋球的拍面稍微收紧，击下旋球的拍面稍微打开，击上旋球的拍头低于腕部，击下旋球时则高于腕部。

4. 随球动作

球拍的速度逐渐减低。击侧旋球时球拍移动的轨迹首先继续向下，然后向上，击上旋球时的轨迹向上。球员向前移动准备截击。

二、反弹球技术要领

1）眼睛始终盯住球。
2）落点判断要准确。
3）球拍快速将球击出。
4）随挥动作要放松。

思考与练习

1. 初学者容易掌握的握拍法有哪些？请分别将握拍法所对应的技术举例说明。
2. 基本站位和移动步伐有哪几类？请观看比赛录像，观察比赛选手的移动能力。
3. 击球进程中由哪几个环节组成？举例说明不同的技术动作在引拍过程中的要求。
4. 五大技术的学习顺序是如何排列的？
5. 课外自学本章节的多媒体教学软件。

第四章 网球技术训练方法

本章简介：网球技术训练方法丰富多样，针对每一项技术都设有专门的训练方法，本章从技术、身体素质、心理素质等多方面介绍如何有效地进行网球训练。具体包括练习步骤、方法和注意事项，来指导和帮助大家学会网球技能，以达到提高水平和发挥自身潜能的目的。（以下介绍的练习方法均以右手持拍的练习者为例。）

第一节 发球和接发球训练方法

一、发球技术训练

由于发球技术具有时间短、速度快、力量大、落点刁等特点，是网球五大技术中难度最大的。在学习发球时，必须由浅入深、循序渐进。练习者可以将站位、握拍、抛球、后摆、击球和随挥动作六个环节的动作分解练习，逐一熟悉各个技术环节后再进行发球技术的完整练习。

1. 练习步骤与方法

1）采用发球握拍法，即大陆式或东方式反拍握拍法。

2）抛球练习：练习者左手持球，用左臂沿着倒"J"的路线练习弧线抛球动作（正常书写顺序 J 是——竖勾，倒 J 则是相反的顺序——勾竖）。按照此法抛球，当抛球路线幅度拉长时，类似弧线抛球的感觉比直线抛球更加规律，抛球力度更柔和，当球离手时，手指更加稳固，不容易拨动球体。

3）以发球准备姿势站立，在左脚前方的地面上画一个拍面大小的圈（此圈折射出球在空中时的最佳击球位置）。用以上方法将球抛出后自然落地，将球的落点控制在圈内，以巩固抛球的位置。

4）在以上方法的基础上，将持拍手与抛球手做同上（抛球、引拍）同下的动作，此方法主要是练习抛球引拍的协调配合。

5）发球的腿部动作分为上步和不上步两种。上步的发球动作的重心转换顺序是：准备姿势时重心在前脚，在重心快速转移到后脚，同时再移回到前脚的过程中，左手开始抛球，当球即将下降到最佳击球高度时，后脚向前脚的内侧位或附近上一步（切忌步子太大，以免造成脚误），使双脚并步同时屈膝蓄力，直到击球时双腿向上向前蹬地发力。不上步发球动作的重心转换顺序是：准备姿势时重心在前脚，抛球的同时重心转移到双脚之间，当球即将下降到最佳击球高度时，双腿屈膝蓄力直到击球时向上向前蹬地发力。根据自身的特点进行重心转移练习。

6）引拍分为完整和直接引拍两种。完整引拍的顺序是：准备时左手托住拍颈、右手持拍的拍头指向球网，伴随重心向后脚转移的同时拍头指向地面，经过躯干后左手开始抛球、持拍手前臂外翻，双臂自下而上舒展开，持拍手的引拍轨迹是沿着 ⌣ 的弧线。直到抛球手置于左肩上方，持拍手屈肘将拍头指向天空，上肢呈符号"√"的姿势，同时上步屈膝蓄力。直接引拍顺序是：左手抛球的同时，持拍手经躯干后直接屈肘将拍头指向天空，上肢呈符号"√"的姿势，由于引拍过程时间较短，故此种引拍方式适合不上步屈膝的站位打法如费德勒的发球技术。

7）扔球练习：练习者站在底线位置，向球网区域扔高远球，体会击球的"鞭打动作"，反复练习后，左、右手各持一球，做发球动作练习，将抛球和扔球的动作相结合，以体会上肢动作的协调性。

8）抛击球练习（紧贴球场的铁丝围网）：练习者站在离围网15厘米的位置，做完整的抛球、引拍、击球动作（用球拍将球扣贴在围网上）。如图 4-1-1 所示。其目的是控制抛球的稳定，以及检验捕捉最佳击球点位置的能力，同时要将球扣贴在围网上必须有扣腕动作等。

图 4-1-1　发球抛击球练习

9）发球线后发球练习：练习者站在发球区外向对网发球区练习发球。抛球不要太高，同时上肢先摆好符号"√"的姿势。由于距离较近，练习时要求手腕内扣明显，这样才能将球打入对方的发球区内。

10）准备一张小凳，分别放置在发球线后、中场和底线后，练习坐着发球。在要求抛球稳定性的同时要找准最佳击球点，体会稳定重心后手臂、手腕击球时的动作感觉。

11）在发球线后蹲下，左手抛球，右手持拍由下而上挥动，将球击打到对方发球区内；待基本掌握后，由发球线向后移动 2~3 米，再继续练习蹲下发球；最后移动至底线，练习蹲下发球。这种方法简单易学，便于初学者在击球过程中着重体会向上—向前—向下挥拍的感觉。

12）当基本掌握发球技术以后，为提高发球的准确性和成功率，还需要再选择一些方法不断地练习和提高。

①在对方的发球区内设定 3 个目标，分别放在内角、中间、外角，可以选用圆桶或垫子等作为目标。进行发球练习时，将球发向目标物。也可先制定以发中目标几次为计划，不断轮换左右区，不断增加发中次数。

②在球网上放置 6 个小标志物，把左右半场分成 A、B、C 3 个区段。练习发球时，让球分别从每个区段通过，并落在发球区内。计划好每个区段的有效发球次数，完成计划后，轮换到另一半场区段练习。

③制定在规定的时间内发一定命中数量的球或在一定数量的球内要求一定的命中率，以此来提高发球的命中率和准确性。

2. 注意事项

1) 注意抛球与右手挥拍后摆同时开始，即同上同下，这样动作才能协调一致。

2) 击球前的拍头下垂形成"搔背动作"，初学者很少做此动作是出于自我保护的本能反应，此时应注意持拍手是否离头部太近、抛球太低或者击球时间太晚等。要体会拍头自然在背后下垂的动作感觉，可以尝试羽毛球的扣球动作、排球的扣球动作。

3) 发球练习要有第一发球和第二发球的区分。一发一般用于给对方施加压力，二发虽然少了一发的速度但在命中率的基础上还应有强力的旋转。有高质量的第二发球做后盾，第一发球路线和力量上就可以放开打了。

4) 击球时，眼睛一定要注意盯着球，使拍面击在球的正确部位。

二、接发球技术训练

接发球是仅次于发球的第二位重要击球技术，当对方发球命中，接发球就决定着这一分的发展。如果我们仅仅依靠平时练习的那些技术，很难应对对方在发球时迅速而突然的变化，所以必须进行专门和系统的接发球训练，才能适应实战需要。

1. 练习步骤与方法

1) 接发球多球练习：根据练习者的接发球训练要求，教练员用多球发球，给运动员进行专门的接发球练习。为了增加送球力量，教练员可站在发球区附近位置发球，应注意发球的落点、力量、旋转、速度等因素，尽量与实际发球相似。

2) 与发球员配合的接发球练习：对方有一至两名运动员练发球，结合实战，进行接发球练习，可练习接发球破网、接发球抢攻、接发球随球上网。

3) 提高接发球准确性的练习：对方有多人轮流发球，要求接球员把球回击到指定的区域内。

4) 提高接发球实战能力的练习：一方发球，另一方接发球，要求接发球一方打直线或者斜线。

5) 四名发球者站在中线附近同时发球，两名接发球者回直线，每发 10 次后交换发球与接发球。

6) 一名学员练习第二发球，另一名学员接发球后随球上网，并完成这一分的争夺。

2. 注意事项

1) 准备接发球要放松。只需在击球时发力，身体过早紧张会影响腿部的移动。

2) 在接发球技术中，分腿垫步的使用能够帮助身体提早启动，快速判断来球方向。

3）向前接球，要主动进攻，不要被动应付。注意提起脚后跟，使重心向前，不能脚跟着地。

4）注意力高度集中。当对方抛球上举挥拍时，眼睛应紧紧地注视着球。

第二节 正、反手击落地球训练方法

一、练习步骤与方法

1）根据个人能力选择合适的握拍法。先进行徒手或持拍挥拍练习，体会挥拍时向后拉拍，转肩及腰部扭转和重心交换等动作要领。为了使初学者在学习底线动作时避免技术环节繁多造成的动作脱节的现象，可用简练的反向思路进行讲解。正、反拍击球轨迹经身体躯干呈 X 型，结束动作都在肩部，起始动作都平行于腰部。正手结束动作为：左脚斜对右网柱，双脚与肩稍宽，上身正对球网，左手托住拍颈，持拍手将拍底指向球网，拍头超过左肩，同时双肘呈 90°置于胸前，上下身呈反扭的站立姿势。正手起始动作为：右手将球拍置于腰部右后方，拍底依旧指向球网，左脚斜对右网柱，双脚与肩稍宽，屈膝且胯部放松，左手侧平举指向来球方向（图 4-2-1）。反手结束动作为：右脚斜对左网柱，双脚与肩稍宽，上身正对球网，将拍底指向球网，拍头超过右肩同时双肘呈 90°置于胸前，上下身呈反扭的站立姿势。反手起始动作为：双手将球拍置于腰部左后方，拍底指向球网，右脚斜对左网柱，双脚与肩稍宽，屈膝且胯部放松，双眼平视来球方向，下巴碰到右肩（图 4-2-2）。从结束动作倒退到起始动作，如此反复就是击球的过程。反手击球动作应尽量弱化右手的存在感，用左手来主导挥拍过程。

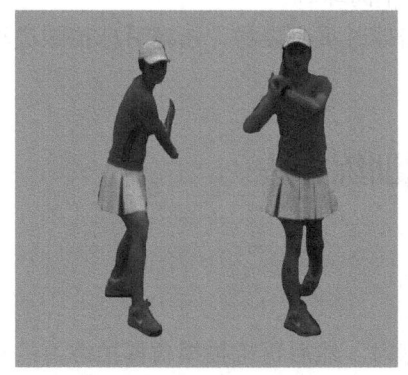 

图 4-2-1 正手起始动作练习　　图 4-2-2 反手起始动作练习

2）挥拍时可先进行单个动作的分解练习。例如，准备动作是"1"；转身向后引拍，向侧前方跨步是"2"；腰部扭转，向前随挥是"3"；脚步跟上，动作回位是"4"。然后再进行连贯动作的挥拍，直至动作连贯。

3）在原地练习挥拍的基础上，结合步伐进行挥拍练习，体会步伐与手法的协同配合。

4）由教练送多球，对球进行底线正、反拍击球练习，此练习方法对初学者来说效率高，效果好，能很好地体会动作和球感。

5）击墙练习：在网球墙上标记好球网的高度，在网高上方画一个目标，每一次击球都对准目标，在击墙练习中提高击中目标区域和连续击球的能力。

6）场上对打练习：底线正、反拍对打斜、直线练习。

7）底线正、反拍一点打两点练习。先固定线路，逐渐加大难度到不定点路线。

8）两条斜线对两条直线的练习。亦称"8"字路线，先固定路线然后到不固定路线。

9）斜线与直线的交叉练习。也称"N"字路线。

10）底线进攻与防守的练习。

11）反拍对打，侧身正拍攻球练习。

12）三分之二场地正拍抽击球打一点或打两点练习。

13）底线单线定点对练加多球补球练习，以提高击球次数及训练强度。

14）底线单线或综合练习加变线，以提高实战能力。

15）网前两人截击，底线一人正、反拍定点或不定点破网练习，以缩短回击球时间，增加练习的密度和难度。

16）网前一人截击，底线破网定点斜线或直线练习。

17）网前一人截击控制球，底线的运动员跑动破网，提高跑动中的破网能力。

18）网前综合截击，底线综合破网加变线破网，提高实战破网能力。

二、注意事项

1）在教学过程中，要注意循序渐进的原则，先慢打再快打，先轻后重，先稳再发力，由浅入深，逐步掌握。

2）要特别注意多在跑动中练习击球，要死线活打，结合实战。

3）握拍要正确，提前准备，注意力集中，眼不离球。

4）触球时手腕要坚固，击球动作简单化，击球时重心要稳，击球后球拍跟进动作要完整、柔和。

第三节　截击球训练方法

一、练习步骤与方法

1）采用大陆式握拍法，先徒手做模仿挥拍练习，然后再持拍模仿挥拍练习：对着镜子，结合步伐分别练习正手截击动作和反手截击动作。注意动作的规范性。

2）正手截击练习时，一人在网前依次用左、右手接住同伴扔向右侧的球。要点是跨步上前抓球；然后再跨步上前用右手抓球；接着右手握住拍颈上前挡球；等稍熟练后，再握住拍柄中部挡球；最后握住拍柄底部进行常规的截击练习。反手截击练习时，方法同上。

3）对墙距离2米左右，用球拍颠球5次，然后正手将球推送上墙，再用球拍接住球颠5次。连续10个回合后，改颠球4次；再连续10个回合，改颠球3次，以此类推，直到直接与墙进行正手截击练习。方法同上，进行反手截击练习。用多球进行单个动作的网前截击练习，以体会动作和球感。

4）分别进行正、反手依次对墙截击练习。随着对墙练习熟练程度的提高，逐渐与墙拉开距离，进行正、反手截击练习。

5）多球练习：在网前中场或近网处摆放一张凳子，练习者坐在凳子上练习截击技术，在失去腿部调整的状态下，找准最佳击球点来击球。（肩部及以上位置的球点为最佳击球点。）

6）在网前中场或近网处摆放一张凳子，练习者坐在凳子上准备截击球，当球靠近身体时，要求起立、上步击球。（正截左脚上步，反截右脚上步。）本练习主要是强调截击时上步借力的协调发力。

7）教练在发球线后喂送多球，让练习者分别进行定点的正手截击练习和反手截击练习。要求分别打到指定的 A、B、C、D 目标区域内。

8）截击对练：由两名队员在场上发球线附近进行截击对拦凌空球的练习。两人相距 2 米左右，一人用球拍颠球 5 次后，将球传送给同伴；同伴接住球也颠球 5 次，再送回对方。练习 10 个回合后，开始递减颠球 4 次、3 次、2 次、1 次，直至双方直接连续颠球练习。待练习至熟练后，可适当拉开距离练习。这种方法一般先从正手截击练习开始，然后进行反手截击练习。

9）两人在网前相距 3 米左右，进行直线的连续正手截击练习。然后再进行反拍直线截击练习，距离可适当拉开。或者两人在网前相距 4 米左右，沿斜线隔网站立，交替进行正反拍连续截击练习，距离可适当拉开。

10）一网一底的对练：网前一人截击球，底线两人练习破网球，提高截击者的难度，练习反应和判断能力。

11）三人的截击练习：三名练习者站在网前做 2 对 1 的连续截击练习；或者 2 人在底线与网前 1 人进行底线与截击的连续对打。底线方在击球时引拍要快速、引拍幅度小、重心低。截击方的回球落点要深。

12）四人的截击练习：2 对 2 的网前相互连续交替截击练习，可采取碰到直线球的球员以斜线球回击、碰到斜线球的球员以直线球回击的练习方法。然后，让打直线球的球员与打斜线球的球员交换练习。

二、注意事项

1）在对方击球前或击球的瞬间，重心就前移，做到人到球到。

2）击球时双肘关节应放在身体前面，眼睛始终盯着球，以身体的力量和短小的撞击动作来截击球。

3）随着对方来球的高低，要随时调整击球时的拍面角度，身体重心要随球的高度来进行调整，始终保持出球点在身体侧前方。

4）中场截击后应立即向网前移动，占据网前有利位置。截击低球，最好使球的落点深些，以增加对方回球的难度；截击高球，要采取进攻的打法，以求截击直接得分。

第四节 高压球和挑高球训练方法

一、高压球训练方法

1. 练习步骤与方法

1) 采用大陆式握拍法,持拍做高压球动作模仿练习。对着镜子练习高压球挥拍动作,注意保持左手充分上指、抬头使眼睛定住高空的球、球拍上举的击球前准备动作;练习后退高压球的动作模仿:将球拍在网带上轻拍一次后用侧后交叉步伐向后移动,并做一次蹬跳的高压击球动作。体会击球的时间感和空间感。此动作与羽毛球扣球技术的蹬跳动作相同。

2) 徒手对练:双方以截击站位的距离做准备,一方用手投出高过对方头顶以上的球,另一方徒手挥高压击球动作,在最佳的击球点位将球接住。如此反复练习。

3) 多球练习:一人喂前场挑高球,练习者在发球区调整站位并用高压球技术打向对方球场的定点标志区域。

4) 练习者在球网处准备,当喂球方向中场送挑高球时,练习者用侧后交叉步伐向来球位置移动,完成高压球练习。击球结束后,又回到球网处准备下一球。反复练习,多体会后退高压球的步伐。

5) 对墙 6 米左右站立,发球击向墙根前 1 米左右的地面,待球从墙反弹飞向空中时,用高压球技术将球击向墙根地面,球又弹向空中时,再练习击打高压球。以这种方式连续练习高压球时,应注意开始时要由轻到重、由远到近地击球。

6) 一人或两人底线挑高球,接球方在网前专门练习高压球。

7) 喂球方抛送高球,要求练习者等球落地弹起后做高压击球练习。

2. 注意事项

1) 准备打高压球时要尽早移动到击球位置。

2) 整个击球过程中,要眼不离球。

3) 打高压球时球快速下降,击球动作要果断,不能犹豫。

4) 准备姿势时要抬头看向高空的来球。

二、挑高球训练方法

1. 练习步骤与方法

1) 采用大陆式握拍法,在掌握底线正、反拍上旋球和下旋球的抽击技术后,练习上旋或下旋挑高球。

2) 先定点送挑高球练习,然后再跑动中不定点练习,难度逐渐加大。

3) 教练在网前送球,球速由慢到快,位置由中间到两边,练习者必须用正反手做挑高球练习。

4）按照双打要求，对方两人在网前截击或高压，练习挑高球及防守反击技术。

5）站在底线后边，自抛球，用正反手做挑高球练习。要求使球的落点靠近底线附近。

6）对练技术：一人在底线中间，一人在网前中间，进行可控性的挑高球和高压球练习。尽量做到连续多回合不失误。双方交换站位进行练习。

7）一人在底线送出高球，网前的同伴用高压球技术分别向对方场内左侧、中路、右侧高压击球，底线的同伴迅速移动，并挑高球到网前，再让同伴用高压球回击。反复练习，双方交换站位进行练习。

8）一人在网前将球送给底线同伴，底线同伴挑高球到网前，用高压球回击；再挑高球到中场，然后后退用高压球回击；再挑高压球后场，进行高压球练习。随后连续向前、向后移动练习高压球。双方交换站位进行练习。

2．注意事项

1）眼睛看球，动作放松。

2）由低向高的挥拍动作轨迹。

3）进攻和防守要结合使用。

第五节　放小球和反弹球训练方法

一、放小球训练方法

1．练习步骤与方法

1）对墙距离 2~3 米站位，分别用正、反拍削送球上墙，等球落地一次后再轻削球上墙。反复连续击球。

2）离墙 6 米左右站位，分别用正、反拍削送球上墙，等球落地两次后再轻削送球上墙。反复连续击球。

3）动作同上，离墙 9 米左右站位，连续轻打落地 3 次球上墙，再轻打。反复连续练习。

4）一拍正、反拍对墙抽击球练习，一拍正、反拍削球对墙放小球练习，以此反复连续击球。

5）两人在发球区的小场地上轻打练习。先进行落地一次轻打，再进行落地两次轻打。做多回合连续的放小球练习。

6）底线正、反拍抽击球对练中，突然放轻球的练习。

7）用多球进行练习，先定点练习，再跑动中练习。如教练将多球喂送到底线，练习者在底线做放小球练习。

2．注意事项

1）眼睛始终盯着球，动作要柔和，起到缓冲卸力的作用。

2）动作要隐蔽。

3）直线轻球比斜线轻球更具威胁。

二、反弹球训练方法

1. 练习步骤与方法

1）在离墙较近的地方，进行正、反拍反弹球练习。可采用大陆式握拍，拍面打开将球轻轻推送到较高的位置，这样有助于找准落点，趁球未弹起时将球推送出去，反弹球击球的节奏为：哒哒。即落地+击球的连续击打声。

2）多球练习：将球送至练习者的脚下进行反弹球练习。要求身体重心稍向前倾向落点，引拍击球时要充分放松（类似借力击球的感觉）。

3）对练击球时，由后场向前场跑动至中场击反弹球练习。

4）对练击球时，当对方打向深区的高球来不及后退时，主动向落点位置靠近，抢前点随挥击球练习。可以帮助练习者由被动转为主动。

2. 注意事项

1）身体重心下降并前倾，击球时拍头由低向高提起。

2）眼睛要始终注视着击球点，防止击不准球。

3）在击反弹球的向前动作中，尽量使动作连贯，不要有停顿，及时向网前靠近。根据对方的站位，力争反弹球的落点平而深，这样才能由一时的被动转为主动。

第六节　网球运动员身体素质训练

一、身体素质构成

网球比赛是由多个短时间的剧烈运动和休息组成的运动。因此它是一项有"间歇"的体育运动。要想打好比赛，需要速度，即反应速度和全场移动速度；力量，即移动速度快，发球有力，能从底线打出爆发力强且控制良好的底线球；耐力，即能长时间进行比赛，并且在比赛后期也能打好；柔韧性，即协调地运用肌肉和关节，以降低损伤的可能性，并准确地对低、中、高球进行回击。身体素质是运动员机能的综合表现，身体素质作为身体训练的主要内容分为力量训练、速度训练、耐力训练、柔韧训练、平衡训练、协调训练、灵敏训练等。

二、提高身体素质的训练方法

（一）力量训练

1. 网球运动中力量素质的特点

网球选手的力量特点是以爆发力（以最快速度克服阻力的能力）为主的一种非周期性肌肉活动。在顶级网球比赛中，10个来回球只需要15秒，而且每得一分平均有4次变线。在网球场上的冲刺距离介于2.5～6米。因此，起动的爆发力和速度爆发力对一名网球选手来说尤为重要。由于网球选手克服的球和肢体重力是恒定的，在完成各种击球及移动动作中，选手实际需要的是在特定负荷条件下所表现出的最大动作速度力量和速度力量耐力。对一名优秀的网球选手来说，肌肉的爆发性力量是必须发展的素质，特别是手臂、髋、膝和腰腹部、背部的屈伸力。

2. 网球力量训练的注意事项

1）力量训练计划和场上技术训练计划结合实施，以便进行调整。

2）训练一天，休息一天，或每天交替进行上体和下肢训练。

3）杠铃训练的负荷由轻到重。

4）在进行大强度的力量和爆发力训练前，应提高肌肉耐力水平。

5）处于青春发育前期的青少年选手只能用自身的体重进行力量训练。

6）对青年选手的力量训练应提高背肌力量，因为他们的背肌力量很弱。腹部力量训练可能致伤。

7）如果一名选手在某一专项显得很弱，应安排对有关的肌肉进行专项杠铃训练。

8）通常选手在举杠铃过程中应呼气，放下杠铃时吸气（在教学阶段，这种方法可能更易于使选手正常呼吸，从而能将注意力集中于正确的技术动作）。

9）应首先训练大肌群（如背肌、腿肌、胸肌），然后训练小肌群（臂肌）。

10）对于网球选手，杠铃训练的重点应放在腿部、腹股沟、背部、上体、腹部、肩部、小臂和腕部。

11）女性不使用杠铃训练来提高肌肉群力量，因为她们没有睾丸激素。相反，男性应提高肌肉群力量，但这不是网球杠铃训练的目的，因为事实是，过分注重增强肌肉群可能降低速度和灵活性训练的效果。

3. 网球力量训练实例解析

（1）肩部力量训练

1）哑铃前平举。

方法：挺胸站直，双手各握一个轻哑铃，双手置于大腿前，手掌在下，这是起始动作；手臂伸直，将手臂举至肩膀的高度，掌心向下，手握哑铃保持 2 秒；慢慢放下手臂回到起始位置，重复上述动作。如图 4-6-1 所示。

目的：肩膀前方是网球运动员在正手击落地球（尤其是接高位球）时提升手臂主要调用部位，此部位直接影响击球时的发力。

2）哑铃侧平举。

方法：挺胸站直，两侧肩胛骨向后，双手各握一个轻哑铃，双手放在大腿两侧，掌心朝向大腿，手臂伸直，双手侧举至肩膀的高度（外展），手腕用力，手臂伸直保持 2 秒，慢慢放下手臂回到起始位置，重复上述动作。如图 4-6-2 所示。

目的：肩部的侧面（特别是侧三角肌的侧面部分）在所有需要手臂外展的网球技术中都非常重要，此动作是网球击球中常见的动作，如反手击落地球、向后引拍和随挥动作。

图 4-6-1 哑铃前平举

3）俯身哑铃抓举。

方法：站立，两脚分开与肩同宽，膝盖微微弯曲，腰部弯曲，同时保持背部挺直，双手各握一个轻哑铃，向下舒展手臂，双手握紧，手指关节朝向地面，手肘弯曲约 90°；握紧哑铃，慢慢抬起前臂至肩膀高度，保持 2 秒。慢慢放下手臂回到起始动作，重复上述动作。如图 4-6-3 所示。

目的：肩膀后方在击球后起着减缓手臂的速度的作用，预防肩部受伤。

图 4-6-2　哑铃侧平举　　　　　图 4-6-3　俯身哑铃抓举

4）肘到臀的肩胛骨后缩运动。

方法：站立，双脚分开与肩同宽，膝盖微微弯曲，肩膀保持 90°，肘部保持 90°；向上背部收缩菱形肌，让手肘慢慢向臀部方向移动，在移动的底部保持 2～4 秒，慢慢放下手臂回到起始动作，重复上述动作。如图 4-6-4 所示。

目的：有助于降低肩胛骨部位的受伤，同时辅助更稳定地发力击球。

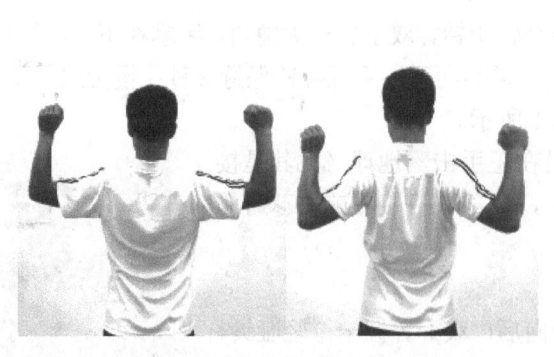 

图 4-6-4　肩胛骨后缩运动　　　　　图 4-6-5　低拉力

5）低拉力。

方法：身体站直，面对拉力器，手臂放在身前较低位置，双手握住阻力管，通过收拢肩胛骨刺激菱形肌；手臂施力抵抗阻力，固定手腕，同时在移动快结束时保持 2 秒，慢慢放下手臂回到起始动作，重复上述动作。如图 4-6-5 所示。

目的：低拉力训练主要关注平时训练不足的部位（后三角肌、菱形肌，甚至下斜方肌），在强有力地击落地球和发球后，这种练习有助于预防受伤，以及加强重要的肌肉，用于帮助上半身减速。

（2）手臂和手腕力量训练

1）拉力器下压。

方法：双脚并拢站立，保持核心肌群收缩。同时以肩的宽度正手握住拉力器，从腰部开始拉缆索，肘部弯曲大约90°，这是起始动作；保持上背部伸直，手臂伸直，将缆索向下拉至大腿，唯一的运动是肘关节伸展，做此动作会感觉到肱三头肌收缩，在下拉位置保持2秒。慢慢放下手臂回到起始动作，重复上述动作。如图4-6-6所示。

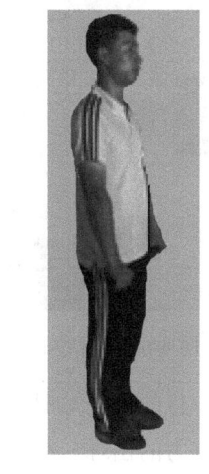

目的：在发球和高压球引拍时，肱三头肌会释放储存的潜在能量，能转化为可用的动能，此练习有助于将下半身和核心肌群的力量转移给球拍和球，有助于减少手臂和肩部的受伤概率。

图4-6-6　拉力器下压

2）半屈伸。

方法：背对支撑台，双手掌心向下按在支撑台的边上，手指指向前方，伸直双腿，脚跟着地，脚尖上翘，慢慢地弯曲手肘，降低身体躯干，直到上臂与地板几乎平行，身体躯干保持直立，做上下推举支撑台的动作，重复上述动作。如图4-6-7所示。

目的：对网球运动员而言，改良的屈伸力量训练能降低肩部受伤的风险。

 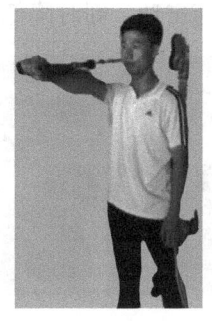

图4-6-7　半屈伸　　　　　图4-6-8　拉力器过顶臂屈伸

3）拉力器过顶臂屈伸。

方法：身体站直，双脚并拢，背向拉力器，单手握紧拉力器，开始时手臂弯曲，肘部大约呈90°，通过收缩肱三头肌，慢慢地向前伸展手臂，直到手肘伸直，保持重心和双肩的稳定，如此重复上述动作。如图4-6-8所示。

目的：有助于预防肌肉损伤，尤其是肩关节和肘关节损伤，还可以帮助提高更有力的发球、高压球和反手击球能力。

4）哑铃屈臂。

方法：身体站直，保持下半身稳定，双手各持一个哑铃，通过核心肌群收缩，在身体

图 4-6-9　哑铃屈臂

两侧伸展手臂，弯曲手肘大约 90°，同时保持身体重心的稳定和下半身位置不变，向肩膀处垂直推举哑铃，在最后一个动作结尾停下来，换另一只手臂重复上述动作，每只手臂重复训练 10～20 次。如图 4-6-9 所示。

目的：手臂和手肘是动力学链（力量的总和）的最后一个能量集中点，有助于力量从身体转移到球拍，最终提高击球速度。

5）正、反握腕弯举。

方法：跪在举重训练椅上，用手肘支撑在椅上，手臂弯曲大约 90°，使用正握和反握两种方式握住哑铃（掌心向上、向下），将前臂靠在椅子的边缘上，通过弯曲手腕慢慢降低哑铃，重复上述动作。如图 4-6-10 所示。

目的：击球时，手腕是最后的运动关节，此时，所有力量都集中在手腕上，以便进行强有力的击球。前臂肌群的耐力对于预防肌肉损伤和提升球技非常关键，尤其是腕关节和肘关节。

6）前臂内、外旋。

方法：跪在举重训练椅上，用手肘或前臂支撑在椅上不动，保持肩膀稳定，用一只手握哑铃或者铁锤，慢慢地控制前臂外旋、内旋的动作，轮换左右手的练习，重复上述动作。如图 4-6-11 所示。

目的：在双手击球的向后引拍和随挥动作期间，顶部的手促使前臂外旋，锻炼前臂肌肉，有助于快速击球，同时降低手腕和肩部受伤的风险。

图 4-6-10　正、反握腕弯举

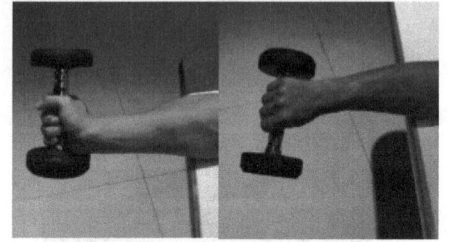
图 4-6-11　前臂内、外旋

（3）胸部力量训练

1）俯卧撑。

方法：头、肩、背、臀、膝盖和脚在一条直线上，保持水平姿势，手臂伸开，手掌平放在地板上，双手与肩同宽，双脚并拢，用脚趾支撑下半身的重量，通过慢慢弯曲手肘，将躯干贴近地板表面，保持脊柱处于中立位，重复上述动作。如图 4-6-12 所示。

目的：俯卧撑是一个很好的通用锻炼，在网球击球中，主要是在正手击球和发球中，会刺激调用到胸部肌肉，而加速和随挥动作刺激了胸部肌肉的向心收缩。

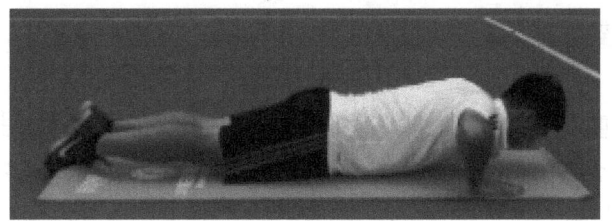

图 4-6-12 俯卧撑

2）左右手臂站姿前推。

方法：将拉力器固定到肩部以上的高度固定物上，双脚分开与肩同宽站直，重心和下半身要稳固，背对拉力器，左右手臂轮换抓住拉力管的把手，向前施力来克服阻力，保持肘部与肩同高，在体前慢慢地伸展右、左臂，收缩胸部肌肉，直至肘部伸直，保持最后的姿势 1～2 秒，慢慢收回手臂至体侧，左右手臂交替重复上述动作。如图 4-6-13 所示。

目的：站姿前推需要动用多个不同肌群（包括胸部肌肉、旋转轴、肩部与上背部的肌群）来保持身体平衡，除正手球和发球从这个练习中受益外，受刺激的肌肉还有助于所有击球动作的加速和减速部分，降低受伤的风险。

3）平板卧推。

方法：平躺在训练椅上，双脚平放在地板上，双手与肩同宽，抓住杠铃，抬起杠铃，伸直手臂，保持双手在眼睛上方，再从最高位置，弯曲肘部，慢慢降低杠铃，离心收缩胸部肌肉和肩前周围的肌肉，配合呼气，向心收缩胸部肌肉，推起杠铃，直至肘部伸直，重复上述动作。如图 4-6-14 所示。

目的：截击技术是一种短暂的像拳击一样的摆动，它依赖胸肌，平板卧推是一个受控制的慢板的截击动作，有助于改善此击球动作，并防止受伤。

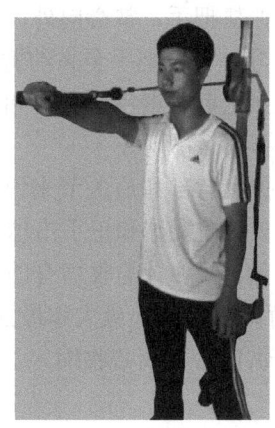
图 4-6-13 左右手臂站姿前推

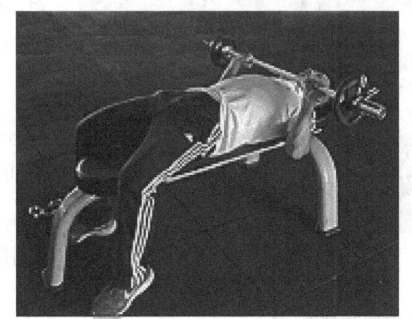
图 4-6-14 平板卧推

4）胸前扔实心球。

方法：选择一个重量适度的健身实心球，双脚分开与肩同宽，以准备姿势站立，膝盖微微弯曲，身体核心肌群收缩，双手托举实心球，起始姿势为双臂在胸前伸展，急速弯曲肘部，将实心球举到胸前，通过收缩胸肌和肱三头肌，迅速把球扔出，重复上述动作。如图 4-6-15 所示。

目的：训练的重点是胸大肌、肱三头肌和前锯肌，除了大多数的击球动作，发球的向上与向前挥拍会调动这些肌肉，此练习能调用辅助肌群保持平衡和稳定。

5）平板哑铃扩胸。

方法：躺在训练椅上，双脚平放在地面上，双手各握一个哑铃，使用对握方式，掌心相对，在胸前伸展手臂，肘部略微弯曲，慢慢地向两侧放低哑铃，肘部略弯曲，直到肘部低于肩高，收缩胸肌，提升哑铃，返回到起始动作，并重复练习。如图 4-6-16 所示。

目的：为正手击球做准备，此练习迫使辅助肌群提供稳定和平衡，有助于减少受伤的可能性。

图 4-6-15 胸前扔实心球

图 4-6-16 平板哑铃扩胸

（4）背部力量训练

1）颈前下拉。

图 4-6-17 颈前下拉

方法：单腿跪在垫子上，面向绳索拉力器，双手分开略比肩宽，抓住把手，掌心向外，保持身体重心稳定，在头上方，下拉把手至大约胸骨水平，注意将肩胛骨挤压到一起，慢慢回到起始动作，重复上述练习。如图 4-6-17 所示。

目的：对于保护上背部和肩关节来说，此练习锻炼的肌肉非常重要，在发球和正手击球的随挥动作阶段提供离心力量，肩胛骨的收缩有助于加强肌肉，保护肩胛骨。背阔肌是背部最大和最强的肌肉，在击球中，同时提供向心和离心收缩。

2）转体下拉。

方法：在绳索拉力器上，将绳索高度设定在臀部位置，在右脚外侧，左手握住把手的同时，以运动姿势站在绳索拉力器旁（体重均匀分布在双脚之间，膝盖微微弯曲，背部挺直，头抬起，眼睛目视前方），当身体稍微前倾时，保持身体平衡，模拟击球的姿势，拉绳子，通过上背部肌肉的收缩，将右肘抬至右肩的高度，控制绳子缓慢移动，左右臂交替重复上述动作练习。如图 4-6-18 所示。

目的：转体是极为重要的，正反手击球以及发球都需要身体大幅度地转动，使击球变得更有力量。通过此练习，使上下背部肌肉组织得到改善。

3）反式蝶机展肩。

方法：趴在向上倾斜坡度为45°～60°的训练椅上，双手各握一个哑铃，手臂伸展，掌心向内，抬高肘部至肩部水平，保持掌心向下，慢慢降低到起始位置，重复练习。如图4-6-19所示。

目的：此练习专注于锻炼保护肩胛带的肌肉，在反拍截击球和减速阶段，尤为活跃。

图 4-6-18 转体下拉　　　　图 4-6-19 反式蝶机展肩

4）坐姿划船。

方法：面向拉力器而坐，或者使用一台坐姿划船机，在胸部高度抓住把手，挤压肩胛骨（收缩），将把手拉向身体，保持重心稳定，慢慢释放负重至起始位置，重复上述动作练习。如图 4-6-20 所示。

目的：这是最为重要的上半身力量训练，此练习涉及肩胛骨的稳定肌群，对于发球和正手击球而言，所锻炼的肌肉会产生离心力量，有助于保护肩部和上背部，并且改善身体姿势，减少受伤概率。

5）俯身杠铃划船。

方法：双脚分开与肩同宽站立，膝盖微微弯曲，保持身体重心稳定，双手向下伸，距离略比肩宽，抓住杠铃，背部不要弯曲，提起杠铃至膝盖的高度，从这个位置开始，将肩胛骨挤到一起，收缩菱形肌和背阔肌，上提杠铃至胸前，同时保持身体重心和下半身稳定，慢慢回到起始动作，重复练习。如图 4-6-21 所示。

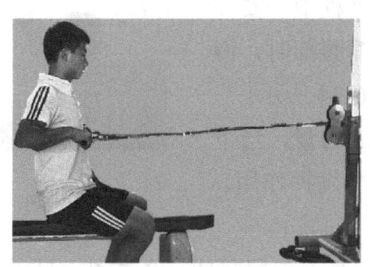 

图 4-6-20 坐姿划船　　　　图 4-6-21 俯身杠铃划船

目的：此练习能增强肩胛的稳定肌群和背部肌肉力量，促进身体惯用侧和非惯用侧的肌肉平衡。

（5）核心肌群和躯干力量训练

1）双手持实心球屈膝仰卧起。

方法：全身放松仰卧在地面，屈膝双脚全脚掌着地，双手托球，注意练习时腰部不离地面，眼睛始终看向球，并保证球不要落地，尽力抬上体，将球顶起来，结束动作时保持 2 秒，回到起始姿势反复练习。如图 4-6-22 所示。

图 4-6-22　双手持实心球屈膝仰卧起

目的：在网球技术中，在不同的运动时间点收缩和放松核心肌群，有助于提升球技并减少受伤的可能性，发球的时候腹直肌在球拍与球接触时收缩，并在击打落地球和截击球时作为辅助肌群参与，核心肌群在稳定身体方面发挥着非常重要的作用，特别是在击球（包括发球）的减速阶段。

2）侧式卷腹。

方法：平躺在地板上，臀部和膝盖弯曲呈 90°，双脚离地，双手置于耳朵旁，开始做仰卧起坐和卷腹运动，转动躯干，右肘移向左膝接触，慢慢地使身体回到开始位置，左肘移向右膝，重复上述练习。如图 4-6-23 所示。

目的：大多数网球运动都在横向面上旋转，因此，在运动模式中加强核心肌群非常重要，腹内斜肌、腹外斜肌和腹直肌是主要的驱动肌肉。

图 4-6-23　侧式卷腹

3）触足卷腹。

方法：平躺在地板上，臀部弯曲呈 90°，双脚伸直，同时脚跟指向天花板，手臂伸直，放在眼前，利用核心肌群收缩带动运动，举起手触碰脚趾头，在此过程中，要保持双脚与腿垂直，同时放松颈部。当继续收缩腹部时，慢慢降低到开始位置，然后重复练习。如图 4-6-24 所示。

目的：此练习有助于锻炼腹部和下背部的力量，当下半身蓄力准备击打落地球、截击球和发球时能发挥作用。

图 4-6-24　触足卷腹

4）平板支撑。

方法：面朝下躺下，用手肘和前臂支撑身体，与肩膀成一条直线，腿伸直，贴住地面，脚、膝盖和股四头肌接触地面，双脚分开大约与肩同宽。通过收缩核心肌群和臀部肌群，抬起身体以形成拱形，前臂和脚趾下推，将身体抬离地面，直到只有前臂和脚趾接触地面，保持这个姿势，同时保持背部平直，初学者保持此姿势 10～30 秒，优秀运动员保持此姿势 1～3 分钟。如图 4-6-25 所示。

目的：平板支撑是一项提高肌张力的训练，虽然不需要收缩循环，但是在击打落地球、发球以及截击球或高压球的过程中，可以稳定身体，并且预防核心肌群和臀部肌肉损伤。

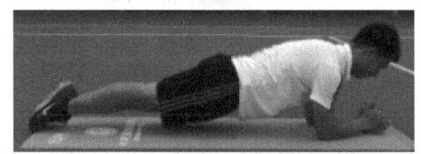

图 4-6-25　平板支撑

5）俄罗斯式扭转。

方法：坐在地板上，在身体前方，用双手握住实心球，臀部和膝盖靠近肩膀弯曲约 45°，上背部与地板保持 45°，并与大腿形成 90°，双脚离地，身体躯干向左侧旋转，以便实心球和左臂接触地板，旋转身体躯干回到右侧，以便实心球和右臂接触地板。如图 4-6-26 所示。

目的：这项训练着重训练击打落地球所需的动作，特别是正反拍击球前的引拍阶段，在一个转体动作路线上，以不同的旋转速度进行此练习，有助于锻炼核心肌群的力量。

图 4-6-26　俄罗斯式扭转

6）蝎动转腰。

方法：面朝下躺在地板上，手臂摊开，脚趾着地，转腰的同时，左脚跟慢慢触碰左手附近的地面，（举起的后腿神似蝎子翘起的尾巴）此时拉伸腰部肌群的同时，在结束部分还要控制 2 秒，回到开始位置，右脚跟重复上述动作。如图 4-6-27 所示。

目的：此练习主要是锻炼腰背部的核心肌群力量。

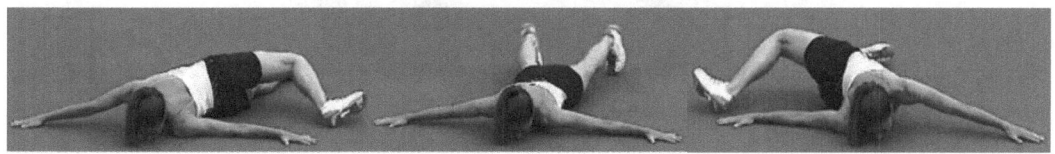

图 4-6-27　蝎动转腰

7）卧雪天使。

方法：面朝下躺在地板上，用手触摸头部，同时手肘弯曲约 45°，伸展大腿，双脚离地，通过挤压肩胛骨，将手肘移向臀部，同时保持手肘弯曲 45°，抬起上背部，保持双脚离地，回到开始位置，重复练习。如图 4-6-28 所示。

目的：这项训练在保护背部免受损伤方面特别重要。

图 4-6-28 卧雪天使

8）俯卧两头起。

方法：面朝下躺在地板上，双臂伸直，放在头前，保持大腿伸直，双脚放在地板上，将左臂抬离地面，同时将右腿抬离地面，收缩上背部和下背部的肌肉，控制身体运动，重点在于收缩背部肌肉，回到开始位置，改用右臂和左腿，重复上述练习。如图 4-6-29 所示。

目的：网球击球方法都需要交叉动作，因此具有良好的平衡性和上下肢的相反控制能力非常重要，右手网球运动员在发球时，上半身的右侧积极参与，而下半身的左侧主要提供力量和稳定性，这就需要以功能交叉方式训练下背部和核心肌群。

图 4-6-29 俯卧两头起

9）俯地、跪地展臂。

方法：面朝下，用双手手掌和双脚脚趾支撑身体（初学者可以用双膝跪地取代双脚脚趾支撑），腿伸直，双脚分开大约与肩同宽。转体的同时将右臂侧上举，手指指向天花板，停顿 2 秒后再缓慢交换左臂进行。如图 4-6-30 所示。

目的：此练习在锻炼核心肌群的转体平衡能力的同时，还能加强肩部和手臂的力量。

图 4-6-30 俯地、跪地展臂

10）双腿夹实心球左右摆动。

方法：平躺在地板上，手臂打开，屈双膝，腿部夹住实心球，通过转腰使腿部做左右摆动的练习。到结束动作位置时停顿 2 秒，再慢慢左右交替摆动。如图 4-6-31 所示。

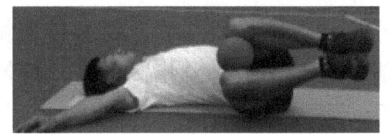

图 4-6-31　双腿夹实心球左右摆动

目的：此练习能锻炼核心肌群的转体稳定能力，提高正反拍落地击球的转动发力的能力。

（6）腿部力量训练

1）深蹲。

方法：肩部扛一个杠铃，双手握住杠铃，双手之间保持合适的距离，将肩胛骨挤到一起，双腿站立，双脚分开大约与肩同宽，脚尖向前或略分开。从起始动作慢慢弯曲膝盖，将体重推向脚跟，保持背部挺直，降低身体直到大腿与地面平行。伸展膝盖回到起始动作。重复上述练习。如图 4-6-32 所示。

目的：此练习主要针对腿部肌群的力量，对移动击球、改变方向以及身体的平衡和稳定都起着重要的积极作用。

图 4-6-32　深蹲

2）腿筋拉伸。

方法：平躺，左腿膝盖弯曲大约 45°，左脚跟用力踩着地面，使左脚趾指向天空，右腿伸直，右脚趾也指向天空。抬起臀部和下背部，使它们离地，将身体重量移至左脚跟，保持最高点姿势 2 秒，然后慢慢降低到起始位置，交换右腿重复上述动作练习。如图 4-6-33 所示。

目的：改善腿筋和臀部伸肌的强度和稳定性，腿筋和臀部扩展力量越强，能掌控的力量就越强大。尤其是低位截击接球时，需要强大的腿部稳定性。

3）手持哑铃弓步下蹲。

方法：双脚分开与肩同宽站立，双手各握一个哑铃，手臂伸直放在体侧，掌心向内，挺胸抬头，两肩放松，保持身体重心稳定，左右脚分别做弓步腿，前腿膝盖弯曲不超过 90°，后腿膝盖不要碰到地面，慢慢回复到起始姿势，两腿交替重复上述练习。如图 4-6-34 所示。

目的：截击动作常用到弓步，弓步负重练习有助于提高截击技术水平。

图 4-6-33　腿筋拉伸　　　　图 4-6-34　手持哑铃弓步下蹲

4）手持哑铃侧弓步。

方法：双脚分开与肩同宽站立，双手各握一个哑铃，将哑铃担在肩膀上方，肘尖向前，保持身体直立姿势，左右脚分别向一侧做侧弓步，将身体重量转移到该脚上，弯曲膝盖直到大腿几乎与地面平行，后腿微微弯曲，脚趾指向前方，慢慢回复到起始姿势，两腿交替重复上述练习。如图4-6-35所示。

目的：侧弓步是普通弓步下蹲的一个变化动作，主要是模拟截击远距离球时的运动模式，可以避免关节处额外的压力导致的损伤。

5）手握哑铃提踵。

方法：两脚分开与肩同宽站立，双手各握一个哑铃，双臂放在身体两侧，掌心向内。尽可能高地提起脚后跟，同时保持良好的身体平衡，踝关节是唯一一个运动着的关节，保持这一姿势2秒，然后慢慢地降落，回到起始位置，重复练习。如图4-6-36所示。

目的：小腿肌肉的力量产生奔跑与跳跃所需的推动力，如发球的蹬地动作。

图4-6-35　手持哑铃侧弓步　　　　图4-6-36　手握哑铃提踵

（7）转体力量训练

1）正、反手动作实心球投掷。

方法：双手持实心球，双脚封闭步伐站位，面向搭档与之保持大约3米的距离，用正反拍击落地球的姿势，将实心球投掷给搭档，重复练习30秒。如图4-6-37所示。

目的：髋部和核心部位（臀大肌、腹斜肌、腹横肌和前锯肌）的旋转肌群能够通过一项增强式训练（收缩循环）动作得到开发。

图4-6-37　正、反手动作实心球投掷图

2）发球健身实心球投掷。

方法：双手持实心球站立，双脚分开，与肩同宽，腹部收紧并保持稳定，面向搭档并与之保持大约 3 米的距离，从头顶上方将实心球掷出，重复练习 30 秒。如图 4-6-38 所示。

目的：这是一项全身训练，重点关注核心部位肌肉，该项训练调用下半身肌群来生成地面反作用力，当实心球被掷出时，地面反作用力通过腹部肌群的运动力学链上升，并最终通过上肢得以释放。发球技术涉及这些肌群，所以此练习有助于发球技术的提高。

图 4-6-38　发球健身实心球投掷

3）单臂旋转哑铃抓举。

方法：习惯用左手击球的运动员用右手握哑铃站立（习惯用右手击球的运动员则用左手握哑铃站立），左手在身前斜穿过去，置于右膝外侧，腹部收紧并保持稳定，右膝稍微弯曲，双脚分开与肩同宽，快速地将哑铃从右膝或右髋处聚到靠近头左侧的位置，直到胳膊举过头左侧，保持手臂伸直，适当地重复几次该动作，然后换另一只手臂进行上述动作重复练习，保持肌肉协调、平衡发展。如图 4-6-39 所示。

目的：从低往高的动作模式中，与反拍上旋球的挥拍路径类似，该项专注于下半身和人体核心部位的爆发力训练有助于锻炼力量，且直接用于所有网球技术。

图 4-6-39　单臂旋转
哑铃抓举

4）吊绳旋转上推。

方法：在低处（与髋持平或稍低于髋）安装一个滑轮，身体左侧靠近滑轮站立，收紧腹部，向后下方拉肩膀，双手握住滑轮手柄，双臂伸直，从下到上，从左髋到右肩在身体前部斜拉手柄，上半身保持不动，该动作强化惯用右手进行反拍击球运动员的相关肌肉，适当重复几次该动作，然后换另一侧进行上述练习，从右髋向左肩运动，该动作强化惯用右手发球和进行反拍球的运动员的相关肌肉。如图 4-6-40 所示。

图 4-6-40　吊绳旋转上推　　　　　图 4-6-41　吊绳旋转削球

目的：该练习有助于反拍击球的肌群，保护肌群不受伤的同时提升技能。

5）吊绳旋转削球。

方法：在高处（与肩持平或稍高于肩）安装一个滑轮，身体左侧靠近滑轮站立，收紧腹部，肩膀向后收，双手握住滑轮手柄，双臂伸直，从上到下，从左肩到右髋在身体前部斜拉手柄，上半身保持不动，该动作强化惯用左手发球和正手击球的运动员的相关肌肉，适当重复几次该动作，然后换另一侧进行上述练习。从右肩向左髋运动，该动作强化换用左手进行反拍球的运动员的相关肌肉。如图 4-6-41 所示。

目的：现代网球运动主要是发球和正手击球，当使用身体非惯用侧打球时，这项训练模拟反拍球有益于反拍击球、反拍削球。

（二）速度训练

1．网球运动中速度素质的特点

网球运动中的速度素质包括反应速度、位移速度和动作速度。

1）反应速度。选手往往在事先无准备或准备不足的条件下，主要通过视觉感受器接收各种刺激（如各种不同性质的来球、对方的站位等），然后根据本人技术和战术的需要，经过瞬间复杂的思维、判断，迅速采取行动。在这整个反应过程中，不仅时间非常短促，选手所遇到的情况也非常复杂。

2）位移速度。比赛中，选手往往根据来球状况和战术需要进行移动。选手移动方向随机多变，大多在 2.5～6 米（最长 14 米，平均 4 米）。移动形式也无一定规律，大多采用分腿垫步、跨步、跑步、交叉步、冲刺步等形式。主要移动的方向为侧向、向前和向后。

3）动作速度。选手在快速冲刺中，要随时完成各种击球动作，加上心理负担较重，因而动作节奏性较弱、应变性较强。完成动作时身体重心较低，肌肉常处于紧张状态。

2．网球速度训练的注意事项

1）速度训练要在选手兴奋性高、情绪饱满、体力充沛、运动欲望强时进行。一般安排在基本部分开始时效果较好。

2）每次练习都要以最大强度进行，且必须注意每次练习的时间和间歇时间。每次练习的时间应不超过 10 秒,每两次之间应有避免乳酸堆积的适宜间歇时间。大致训练方法是:共 1~5 组,每组重复 5~10 次,每一组动作的时间为 3~10 秒。每次之间的休息时间为 15~30 秒或完全恢复,每组动作之间的休息时间为 90~150 秒。训练与休息的比例为 1:5,强度为 100%。

3) 在专项速度练习中,教练员必须明确专项速度的练习方法,应尽可能反映网球比赛的特点和形式,必须明确专项速度训练的重点在于速度。尽管练习中可能含有技、战术等因素,但技术难度和战术要求不宜过高,必须把主要注意力放在提高速度上。

4) 力量和柔韧性是影响快速能力的重要因素。由于快速力量的生理机制和性质与快速能力是一致的,而柔韧性的提高可增加力的作用范围和时间,使运动速度增加,所以发展快速力量和柔韧性是培养网球选手快速能力的重要途径。

5) 重视选手肌肉在收缩前的放松,这有助于拉长肌纤维、减少肌肉黏滞性、节省能源物质,从而有利于提高速度。

6) 发展反应速度应抓好少年儿童 9~12 岁时期的训练。男 7~14 岁、女 7~12 岁时应抓好位移速度训练。注意纠正错误动作,形成正确的技术动作。

3. 网球速度训练实例解析

(1) 速度爆发力训练法

1) 原地跑。同伴面对面,相隔 1 米远,原地跑。鼓励他们向上抬腿,大幅度摆动双臂,保持双肩齐平、平视同伴。重复几组练习。

2) 助力冲刺和阻力冲刺训练。

①助力冲刺训练,如踏车式跑可帮助提高节奏。

②阻力冲刺训练包括上坡跑和沙丘跑,它们不仅能提高速度,而且能增强力量以及有氧耐力和肌肉耐力。

③在场地上用带拍套的拍子练习击球动作和移动是提高速度及灵活性最好的训练手段,同时有助于增强臂力。

3) 加速冲刺。

①逐渐加速,从摆动起跑,经过慢跑到大幅步跑,直至达到最大速度。

②随着速度的提高,这种训练对注重和坚持冲刺动作的技术要领尤其有益。

③冲刺是每次少于 5 秒的跑,选手处于像比赛中一样的不同的起跑位置。

④为了适应变化,力求从躺姿、坐姿或跪姿起跑冲刺。

(2) 力量速度训练法

1) 双腿跳跃绳练习。拉一根齐膝盖高度的绳,双腿屈膝左右跳跃这根绳,尽量高跳,不触碰绳,使膝盖触胸。落地时脚跟提起,连续跳跃。30 秒计时跳跃数量。

2) 袋鼠跳跃。双腿并拢站立,两臂下垂,尽量高跳,同时两臂上举,脚掌轻轻着地,屈膝弯腰,再用脚掌起跳,连续转圈跳。

3) 蹲跳。连续蹲跳两个球场。

(3) 速度耐力训练

1) 发球区内触线折返跑练习,计算 1 分钟内完成折返的次数,发展运动员不同方向的起动能力和提高折返点的平衡控制能力，如图 4-6-42 所示。

图 4-6-42　触线折返跑

2）米字型折返练习，如图 4-6-43 所示。

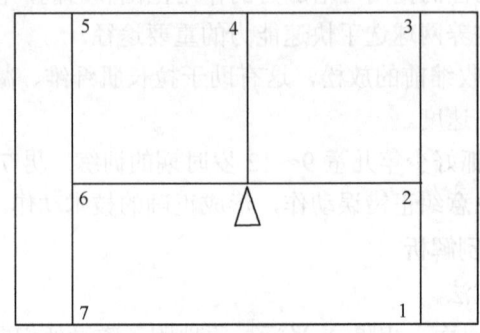

图 4-6-43　米字型折返跑

①在 1～7 的位置上摆放好 7 个网球。

②从 △ 区"即 T 区"开始依次按数字顺序方向，将每个球捡回 T 区。

③7 个位置上的球捡回后再将它们依次放回原位置上。

④在起跑命令发出后用秒表计时。

（4）反应速度训练

1）反应训练。

①球员做好准备姿势以后，教练以向不同方向的挥拍，让练球员向不同方向冲跑。

②教练员和队员面对面相隔大约 1 米。教练员每只手上各持一球，然后将任何一只手上的球抛出。队员必须作出反应并在球落地前用球拍"触"球。

③第一截击的连续练习：这种练习模拟能提高队员上网后横跨步作出截击反应的爆发力。队员跳越第一个障碍物后落地时，在地面停留极短的时间，紧接着用最大的力量跳越第二个障碍物。当队员跳越第二个障碍物后用横跨步落地时，加大第一跨步的爆发落地的同时将球抛出。队员应努力封住球路，侧向移动接球。这种练习有助于确保截击更有效。

2）反应和向前加速训练。

①队员站在底线，面对教练员，相距 8 英尺，教练员将一只球滚向队员任一侧。队员侧向垫步，抓住球后回抛给教练员。队员改变方向，抓住滚向另一侧的球并回抛给教练员。这一动作重复 6～10 次。注意：这种练习要求整个髋部十分放松。队员还需抬起下颏，背部挺直。

②重复练习，加上教练员的口令"跑！"。队员对此口令作出反应，向前跑触教练员

的手，跑回底线，重新开始。

③根据"跑！"的口令重复练习。队员向前跑，绕教练员跑一圈，跑回底线，重新开始。

(5) 场地上进行的力量和速度连续动作训练

每一组动作可以变动，以适合每个人的训练要求。在网球场上进行的这组连续动作是专为网球队员设计的收效快的训练方式。在这一组动作的训练中，每项动作用 30 秒完成，接着是 15 秒的休息期。整组动作重复 3 次。准备活动、连续动作的训练，以及整理活动，全过程需时 30～45 分钟。

第 1 项动作——俯卧撑：两手分开，保持肩宽。从伸臂开始。身体下降直至大臂与地面平行。身体伸直，保持在一条线上。

第 2 项动作——箭步：原地做几组箭步动作，好像准备回击来球（持拍或不持拍）。

第 3 项动作——半蹲：从立姿开始，双腿屈膝 45°呈半蹲姿势，然后回到立姿，背部保持挺直。

第 4 项动作——侧垫步：沿发球线向两侧垫步。面对前方（持拍或不持拍）。

第 5 项动作——屈臂：屈臂，再伸臂。使用轻哑铃。

第 6 项动作——仰卧起坐：双手置于头部的侧面。向前屈身，再还原到开始的姿势。保持屈膝 90°的角度，双脚平放在地面。

第 7 项动作——持哑铃做发球动作：使用轻哑铃做发球动作。挥臂的速度应为实际发球时速度的 75%。

第 8 项动作——正面弓箭步：向前跨一大步，当后腿膝盖触地时，前腿膝盖与前脚保持在一条线上。换腿重复这一动作，也可持哑铃做这一动作。

第 9 项动作——侧转体触膝：仰卧起坐，交替用肘部触另一侧的膝部。

第 10 项动作——侧向弓箭步：与正面弓箭步的技术动作一样。当选手转向一侧时，转肩并转身（持拍或不持拍）。

第 11 项动作——持哑铃做击落地球动作：使用轻哑铃和实际挥拍时 75%的速度模仿正反手击落地球的动作。

第 12 项动作——抬脚：开始时双脚平放在地面，用脚尖将哑铃抬起，还原至起始姿势，继续保持直至网前作为平衡训练。

(三) 耐力训练

1. 网球耐力训练的注意事项

1) 耐力训练一般应放在课的基本部分末尾或作为基本部分进行。

2) 耐力训练比较艰苦、枯燥，训练中应注意培养队员的意志品质，采用多种多样的训练手段和方法，以提高选手的兴趣。

3) 同一训练内容不同的训练强度，对发展运动员某一项耐力是不同的。训练中应严格掌握好有氧和无氧耐力的临界值，进行有针对性的训练。

4) 耐力训练的负荷应遵循循序渐进和区别对待的原则。应注意发展高强度速度耐力，训练时尽可能超强度、超负荷，训练后能达到超量恢复。

5）耐力训练中体力和精神消耗量较大，应重视恢复：一是在间歇期采用积极性休息方式，以免突然停止大强度活动后造成血液回流困难而致使大脑供血不足；二是在训练后要从医学、生物学和心理学等方面进行积极性恢复，加速消除选手体力和精神上的疲劳。

6）耐力训练要坚持，每周安排1~2次大强度的训练才能收到良好的效果。

7）进行中等以上负荷耐力训练时，会出现耗氧量大于供氧量的现象，这时若选手用嘴呼吸，就会出现横膈膜升降的浅呼吸，而用鼻呼吸则可避免这一现象。因此，耐力训练时应加强选手用鼻深呼吸的能力。

8）对儿童和青少年的耐力训练必须根据他们的承受能力采用游戏和竞赛的方法，同时要有医务监督。另外，应抓好耐力敏感期的训练。

2. 网球耐力训练实例解析

（1）法特莱克训练法

1）在场外进行法特莱克训练。

①放松跑的准备活动5~10分钟。

②用恒速快跑1~1.5千米。

③快步竞走5分钟。

④放松跑，突然冲刺60~70米，照此重复直至出现疲劳。

⑤放松跑，偶尔加进3~4步快步跑。

⑥全速跑175~200米。

⑦快速跑1分钟。

⑧绕跑道低强度地跑几圈，结束训练。

2）在网球场上进行法特莱克训练。

①运动员绕场慢跑5分钟（心率为每分钟130次）。

②运动员在场地上按照教练员的口令从一侧移向另一侧，移动3分钟。

③慢跑5分钟，结合使用10米距离的后蹬跑。

④教练员站在网前偶尔打出一个轻吊截击球，队员在场上移动将球回击给教练。队员即使知道有时够不着球，也必须冲刺救球，重复这一练习3分钟。

⑤运动员轻跑5分钟。

⑥运动员在场地上移动对打截击球3分钟。

⑦运动员慢跑5分钟。

⑧运动员在场地上移动对打击球1分钟，接着进行30秒的截击-高压训练，重复这一组动作总共6分钟。

⑨慢跑结合轻快地竞走5分钟。

（2）间隙性训练法

1）在场外进行间隙性训练。

方法一：

①10分钟跑，心率为120次/分。

②5分钟冲刺——大强度运动结合小强度恢复运动。

③上体环绕运动。

重复这组动作 4 次，总共进行 40 分钟的有氧跑和 20 分钟无氧跑型耐力训练。

方法二：

①冲刺跑 30 米。

②跳起摸高 10 次。

③侧步交叉跑 30 米。

④变向跑 30 米。

⑤碎步跑 30 米。

⑥蛙跳 15 米。

⑦高抬腿跑 30 米。

将这些练习组合在一起进行 30 分钟的练习。

方法三：

①冲刺 100 米。

②慢跑 100 米。

③再冲刺 100 米。

这种练习应持续 20~25 分钟。

2）在网球场上进行间隙性训练。

①教练员站在网前向一名队员连续送出斜线球。该队员开始站在底线中点，每次击球后必须回到中点。队员重复这组训练 2 分钟，运动量约为极限的 85%，然后休息 2 分钟。重新开始这一程序，重复 5 次。

②教练员在网前送球。队员在各个位置上击球，然后绕网球场在各点做训练。

③教练在场上指定 5 个点用，以练习 5 项基本运动技能，2 分钟后教练让练习停止，休息片刻，选手按顺时针方向轮换。

○底线折返跑→○截击球的移动练习→○单腿或并腿回跳接过顶球

○击低挑高球→○上网击短球

（四）柔韧性训练

1. 网球选手柔韧素质的特点

在网球比赛中，一些技术动作对身体的柔韧性提出了很高的要求。如发球、高压球、大范围跑动扑救球等。这些都是由选手的身体和球常处于不稳定的相对平衡状态决定的。

网球选手的柔韧素质，突出表现在网球运动所特殊需要的髋、腰、膝、腕关节活动幅度及上下肢肌肉和韧带的伸展能力上。它对于网球选手掌握和提高技术动作（尤其是高难度技术动作）、避免运动创伤和发展其他身体素质都有重要的作用。

2. 柔韧素质训练的基本原理

影响柔韧性的主要因素是髋、膝、踝等关节的韧带、肌腱、肌肉和皮肤的伸展性，以及神经系统支配骨骼肌的机能等。柔韧素质的发展，不仅取决于肌肉、韧带和关节结构的改善，还取决于中枢神经系统调节对抗肌的协调性及肌肉紧张和放松的能力。

柔韧素质训练主要采用静力拉伸法和动力拉伸法。

1）静力牵拉法。通过缓慢的动作将肌肉、韧带等软组织拉长，拉到一定程度后静止不动。拉伸的幅度和力量以本人承受能力为限，停留时间为6～10秒，反复练习8～10次。其特点是能节省能源，减少超关节伸展能力的危险性，不激发牵拉反射。

2）动力牵拉法。做速度较快、多次重复、有节奏的同一种动作拉伸练习。练习一般控制在15～25次，每个练习做7～8组。其特点是拉伸幅度逐渐增大，激发牵拉反射，可达到静力拉伸所达不到的限度。

3．网球柔韧训练的注意事项

1）柔韧练习一般应安排在课的准备部分后面或基本部分的开始，身体疲劳或练习部位有伤时不宜进行柔韧训练。

2）柔韧训练必须做好准备活动，练习时动作幅度由小到大，节奏由慢到快。训练后做好放松练习。

3）柔韧练习尽可能与比赛中对柔韧素质要求较高的技术动作结合进行。

4）柔韧训练应循序渐进，协调好拉伸力量的强度、重复次数和练习时间等因素的关系。

5）处理好柔韧与力量的关系。强调肌肉的弹性，避免单纯消极的被动拉长，应使肌肉柔而不软、韧而不僵，保持肌肉的收缩力量。

6）与其他素质相比，柔韧素质容易发展，容易见效，但消退也快，因此，要经常巩固已取得的训练成果。另外，应抓住柔韧素质发展的敏感期，充分发展与柔韧素质紧密关联的技术动作。

4．网球柔韧训练实例解析

以下介绍提高柔韧性的训练方法，应在力量训练前后进行准备活动和整理活动，尽量每天拉伸15～20分钟。

1）颈部练习：站立，以下巴为圆心做画圆运动或做头部上下左右的转动，速度要缓慢。

2）前臂、大臂拉伸和拉肘练习：双脚站立，与肩同宽，背部挺直，双臂交替做韧带牵拉。如图4-6-44所示。

图4-6-44　前臂、大臂拉伸和拉肘练习

3）腿部肌群伸展练习：大腿腿部肌群在准备阶段应充分牵拉热身，避免运动中受伤。如图4-6-45所示。

图 4-6-45 腿部肌群伸展练习

4）臂走练习：体前屈姿势准备，手臂先慢慢向前方的地面做行走的动作，当躯干拉伸到极限时，直腿（双腿不能屈膝）向手臂方向行走，本练习通过手臂和腿部的牵拉，带动核心部位的稳定平衡能力。如图 4-6-46 所示。

图 4-6-46 臂走练习

5）腰背伸展练习。腰脊伸展：腹部着地，双手支撑双肩，上身尽量抬起，骨盆和腿部放松。仰卧屈膝：背着地仰卧，双臂向胸前抱膝，重复 3 次。这种练习可以牵拉背部肌群和腹部肌群。如图 4-6-47 所示。

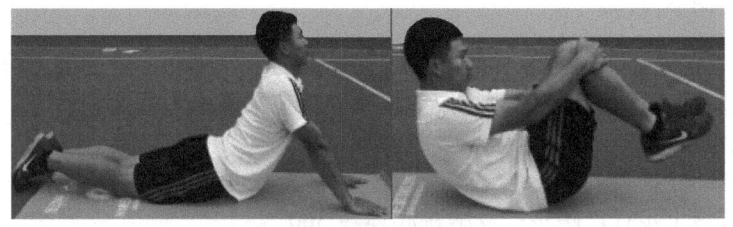

图 4-6-47 腰背伸展练习

6）静力牵拉法：又称本体感受性神经肌肉促进法（PNF），最初是为神经肌肉的康复活动而设计的，主要通过增加肌肉的张力和活动来放松肌肉，在竞技体育中，一直用于增加肌肉柔韧性，PNF 拉伸法包括被动拉伸运动和主动肌收缩活动，需要有同伴帮助完成。

牵拉步骤：先进行被动拉伸 10 秒，使运动员感到中等程度的不适；同伴向运动员施加腿部后侧肌群的外力；这时运动员要用力对抗这种外力，保持腿的位置不移动，进行一种等长收缩（静力），保持 6 秒。然后运动员腿部放松，进行被动牵拉，保持 30 秒，最后的拉伸中，由于自身抑制机制被激活，拉伸的幅度一定会明显增大。

常用的 PNF 牵拉方法：大腿后肌群牵拉如图 4-6-48 所示；股四头肌和髋关节屈肌牵拉如图 4-6-49 所示；小腿和踝关节牵拉如图 4-6-50 所示；胸部肌肉牵拉如图 4-6-51 所示；肩关节及肌肉牵拉如图 4-6-52 所示。

图 4-6-48　大腿后群肌牵拉

图 4-6-49　股四头肌和髋关节屈肌牵拉

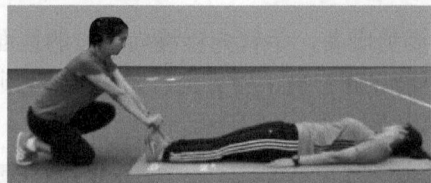
图 4-6-50　小腿和踝关节牵拉

图 4-6-51　胸部肌肉牵拉

图 4-6-52　肩关节及肌肉牵拉

（五）平衡性训练

平衡是运动的基础。通过身体重心的练习，站立、停止和行走的能力得到发展，运动员可以快速地掌握和保持这种能力。如单腿站立、在平衡木上行走和站立、在灵敏盘上站立、闭上双眼倒退走、在微型蹦床上跳起然后站稳。

练习方法如下。

1）在一条线上步行，跑步；双腿跳起体转 360°。

2）双脚三角跳：开始时两脚与肩同宽分开站立，向前跳，落地时双脚并拢，原地跳，落地时两脚分开，向后跳至起跳点，落地时双脚并拢。原地跳落地时双脚分开继续重复这一组练习。

3）后退燕式平衡：此练习在后退的基础上做燕式平衡的动作，增加了身体平衡的难度，有助于身体控制平衡能力的提高。如图 4-6-53 所示。

图 4-6-53　后退燕式平衡

4）抱膝提踵弓步行走：在行进间做体重弓步行走，给身体的平衡控制增加了难度，有助于腿部力量发展的同时，牵拉腿部韧带。如图 4-6-54 所示。

图 4-6-54　抱膝提踵弓步行走

5）后弓步扭动：后退弓步帮助提高腿部拉伸能力的同时，有助于腰背部的力量控制以及身体的平衡能力。如图 4-6-55 所示。

图 4-6-55　后弓步扭动

（六）灵敏性训练

1. 网球选手灵敏素质的特点

网球选手的灵敏素质是选手的运动技能和各种素质在运动过程中的综合表现。它要求选手在极短的时间里有良好的判断能力，并且在完成动作过程中能准确、协调地处理好自己身体各部位及合理的人球关系。

在现代网球运动中，两步快速爆发力和高度的灵敏性是职业网球运动员取胜的关键。网球运动员所需要的灵敏性，是在比赛中遇到突然变化的情况下，随机应变地采取快速、协调行动的能力。因此，灵敏素质对动作的技、战术效果起着不容忽视的作用。

2. 网球灵敏训练的注意事项

1）由于灵敏素质是多种素质的综合表现，尤其与速度、力量素质关系密切，所以安排训练内容时应与其他素质结合进行，但练习的要求一定要明确。

2）身体疲劳状况下不宜进行灵敏训练，否则不易取得良好效果。灵敏练习一般安排在课的基本部分开始阶段，且重复练习次数不宜过多。训练的比例应该与比赛中的情况一样，即做 5～15 秒的动作，接着是 15～25 秒的恢复。

3）灵敏练习应注意动作多样化，尽可能结合比赛中各种动作的灵敏特点来设计，这些动作应该是接近实战情况的短距离的突然起动。

4）灵敏练习方法应富有趣味性、竞争性。队员应注意动作的质量，讲究及时、准确、轻松、协调。

5）少儿 12 岁左右是灵敏素质的提高期，13、14 岁时灵敏素质发展不稳定，15 岁以后逐渐趋向稳定。应根据这些特点抓好少儿灵敏素质训练。

3. 网球灵敏训练实例解析

1）两人抛接球练习：两名学员按截击对打的站位方法，互相抛接 2 个或 4 个网球，随着速度的加快，做到无失误的多个回合，以锻炼手眼协调能力。如图 4-6-56 所示。

图 4-6-56　手眼协调抛接球练习

2）钻越人障：一组练习者，配备一个低凳。甲队员在低凳上做俯撑动作，乙队员站立在甲队员身旁，当甲撑起时，乙队员从甲队员身下钻过，做 5~10 次后，两个交换。

3）穿越隧道：5~6 人按照老鹰抓小鸡的队形（后面的学员拉紧前面学员的衣服），双脚比肩稍宽站好，教练员向地面陆续把网球一个个地从不同线路滚出来，队员们要依次将球穿越过双脚中间的通道，如果有人脚触球就被淘汰，随着地滚球的速度越来越快，看谁能坚持到最后。

4）勇闯鳄鱼岛：按照扔沙包游戏的规则，只是用地滚球的方式取代了扔沙包。4、5 名学员在中间区域，若干名学员在中间区域的前后站开，前后有顺序地向中间的学员滚地滚球，如果有人脚触球就被淘汰，随着地滚球的速度越来越快，看谁能坚持到最后。

第七节　网球运动员心理素质训练

一、心理素质训练的意义和作用

心理素质训练是一种有意识、有目的地改善、提高和完善专项运动员必须具备的各种心理素质、心理品质和个性心理特征的全面而系统的教育过程。心理训练和身体、技术、战术训练构成了现代网球运动训练的基本内容。它体现了现代网球运动水平的提高在很大程度上依赖运动员心理、智力、知识水平等因素的发展规律。在网球运动中，运动员不仅承受了一定的生理负荷，而且承受了较大的心理负荷。因此，如何提高运动员的心理素质、改善心理机能，是运动训练中必须重视和解决的重要内容之一。事实表明，如果没有良好的心理训练水平，即使身体、技术、战术训练再好，也难以在比赛中取得优异成绩。

随着现代网球运动的快速发展，运动员职业化进程不断加快，各国教练员运用了大量科学的手段来最大限度地挖掘运动员各方面的潜能。世界高水平运动员在身体、技战术等方面都相差无几。运动员水平越接近，在比赛中出现关键比分的机会就越多，比赛的胜负往往在一两球之间，这时运动员的心理因素对技、战术的影响非常重要。运动实践反复证明，许多优秀运动员在比赛关键时获胜，大部分归结为心理上的优势；而不少比赛失常的运动员都因为是精神过度紧张。因此，运动员应具备良好的认知能力，即感知能力、记忆能力、想象和运动表象能力以及思维能力等，应具备网球运动所必需的自信心、进取心、意志力等心理品质，应具有适应比赛变化、克服极端困难条件的心理适应能力以及情绪的稳定性和心理状况的自我调控能力，这样才能完成比赛任务。所有这一切都需要经过长期的、有计划的心理训练才能获得。

二、心理技能训练要解决的问题

心理技能训练要解决的基础问题是储备心理能量，调整心理状态。我们如何能够获得自己控制情绪及情感状态的能力，使我们在比赛中尽快达到理想的竞技状态，是需要我们系统而持久的训练，才能够达到的。根据不同时期的要求，心理技能训练要解决的具体问题也有所不同。

（一）赛前心理训练

赛前要充分了解对手的打法特点、比赛风格、个人习惯和心理素质的好坏，做好比赛的技、战术准备和心理准备，做到知己知彼，将自己的情绪调整到稳定而平和的状态，保持旺盛斗志，树立必胜的信心与勇气，并制定切实可行的比赛任务和目标，为争取比赛胜利而努力。同时，也要学会处理消极因素的干扰，如存在畏战、紧张焦虑情绪，过分重视或轻敌，精神不振，缺乏自信或者过度兴奋，缺乏顽强的拼搏到底的意志，过分注重比赛的胜负等问题。这些可以在教练的指导下进行，也可以进行自我的暗示和鼓励。

（二）比赛中所要面对的心理问题

在网球比赛中，往往会出现以下心理状况：领先时，容易放松或急于求成，专注力下降，造成思想上的轻敌和行动上的急躁，要赢的心理反而令自己束手束脚不敢打，一旦出现这些问题，必然会将自己带入落后的境地；而自己落后时，就会出现缺乏自信、对自己的技战术表示怀疑、情绪的波动，必然带来技、战术的失误，若没有坚定的信念和顽强的拼搏精神，失败是必然的。比赛中相持对抗和关键球的处理，是最能够体现出一名运动员的心智水平和技术水平的。心理素质较差的运动员就会容易手软，身体僵硬，不敢进攻，保守防守，甚至出现"不会打"的状况。一旦出现连续失误就会造成心理崩溃，一蹶不振。这些问题的出现是因为在赛前没有做好充分的心理准备。

（三）赛后心理训练

比赛有输有赢，但是追求比赛胜利是每个运动员的共同心理。胜利者可能会情绪高涨、兴奋、喜悦，因胜利而受到鼓舞，信心更强。但是也可能产生消极的影响，如骄傲自满，满足于现状，目中无人，看不到自己的不足，不认真总结比赛等。而失败者可能会认真总结比赛，找出自己的缺点和不足，在以后的训练中有针对性地练习，因挫折使自己更强大。但是，也会有运动员经受不起打击，情绪消沉，怨天尤人，或认为自己没能达到要求自怨自艾，失去信心，不再努力争拼。

三、网球心理技能训练

网球是个人运动项目，它没有集体项目中队友的分担和支持，这类运动项目产生的压力大于集体项目。通观世界顶尖网球选手，无不具备良好的心理素质和自我调整能力。因为网球比赛拼到最后就是拼体力与意志，没有良好的心理素质作为支撑，很难打出理想的成绩。网球运动员的运动能力与他的智力、个性特征、训练和比赛中的心理状态、社会心理特点、心理自我控制调节技能、心理障碍等方面有非常密切的关系。尤其是运动员的视觉知觉训练、情绪的控制、注意力、自信心和意志力五项心理品质对培养和造就一名优秀网球运动员是必不可少的。因而强大的心理控制力是球员实力的一个重要部分。心理素质是可以通过训练提高的，而且必须像训练体能一样不断进行训练，下面是一些心理训练及培养的方法。

（一）视觉知觉训练

1. 视觉训练

击球时，练习者的眼睛要观察对手和球。眼神跟随球的变化而运动，用眼睛去观察球的规律和对手的状态。

1）用眼睛看球来回的全过程，即对方击球和自己击球或者站在裁判椅的位置看练习者击球，即左方击球和右方击球，初学者看球的全程，对手击球到自己击球是25米的距离，只看了20米左右，最后5米没有看球，大家的注意力只去关心自己的球打到什么地方，在最后的5米，当球落地后才会产生变化，这时看球是最关键的，这样才能把球轻松地击在球拍的中央（甜区）。

2）观察切削、提拉平击球的运动规律、落地后的变化，通过观察就有了理性的认识。

3）观察球速，给球分为5速：0～10千米/小时，20～30千米/小时，40～50千米/小时，60～70千米/小时，80～90千米/小时。通过观察就有了正确分析球速的能力，为击球做好准备。

4）观察对手动作规律、击球的动作、击球拍面、回球方向、习惯动作，认真分析总结，才能制订出针对性强的作战方案。

5）观察对手的表情，表情反映人的心理活动，比赛中的关键分看对手的表情就知道他比你紧张。

2. 知觉训练

每一个选手的每一次击球都有感觉，只是不注意体会接触球的感受，当你关注每一次击球感受时，把正确与错误击球感受做一个回忆，解决下次击球的问题，建立标准，意志力就会增强。

1）手握拍的感觉，用力与放松体会不同的感受，用力就肌肉紧张一定不舒服。就像汽车的刹车调得太紧，加油也不能把车开快。

2）击球时，握紧球拍击球，就像开车拉着手刹不知道，车开不走，放松握拍击球的感受，就像汽车下坡时，放一个空档，车速会很快。感到动作流畅，轻松自如。

3）脚与地接触用力使身体向前，身体向前产生的惯性力量击球，体会后面脚接触地蹬地的感觉。

4）每次击球，球击在不同区域，有不同的感受。

①甜区：手与球拍是一个整体，会感到轻松流畅。

②甜区外：这个区域击球后手上的感觉就不好了，是没有打准。

③球拍边：球拍接触到球时一定是震手。

5）慢速球与快速球击球时，接触的感觉也是不一样的，用心去体会。

6）感受动作是否流畅放松、转腰与手臂是否用力、是否在"发力点"上发力、击球后是否放松，给动作做充分的挥拍。

（二）情绪的控制

要在比赛中控制情绪，首先运动员必须了解自己的兴奋状态和焦虑状态。在网球比赛中不可能排除压力情况的出现。然而，运动员可以练习和掌握消除这种情形产生的焦虑心情的方法。

1．提高兴奋度的方法

（1）生理上

1）有力的动作。在两分之间的间隙时间里用脚尖上下跳动，保持双脚活动。

2）使用短促的快速呼吸加快呼吸的频率。

3）做动作时加力。

（2）心理上

1）使用积极的自语："加油""上"等；使用提高情绪的词："使劲""快""加速"等。

2）想一些产生动力的事。

3）把当时的局势看作一种挑战，力求全力以赴。

4）听节奏快、声音大的音乐。

5）最后一招：发怒。

2．减少焦虑的方法

（1）生理上

1）用收缩和松弛肌肉紧张的方法使你的胳膊、颈和手的肌肉放松，摇动双手、双肩和颈部；创造一种心理和生理上强劲的形象。

2）了解身体的信号：不要将"心跳加速"（这是准备就绪的信号）误解为紧张的信号。使用呼吸调节法（用深呼吸放慢你的呼吸），击球时呼气。

3）处理问题时多温和，少严厉。

4）感到将要产生紧张时，微笑，这样显得自信、平静和能够自控。

5）放慢速度，两分之间多歇一些时间。当开始打这一分时，加大步幅。

（2）心理上

1）承认你开始紧张了。但是绝不要害怕紧张，因为这是你已进入比赛和重视比赛的信号。记住,你的对手可能处于同一状态。

2)出现紧张时,更具攻击性,比赛的胜率高。打比赛是为了赢,而不是避免输。

3)动作放松的技巧:逐步放松、自体训练等。使用情绪调节短语:"松弛""放松"等。

4)在两分之间的间隙时间里用积极的思维鼓励自己并遵循惯例。

5)将注意力集中在你能控制的东西上。命令自己,如"我要发外角球"、"我要回斜线球"等。每一次将注意力集中在一点和你能做得最好的事情上。顶住,对每一分和每种情况确定具体目标。

6)不要想不能发挥,不要有消极的想法。犹豫时,努力进取:"放松,击球"。让失误成为过去。

7)用幽默打破紧张的气氛,说说笑笑:力求对处境感到高兴,对待逆境采取正面的、积极的态度。听温柔的慢速的音乐。

8)制订一个好的比赛方案并要坚决执行。打好每一分,好像它是最重要的一分。

3. 提高控制情绪能力的训练方法

1)比赛记分。

①运动员应遵循在两分之间的间隙时间里适合每个人特点的4种常规做法。

②运动员应遵守的发球常规(降低兴奋度)不同于接发球常规(提高兴奋度)。

③运动员应遵循交换发球(场地)时适合个人特点的常规。

④在练习比赛记分的整个过程中执行行为准则。

2)可能时,使用某些精力集中的训练手段。

3)底线对攻:对不同程度的肌肉紧张的体会:1(非常松弛)到10(非常僵硬)。每5~10秒,从1~10的数目中叫出一个数字。运动员必须调整其肌肉紧张度,并确定其理想的肌肉紧张度。

4)不同击球的练习:发球、截击、击落地球,以便运动员调整紧张度。

(三)注意力

集中注意力是竞技网球成绩所需的最重要的心理技能,在训练和比赛中,选手的注意力时常会分离,跑到与训练比赛无关的事物上,会形成被球打的盲动状态,那么怎样在比赛和训练中保持注意力集中呢?

1. 注意力集中的方法

1)注意调整赛前的准备。利用比赛过程中的"死球时间"有效地恢复注意力。

2)一场比赛中最难有效地集中精力的时间就是两分之间的空隙时间。因此,在这段时间内,运动员应按常规行事。练习"开—关"的技能:例如,一分结束后,你从形势的压力下自我分心("关"),当开始打下一分时,让你的精神放松("开")以便准备比赛。

3)力求将注意力集中在处于你的打法控制下的东西和对赢得这一分有帮助的事情上(如观察抛球);练习视力控制:使用你的眼睛注视有关的目标,如球的接缝、拍弦等。

4)借助于目标的确定:对一场比赛确定具体发挥的目标;对每一分有一个方案;紧

张时,使用一种特殊的击球或动作(如同一个斜线球);赛后根据你的发挥,检查目标是否实现。

5)练习精力集中的控制技能:例如,在两分之间,运动员放松(减小精力集中的程度),但仍处于观察比赛局势的情况下,调整精力集中的程度。开始打下一分时,运动员则提高精力集中的程度。利用身体的放松避免焦虑。

6)使用暗语或者术语:"放开打""加油""再来"等。

7)击球时不要改变主意,在动作过程中做出决定并坚持到底。如发球时,决定你想发什么样的球,以及落点。

8)使用呼吸调整法帮助集中精力。

9)在精力分散和逆境中(如风、雨、嘈杂的环境下)进行训练。

2. 提高注意力的训练方法

1)对打。

①用不同的方式击每一个球(教练员发令,如"大斜线!")。

②开始击球的速度为每小时10米,不能失误,然后用每小时20米的球速,并逐步增加击球速度和力量。

③当球在对方场地弹起时说:"弹起",当对手击球时说:"打"。然后,当球在你的场地弹起时说:"弹起",当你击球时说:"打"。

④触球时呼气,长长地说一声"好"。

2)多球训练,教练员喂送不同颜色的球,红色球应打直线球,黄色球应打斜线球。

3)发球和接发球。

①运动员甲发球,运动员乙在运动员甲击球前说:"平击、上旋或侧旋"。

②运动员乙发球,恰好在运动员甲击球后随球上到网前,运动员乙说:"外角、内角或追身"。

③有目标的发球。运动员在把球发出前说出一个预定目标的号码。

3. 不同击球情况下集中精力的常规方法

表4-7-1为发球时集中精力分配表。表4-7-2为接发球时集中精力分配表。表4-7-3为突发状况时集中精力分配表。

表4-7-1 发球时集中精力分配表

常规部分	目的
调整兴奋点	从赛完上一分后复位
决定发球的落点	目的明确
向发球线跨步	准备发球
做一次深呼吸	减缓紧张状态
想象发球	回想和体会发球
拍球	防止消极的思想,掌握节奏
将注意力集中于你发球的落点	注意力集中
将球发出	动作定型

表 4-7-2　接发球时集中精力分配表

常规部分	目的
决定接发球回球的落点	方向、深度、高度等
决定怎样接发球	击球的方式、旋转等
做好准备姿势	利用全部可利用的时间，发生问题时改变姿势
注视发球方向和抛球动作	思考对策
使用暗语	提醒你做某些事

表 4-7-3　突发状况时集中精力分配表

比赛间隙时间	在主动情况下	在被动情况下
如果是发球，在第一和第二发球之间和两分之间的间隙时间	坚定地进入准备状态 观察对手的表现 计划如何拿这一分 按常规发球	力求放松。眼睛注视某种无关的东西，如拍弦 调整呼吸 选择下一分的打法 执行原定计划 使用原定的发球方案
若是接发球，在发球之间和两分之间的间隙时间	保持正常的接发球 努力自我调节和控制局势	停一会以便镇静下来 调整呼吸，集中注意力 使用增强自信心的自语 做好准备，使用常规的接发球
两局之间的间隙时间	喝水，用毛巾擦汗等 再次肯定你的比赛方案 力求保持动量	喝水、用毛巾擦身等 使用镇静技能 重新考虑和选择一个现实的目标 开始振作精神（加油——拿下第一局！） 控制你的速度：争取主动
两盘之间的间隙时间	喝水，用毛巾擦汗等 再次肯定你的比赛方案 做出一局比赛的方案	喝水、用毛巾擦身等 使用镇定的技能 确定下一局比赛的目标（如不再击球落网） 控制你的速度：减速、争取主动
两场比赛之间的间隙时间	保持力量 按常规正常活动 确保你遵守训规：按常规活动	分析形势 制订一个方案并决心实施它 对这一方案做些设想，包括在不同情况下如何实施 将注意力集中于你能控制的东西
对手质问判分	果断地应付形势 提醒自己有关你的比赛方案 情绪上不要参与	利用这一时机镇静下来并让你的注意力回到你的比赛方案 按常规做好准备
你质问判分	果断地应付形势 利用这一时机镇定下来并将注意力回到你的比赛方案 按常规做好准备	要果断 知道什么时间停止比赛和将注意力回到下面的比赛 按常规做好准备
对手突然中止比赛	将你的思想集中在比赛上 设想下一分怎样打 眼睛注视不相干的东西	利用这一时机镇定下来并将注意力回到你的比赛方案 按常规做好准备
下雨或类似原因推迟比赛	制订方案 保存体力	利用这一时机分析你的发挥 制定恢复比赛时的方案 保存体力

（四）自信心

自信就是运动员对成功和失败的预料，信心就是一个人在一定的情况下能有预想的成功表现的信念。区分十分成功和不太成功网球选手的最可靠的因素就是信心，增强自信心的训练方法和建议如下。

1. 使用积极的自语

自语就是内在思维的过程。有两种类型的自语：积极的自语和消极的自语。积极的自语对一名选手在逆境中作出的反应具有戏剧性的影响，并直接影响到后来的动作或感觉。选手对一场比赛的结局的反应取决于他如何看待这场比赛。使用自语时不同的方式如下。

1）为了掌握技能。
2）为了改掉坏的习惯。
3）为了开始一个动作。
4）为了坚持努力。

积极的自语有两种形式：情感上的自语（如"棒极了""好球"）和与训练有关的自语（如"屈膝！""加力！"）。

2. 建立自信的其他方法

1）增长知识，模仿优秀选手。
2）运用反省：例如，何时出现对自己的怀疑？运动员怎样从失误中恢复？我害怕击某一种球吗？我真的希望打好吗？我对困难局势如何作出反应？我的自信在比赛过程中会改变吗？何时我过分自信？我喜欢打艰苦的势均力敌的比赛吗？
3）回忆你是怎样进行艰苦训练的和怎样做好准备的。运用意象或想象并反复观看你发挥最好的场次的录像。力求在场上显示出一种自信的形象：昂头、扩肩、拍头朝上和面部肌肉放松。
4）将自己与对手在技能上进行对比。投入更多的时间练习你没有把握的击球。
5）满怀信心和积极地思维（使用自语），身体以更自信的方式作出反应。
6）确保良好的身体条件：提高体力和耐力水平。
7）艰苦训练以克服其他心理技能的缺陷。
8）确定赛前的常规做法，保持2胜1负的比率。
9）当对手发挥好时，要保持信心，提高自我约束的能力。
10）为自己确定现实的目标。通过确定可实现的目标，从失利中找成绩。
11）教练员应让队员知道他相信他们，人们在知道别人相信他们时会更容易相信自己。

3. 减少压力的思维方式

1）承认你正处于劣势，我只能尽我最大的努力，因为这样就会帮助你减少压力。
2）胜和负是对观众而言，我只求发挥水平。
3）我喜欢激烈的场面。场面越激烈，我发挥得越好！
4）我的教练只希望我尽最大的努力和力求执行我的比赛计划。

4．正确对待错误的方式

1）运动员不能控制他是否犯错误，但是他能控制对方错误的反应方式。

2）承认错误，从错误中学习。

3）忘掉错误，做好准备打下一分。

5．如果运动员使用消极的自语，教练员应该采取的措施

1）要求运动员重复一遍。

2）问运动员，当指导员对他这样说时，他有什么感觉。

3）问运动员何种反馈方式更有效。

4）让运动员用积极的方式重复这一句话。

6．增强自信的训练方法

1）比赛记分。

①球员必须事先告诉教练员他们打每一分的战术方案。

②球员在交换发球时必须事先告诉教练员他们打每一局的战术方案。

③如果运动员使用消极的自语，则失分。

2）运动员必须写出不同情况下（一发、接发球和发球、输掉第一盘以后、交换场地（发球）的时间结束时、赛点）他们可能使用的短语。然后，这些短语将用作运动中说出的自语。

3）如果可能，使用一些激励的训练。

（五）意志力

意志力是人对自己行为的控制，想要成为一名优秀的网球选手，必须具有坚强的意志力，意志力是经过长期艰苦锻炼出来的，但仅这样是不够的。"意志力的训练是用头脑智慧参与训练的全过程，用理性思考分析自己"，总结每一次击球的得失，不断调整第二次击球，总结每次比赛，用意志力来控制"注意力"，用"大脑思维"关注全过程，体会总结。用意志力来开发潜在力量。创造非凡的成绩，所以要在意志力的指引下进行思考的训练，进行判断，理性分析总结训练与比赛，就会取得令人瞩目的成功。

1．通过思维训练来增强意志力

在教学中，每一个动作，每一个进攻组合都会给你设定程序，训练与比赛都是根据这个程序来击球的，思维训练，通过冥想训练，把技术要求变成程序，不断地反复思考，体会记忆，给这个程序输入潜意识，使动作成为身体的一部分，形成条件反射。

1）挥拍时的程序：拉开球拍→转腰→抬大臂→到终点站。

2）击球时的程序：拉拍侧身→移动步伐→转身抬大臂→到终点站。

3）发力击球时的程序：双脚移动→向后转身→后脚用力向前蹬→转腰向前→击球时手腕和大臂同时向上→放松自然挥到终点站。

4）找发力点的程序：转腰→击球时大小臂同时向上击球→放松做完随挥。

5）比赛中采用的战略 NXV 进攻组合。

①不断地把几种进攻组合用冥想方法来反复地演练。

②实战中演练几种组合,分析总结比赛中进攻线路是否清楚,是否坚定不移地执行进攻方案,当你的进攻体系建立起来后,渐渐地成熟,你的对手会心惊胆战,不要只看见眼前的胜利。

2. 通过记忆力训练来增强意志力

记忆力是大脑中的印象,很多人对自己的击球动作没有印象,没有概念,因为自己看不到自己的动作,所以建立正确的动作概念就很重要,给自己击球的感受做一个记忆(如动作协调球击在"甜点区"等)。当你有意识地关注、感受记忆时,大脑的印象就加深了,对提高网球技术有很大的帮助。

1)记住技术动作的要领,转腰抬大臂,记住转腰抬大臂是怎样的运动感受。

2)闭上眼睛挥拍,记住自己的挥拍轨迹,击球的力量走向,充分的随挥,把动作做完。

3)击球时的感受做一个记忆,好球、坏球有不同的感受,做一个记忆,才能对第二次击球做出理性的调整。

4)不断地想象自己的进攻线路,每一套组合在自己的心中形成程序,有意识地记忆下来,比赛时只要想用第几套方案,就坚定不移地执行这套方案。

3. 通过控制失控的想象力、注意力来增强意志力

在训练和比赛中,选手的想象力和注意力时常会分离,跑到与训练比赛无关的事物上,会形成被球打的盲动状态,用意志力来控制想象力、注意力,积极主动参与网球的训练与比赛,就会取得更大的进步。

1)学习打网球时,所有的人都关心能否把网球打过网去,这就指注意力失控,初学者只能把注意力集中在过程上,想着自己的动作要求,眼睛看球,控制挥拍速度,不能关心结果,球击在什么地方。

2)能看见球在飞行过程中的旋转,看见英文字母,能看从对手击出的球到自己击球的瞬间的全过程,你的注意力非常集中。

3)当训练与比赛中没有进入状态,击球没有感觉时,马上使自己静下来,想象自己的挥拍轨迹,动作要求,击球时控制挥拍速度,使自己尽快恢复状态。

4)比赛时只会打球,忘了自己多变的进攻组合,忘了观察对手的优缺点,这时应根据对手的优缺点调整自己的进攻组合,克敌制胜。

5)当比赛中领先时,对手比自己弱时,就会想赢,这时就会变得保守,求稳,注意力过多地关注比赛的结果,就会出现无谓的失误,当比赛到了关键的时候,不能改变现有的打法,把要打的几个进攻线路做一个计划,用什么组合进攻对手的弱点,上场去坚定不移地执行,两军相遇勇者胜,这是胜利的重要保证。

4. 通过想象力训练来增强意志力

想象在大脑里面建立一个概念,建立一些程序,不断地思考,慢慢地进入人体自动化状态,使击球动作作为身体的一部分,才能随心所欲地击球,想象训练对不断提高网球水平起着重要的作用。

1)首先找到自己的起点—终点,想象自己的挥拍轨迹,建立起正确的认识,想象就是把正确动作概念输入人的潜意识。

2）想象击球，想象来球的高低变化，调整自己的挥拍高度去击球。

3）想象移动中击球，根据不同的来球调整自己的步伐，（移动两步）进入准确的击球区击球。

4）想象在发力点上发力，通过放松转身带动手臂向前挥出，在击球点上，用"爆发力"击球，用全身的力量去击球。

把自己的进攻组合 XVN 不断用想象进行演练，把进攻程序输入意识，最后进入潜意识，比赛中只要启动一套进攻组合意识，便根据进攻组合去比赛。

思考与练习

1. 现代网球运动的训练特点是什么？
2. 各年龄阶段身体训练的方法特点是什么？
3. 如何对待网球体能训练中有氧训练和无氧训练的比例关系？并举例说明。
4. 请列举冥想训练法有哪些，并在实践中尝试练习。
5. 课外学习本节的教学多媒体教学课件。

第五章　网球比赛基本战术及制胜规律

本章简介：本章首先介绍网球比赛的初、高级基本战术原则和网球比赛基本战术打法；其次详述网球比赛单打和双打战术；最后介绍网球竞技比赛制胜规律和网球比赛战术与制胜规律间的关系。

第一节　网球比赛基本战术

网球比赛战术是由击球方式、线路、落点和击球的飞行轨迹组成的。战术制定要与自身技术能力和对手技术特点相一致。不同技术水平运动员所采取的战术也不同。根据运动员的技术水平不同可将网球比赛基本战术分为初中级战术和高级战术。

一、初中级战术

初中级战术是网球技术水平不高的运动员在比赛中所采用的战术。初中级战术的主要特点是减少自己失误，保护自己的弱点，攻击对方的弱点。网球初中级战术包括以下几个方面。

1）多打回合，减少失误。在初中级网球比赛中，对手打出主动进攻得分的能力较差。因此，在比赛过程中最重要的是减少主动失误，减少回球下网和击球出界。当难以打出制胜球时，寻求回球安全，努力将球回到有效区域内，耐心地与对手多打回合，等待对手失误。

2）尽量使用正手回球。对于大多数网球运动选手，反手击球技术都是弱项。特别是初学者，反手击球练习少，击球不稳定，预判和移动能力不强，击球到位能力差，击球信心不足。因此，在比赛中尽量少使用反手击球，多运用正手击球。同理，在比赛中，在能控制线路的前提下多打对方反手位的球。

3）打底线上旋球。当你和对手底线相持时，如果没有好的机会尽量打底线上旋球。这主要基于四方面的考虑：第一，击打上旋球可减少下网机会；第二，打上旋球对方不容易借力；第三，打深区上旋球让自己有更多的时间回位，准备下一拍的击球；第四，上旋球不容易出底线边线。此时，击打底线上旋球是初学者比赛战术中较保守的打法。

4）发挥自己的长处。要了解自己的技术特点，比赛尽量使用擅长的技术，扬长避短。在比赛中，首先要把自己擅长的发挥出来，包括技术、心理、身体素质等。在发挥自身特点之后再找对手的缺点，做到以己之长攻彼之短。

5）提高发球命中率。网球发球技术相对复杂，技术难度高，对大部分网球初学者而言，发出力量大、角度大的球是很难的。因此，作为网球初学者不要追求大力、大角度发球，这样容易发球双误，直接给对手送分。在实际比赛中，即使你的发球慢，但只要发到对方反手或发高、深球，一般的初中级选手是很难一拍制胜的。只有把球发过去，保持命中率，才有机会获得这一分。所以有时二发甚至可以选择下手发球，避免网球比赛演变为

"双误"比赛。

二、高级战术

高级战术是高水平运动员在比赛中采用的战术，主要针对职业网球运动员。当今高水平网球运动员的战术与过去有所不同。当代网球运动员的身材、身体素质、训练条件、运动装备都好于过去。再加上科技、信息的发展，使得网球比赛的节奏更快、力量更大、比赛时间更长、打法更全面。以上因素决定了高水平运动员的基本战术。

1）提高一发成功率。高水平网球运动员一发都是大力平击发球，一发成功率的高低将直接影响整场比赛的胜负。最为突出的是高水平男子运动员，男子运动员一发发球时速都在 200 千米左右。如果没有一发成功率，发球局很难占据优势，不利于获得发球局的胜利。因此，在高水平网球比赛中，运动员都会力拼一发，为比赛的胜利迈出第一步。2014 年李娜获得澳大利亚网球公开赛女子单打冠军与她一发成功率高于对手是有很大关系的。

2）大力底线击球。现代网球打法以底线打法为主，力量重于技巧。运动员在底线通过大力抽球提高球速，缩短对手的反应和移动时间，使得对手场地出现空当获得得分机会。穆雷正手击球最高时速接近 200km，萨雷斯、布雷克、孟菲斯时不时都有 180+kmh 的表现。女子运动员伊万诺维奇、米尔扎等都有过 160+kmh 的表现。

3）提高击球的威胁性。威胁性是指合法击打过去的球给对方造成威胁或让对手失误。提高击球威胁性就是提高击球的速度、力量、旋转、落点、角度和深度。在以底线打法为主的当今网球运动中，双方运动员在底线奔跑并通过击球的速度、力量、旋转、落点、角度、深度来调动对手，使对手处于被动或受迫失误。

第二节 网球比赛基本打法

一、打法的确立

打法是运动员在比赛中经常使用的相对固定的技术和战术。技术和战术的组合方式决定打法类型。研究网球打法分类是为了在研究运动员各具特色打法的基础上，归纳总结他们的规律，使我们认识从特殊到一般。在认识和了解网球运动员所采用的各种打法之后，再以这种认识为指导，根据运动员的打法特点进行创新指导，使认知从一般到特殊。

二、打法的影响因素

从打法的概念可知，打法的确定受技术和战术两方面的影响：第一是技术，技术是打法的根本。技术影响打法主要是运动员掌握技术的数量和完成技术的质量。技术数量是完成某种打法的先决条件，例如，要成为一名全能型选手需要发球、接发球、底线和截击技术，若没有这些技术只能是空谈。因此，全能型打法就要比底线型打法掌握更多的技术。技术质量，高质量的技术是完成某种打法类型的重要保障。例如，想成为一名上网型选手，但是截击技术很差，发球质量不高，上网就容易被破网。这样的技术质量是不符合上网型打法类型的要求的。第二是战术，具有相同技术数量和技术质量的运动员若采取不同的战术，他们的打法也是不一样的。例如，两名技术都很全面的运动员，一名以底线击球为主，结合上网；另一名以上网截击为主，两名运动员的打法是不相同的。因此运动员的技术和战术是决定打法类型的主要因素。

三、单打打法的分类

在网球比赛中，运动员趋向于根据自己独特的技术、战术、体质、性格和心理特点采用某种打法。初学时模仿某种打法对一名运动员今后采用的打法类型也有影响。对于打法的分类，主要有两种观点：一种是分为上网型、全能型、底线型和防守反击型四类；另一种是分为上网型、全能型和底线型三类。本书认为这两种观点基本一致，因为底线型可分为底线进攻型和底线防守型，而防守反击可归为底线防守型。当代网球比赛没有只防守不进攻的，所以单打运动员打法分为上网型、全能型和底线型三类。

1. 上网型打法

上网型打法是以发球或随球上网为自己创造上网的机会。通过多变、高质量的网前截击和高压限制对方的底线抽击，直接得分或造成短兵相接的中前场搏杀。发球上网是上网型选手在发球局中的主要战术。根据发球技术可以细分为"艺术型"发球上网和"强力型"发球上网。"艺术型"发球上网是指发球具有非常强烈的旋转，通过强烈的上旋球使对手难以发力，并迅速上网，通过网前技术获得分数。"强力型"发球上网是指运动员通过大力发球往往能直接得分或是能以球速破坏对手的接发球质量，然后上网得分。

2. 全能型打法

全能型打法是指既能发球上网、随球上网，在网前和中场进行短兵相接的搏杀，又能通过底线击球控制比赛，战术手段多样，应用自如。虽然全能型选手拥有全面的技术，但还是有侧重点的。全能型打法大致有两种倾向：一种是底线击球技术好，中场截击技术一般；另一种是中前场截击技术和高压技术好，底线击球技术一般。无论哪种倾向的运动员都在积极创造条件，发挥自己的特长、增强自己的攻击力，从而达到战胜对手的目的。

3. 底线型打法

当今网坛85%的选手都是底线型的打法。底线型打法是指以底线击球节奏、旋转、球速、落点变化来争取主动，摆脱被动。当对手在底线时，则到处调动他，寻找制胜的机会；当对手在中前场时，则用破网和挑高球来化解。

四、双打打法的分类

双打打法是根据双方运动员的技术水平、身体素质和心理素质、搭档的配合特点以及比赛场上的战术需要而形成的。常见的大致有以下三种阵型。

1. 双底线站位

双底线站位就是两名队员比赛击球时都站于底线，采用在底线抽球为主的打法。双底线站位在网球初学者和老年爱好者中比较普遍。双底线站位的优点是两名队员职责分明，右半场的球由站右侧的队员击打，左半场的球由站左侧的队员击打。

双底线站位的缺点是由于两人都站于底线击球，击球的攻击性较差，网前位置和两人中间位置是相对薄弱的空间，容易受到对方的攻击。因此，采用双底线站位：一是要防止对方的网前小球；二是对两人中间的来球要事先商量好对策。

2. 前后交叉站位

前后交叉站位是两名队员中一名队员站于底线后抽球，另一名队员站于网前拦截。这种站位的优点是打法比较简单，职责分明，一人负责底线抽球，另一人负责网前伺机抢网得分，具有一定的攻击性。前后交叉站位，一般在两名队员中一人拦截技术好，另一人底线技术好的业余选手中使用较多。在高水平比赛中，这也是常用站位，且网前拦截是主要得分手段。

前后交叉站位的弱点是网前队员的后场和另一半场的前场是对方攻击的重点区域。另外，前后站位初学者有时容易造成位置混乱。例如，当网前队员抢网越过中线后，底线队员一般都要换位弥补搭档抢网后留下的空当，而网前队员不知道搭档已主动换位，抢网后又返回原位，此时底线队员已来不及再跑回去，导致两人都站在同一半场内，给对方留下了一大片无人防守的攻击区域。但是，前后交叉站位的这些弱点只是在初学者中容易暴露出来，有经验的选手会根据场上情况，相互默契弥补，一般不会使其出现。

3. 双上网站位

双上网站位是两名队员的位置都站在网前，缩短与对方的距离，采用截击和高压球为主的战术打法。双上网站位几乎是所有高水平双打选手都采用的先进的打法，也是业余网球选手广泛采用的进攻性打法。

双上网站位的优点是由于两人都站于网前，封锁了整个球场，直接将对方击来的球在空中拦截回去，打法先进，攻击性强，主动得分多。

双上网站位的弱点是对发球、拦截和高压球的技术水平要求较高，没有经过专门训练的网球初学者不易掌握。另外，双上网的后场位置和两人之间是对方攻击的重点部位，应加强两人之间的配合并注意防对方的挑高球。

第三节　网球比赛单打战术

一、单打战术

网球比赛单打包括发球、接发球和相持几个阶段。每个阶段都有一系列的战术可供选择和使用，这对赢得1分、1局，甚至整场比赛至关重要。下面将介绍每一阶段的具体战术。

1. 发球阶段战术

表 5-3-1 为发球阶段战术表。

表 5-3-1　发球阶段战术表

一般战术原则	具体情况	具体战术
利用发球占据优势，通过变换发球落点、旋转、速度等为后面的战术做铺垫，为赢得1分打开局势	一发	1）通常将球发向对手弱的一侧，不要忘记发追身球。 2）控制发球力量，通常用70%~80%的力量即可。若是大力发球，可考虑上网截击。若用中等力量发球，要有角度，球路明确，随即掌握场上主动。 3）发球要稳，力求达到70%的成功率。 4）若一发很弱，留在后场，等候对手回球，一般对手会攻击你最弱的一侧
	二发	1）稳定二发，尽量保证100%的成功率。 2）加强旋转和速度，用二发进行攻击，偶尔尝试发追身球。 3）尽量发落点深的球。 4）若二发很弱，留在后场，等待对手回球，回球可能击向你最弱的一侧
	线路、旋转	1）根据场地类型采用不同旋转发球，并变换发球落点，使对手捉摸不定。 2）左区发球时，发外角侧旋球；右区发球时，发中路侧旋球。 3）发平击球时，发左右区的内角；发上旋球时，发左区的内角，发右区的外角

2. 接发球阶段战术

表 5-3-2 为接发球阶段战术表。

表 5-3-2　接发球阶段战术表

一般战术原则	具体情况	具体战术
1）力求将球击入场地一个特定位置（如对手的弱点）。 2）变换接发球方式，可能时改变接发球的速度和旋转。 3）力求判断和"看穿"发球方的意图，并根据发球方的站位变换你接发球的位置。 4）对付大力发球时，采用挡击式接发球。用一个正确的转髋和转肩动作向后引拍，动作要小；接力量小的发球时要提前准备，朝球的方向斜线移动，迎上去挥拍击球；接弹跳高的发球时，提前移动做好准备，侧身正手击球。用削球接发球可能是一种备用武器	一发	1）接一发时要稳，力求不让对方一发直接得分。 2）若对手留在后场，接发球时用挡击打一个深的直线球，或有角度的球，或用上旋高球送至对方反手。根据接发球的类型，上网截击或留在后场
	二发	1）每当出现机会时，应有攻击二发的意识。攻击二发时，当球上升到肩高时击球，以保持场上的主动。 2）用正手侧身攻或跑动中正手打直线球，偶尔打一个轻吊球。 3）对手二发时，向前移动或反手一侧移动侧身正手进攻。 4）若对手上网，用一个近网上旋斜线球或深的直线球攻击回球。根据接发球的类型，上网截击或留在后场；若对手留在后场，接发球时用一个深的直线球或小斜线球攻击

3. 相持阶段战术

网球比赛单打相持阶段主要有几种情况：底线对底线、底线对网前（穿越）、网前（自己在网前）对底线。表 5-3-3 为相持阶段战术表。

表 5-3-3 相持阶段战术表

相持各阶段	一般战术原则	具体战术	
底线对底线	1）通过连续地施压迫使对手出现失误；击球位置靠近底线；要利用整个场地。 2）坚持打深，使用斜线对拉战术以争取时间和控制。采用组合击球战术（如打深的直线球后接打对角斜线球）。 3）用平击球和上旋球进攻，对攻时要变换节奏，可以快慢结合，长短结合，各种旋转球的结合。 4）处于被动时，多打控制球，少发力。用高而深的慢速球变换速度，接打大角度或速度快的来球。	击落地球	1）正手：在 3/4 的场地内用正手进攻和回击所有可能的回球。 2）反手：打斜线是为了从底线对攻，直线是为了随球上网抢分。 3）感到紧张时，勿放小球
		处于进攻	1）力求调动对方 2）使用轻吊球，令对手措手不及
		相持	1）要打高而深的球和斜线球，调动对方。 2）若对方主动打你的反手，争取朝反手方向移动，用正手攻击
		处于防守	1）打调整球瓦解对手的优势。 2）打高球、深球、大角度的球。 3）跑动救任何可能救起的球
		对手移动差	1）力求用组合击球、低球、挑高球等打乱对手的步伐。 2）当对手在跑动中或从远离的位置击出直线球时，你可打一小斜线
		对手是一个好的底线型选手	1）使用发球上网截击战术。 2）要耐心。 3）用较大角度的近网削球将对手吸引到网前
		对手是技术全面型选手	1）击落地球时要稳。 2）不要出现自杀性失误
		对手是上网型选手	1）打深球和角度大的球。 2）将对手压在后场
底线对网前	1）所有的穿越球应是低球。 2）避免不必要的冒险。让对手在别扭的情况下（如打中路低球）截击，然后再打穿越球（2 次穿越球战术）。 3）斜线穿越球应是角度较大的击球；打直线穿越球时应发力，打深		
网前对底线	1）从中场使用大力的准确击球或球在上升时击球，控制局面，威胁对方。 2）上网，令对手措施不及。 3）随球上网，把球击向对手弱的一侧。 4）截击前先跨步。 5）不要过多地使用轻吊或空中短击，使用它们是为了将手调至网前或作为一种出其不意的战术。 6）中场截击球要深而低，网前截击球应有角度、短而有力。 7）随时防备对手挑高球	中场打法 1）截击空位得分。 2）始终将球击向对手弱的一侧。 3）随球上网，朝空位截击。 4）如果你打出深而高的球，等候对手的反应，对手回球时，上去封住穿越球。 5）如果你挑一高球，对手不用高球扣杀，此时你应上网，但当心对手挑高球。 6）如果你击出一轻吊球，对手上来救球，你应上网封死角度。 7）如果来球是一个没有威力的中场高球，用空中截击、空中扣杀或空中抽杀攻击对手。 8）如果来球是一个齐腰高的中场球，打深的截击球，移动至网前。 9）如果是一个打在你脚下的低的中场球，击深的反弹球，或击直线低截击，或让球弹起后击落地球	
		网前打法 1）如果是一个齐腰高的球，用你的最佳截击打空当。 2）如果是一个近网低球，用低截击球打空当或打追身球，也可打角度大的轻吊截击球。 3）防备对手的穿越球或挑高球。 4）如果是一个很高的慢速球，用空中截击或高压击向空当。 5）如果是一个很高的中场球，用空中高压打空当。 6）你被迫打反弹球时，要在你的身前击球。 7）不必过早防备挑高球，观察对手击球时的拍面	

二、影响单打战术发挥的因素

1. 运动员比赛时的气势

气势是指运动员控制对手和比赛时的信心，它是决定许多网球比赛结果的关键因素。它往往是比赛中的一些转折点和关键时刻。好的选手能够控制对手的气势，当比赛的形势对自己有利时，他能保持上风；当比赛形势对自己不利时，他能够坚持，不断给自己鼓劲，相信自己能够拿下比赛。研究表明，连续得分有助于形成气势，坚定执行自己的战术。女子网球选手莎拉波娃在比赛时气势十足，不到比赛的最后 1 分绝不放松和放弃。因此，在比赛中莎拉波娃翻盘的机会是比较大的。

2. 比赛环境

网球比赛场地分为多种，有草地、硬地和砂地。每种场地对球产生的速度、弹跳、旋转等都不同。如草地球速快、硬地球速中等、砂地球速慢。这对于运动员的判断、移动、挥拍动作、空间感觉等都会产生影响。这些因素将影响运动员战术的选择和发挥。砂地（慢速场地）适合技术全面型打法；硬地（中速场地）趋向于进攻战术；草地（快速场地）多采取发球上网的打法。

3. 比赛气候

网球比赛多在室外进行，容易受到阳光、雨水、风向、气温等自然条件的影响。由于比赛在世界各地举行，还会受到海拔的影响。因此，运动员要根据比赛时的气候情况调整自己的战术。例如，在发球局时，平时发球位置光线强烈，那就应该调整抛球高度、发球位置、发球角度等。如在比赛中，风力较大，运动员又处于顺风的一边，那就应该多打上旋球。

第四节　网球比赛双打战术

网球双打比赛和单打比赛一样，是网球比赛的重要项目，深受职业、业余网球爱好者的喜爱。双打比赛是在发挥个人单打比赛技术基础上，互相配合进行的活动。网球双打与单打战术特点截然不同，双打的显著特点是网前的激烈争夺。一般来说，谁控制了网前谁就有更多的进攻得分机会。由于更多地参与到网前进攻，双打对技战术的各方面要求也更高。

一、双打站位与战术

1. 发球局的站位

在双打打法中介绍了三种站位：双底线站位、双上网站位和前后交叉站位。双底线站位打法适合初学者和老年人比赛；双上网站位打法要求具有超高水平技术，适合高水平职业比赛；前后交叉站位打法虽然不是很积极和先进，但具有广泛的群众基础，且适合于绝大多数的网球爱好者，因此十分值得研究。现以前后交叉站位打法、右区发球为例（左区发球站位与右区对称即可）进行介绍。

(1) 常规站位

发球员 A 应站在底线中点与双打边线的中间或略偏右 20~30 厘米的位置上，如图 5-4-1 所示，同伴 B 站在左侧网前距网 2~3 米、左侧双打边线和发球区中线之间的位置上。B 的站位以保护左边区为主兼顾中路的原则（因为如果边区空当过大被接发球员 C 以直线穿越则无法补救，而中路来球可与发球员 A 在网前拦截）。这样的发球局阵势给对方 C 的感觉是：网前 B 已摆好抢网进攻的架势，不但要接好球，还要尽量避开 B 的抢攻。

(2) 澳式站位

澳式站位是澳大利亚式阵型的简称，澳式站位是发球前，发球队员的搭档与发球队员站于同一半场内，如图 5-4-2 所示。当发球队员发出球后，两名队员各自跑向事先约定的网前位置。澳式站位是一种试图破坏接发球队员接发球节奏的站位方法。这一阵型对付攻击性较强，但线路单一的接发球，或接发球回球过网点较高的选手特别有效。这种前后站立且在同一边的站位最早在澳网中使用，因此称为澳式站位。

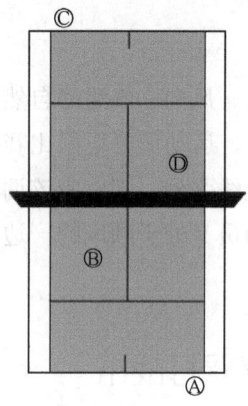 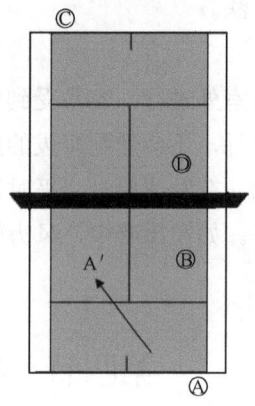

图 5-4-1　双打常规站位图　　　图 5-4-2　澳式站位图

2. 发球局的站位和战术

(1) 发球站位与发球落点的关系

双打比赛中发球的攻击力不仅表现在力量和速度上，准确、多变的落点再配合同伴在网前的抢攻会给本方带来极大的进攻优势。不管右区或左区站位，靠近底线中点发向发球区内角的球，使对方接发球打不出角度，如图 5-4-3 所示，给网前同伴的抢网创造条件。与此发球站位相反，越靠近底线两侧站，甚至靠近单打边线，越能将球发向外角。如果再加上些侧外旋，落点可以更斜，把对方拉出场外回击，使中间出现空当，如图 5-4-4 所示。

(2) 发球局的战术

1) 发球上网战术。用 80%的力量发出平击、侧旋及上旋等不同旋转的球，提高一发球命中率，不断变换发球落点，然后快速上网；第二发球也要利用旋转和落点的变化来为上网创造条件，上网后的中场第一拦网截击球要有深度或角度，如果出现高球，对方网前球员将会扑击抢网。

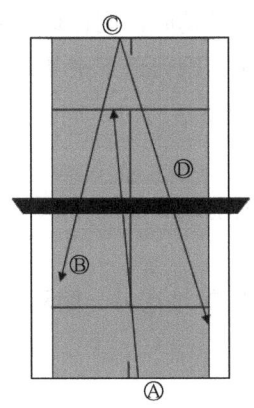 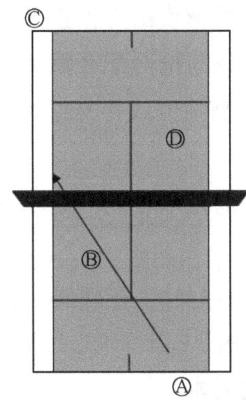

图 5-4-3　底线中点发球站位图　　图 5-4-4　底线两侧站位图

2）发球上网抢网战术。首先网前的伙伴可以在背后做手势，告诉发球员应发什么落点，抢与不抢。采取此战术可以干扰对方接发球，为发球上网网前得分及抢网得分创造条件。其次要强调发球员的发球质量、成功率和落点的变化。

3）澳大利亚网前战术。澳大利亚网前战术能破坏对方接发球的节奏，为发球上网后网前截击得分和抢网得分创造有利的条件。运用这一战术时，要求同伴给发球员手势，告诉发球的落点，抢与不抢。另外发球员的第一发球的命中率要高，这样战术才能得到充分的运用。

3. 接发球局的站位

双打比赛规则规定，接发球员的站位一旦确定，则在该盘中不得更换。因此双打比赛中接发球首先要确定谁站在右区接单数分的发球，谁站在左区接双数分的发球。怎样站位更有利己方，一般应考虑以下几个方面。

1）接发球方正手强者多站在右区接发球，反手强者则站在左区接发球。这样的站位更有利于大角度两侧来球的防范。而当中路来球时，一般以左侧站位的队员回击更有利，因为他是用正手击球的。

2）如果双打搭档正好是右手与左手握拍的配合，则可以考虑右手握拍者站在右区，左手握拍者站在左区接发球。中路来球两人都是反手，可事先商定主要由谁来回击中路来球。

3）左区的接发球分占据大多数的局点、盘点和赛点，这些都是非常重要的关键分，接发球的好坏直接关系到胜负，因此，左区的接发球员应该是技术全面、经验丰富、心理素质好的队员。

接发球方确定左右区的运动员后再选择站位，一般接发球局的站位有以下几种。

（1）双底线站位

接发球时，接发球员 C 站在一侧底线，同伴 D 站在另一侧底线。双底线战术一般在如下情况下使用。

1) 对方的第一发球攻击力很强，接发球员接球被动时，同伴退下来配合比较有利。

2) 发球方的发球与抢网配合默契，屡屡得手时，同伴退下来共同防守。

3) 对方采用同侧站位或特殊站位，接发球员很不适应时，同伴退下来也是一个较好的选择。

4) 本方队员网前技术较弱，难以招架对方的网前或底线的穿越。

（2）前后站位

接发球时，接发球员 C 在底线附近接球，同伴 D 站在另一侧网前准备，这是较为常见的接发球站位方法。

4．接发球局的战术

接发球局战术运用得成功与否，取决于接发球的质量。为了变被动为主动，接发球时不能只在底线被动挨打，而是要使用接发球争取主动进攻，积极上网。在运用接发球局战术时要根据对方发球及网前的攻势和己方接发球的质量而灵活机动，防止瞎打瞎冲。接发球局战术包括：接发球双上网战术和接发球网前抢网及接发球双底线等战术。

（1）接发球双上网战术

为了抢占网前有利位置，当发球方发球时，接发球员要判断准确，向前到底线里面去接球。然后随接发球上网。由于是向前迎击球，因此回接球的速度比较快，能给对方发球上网截击或抢网造成威胁。这对接发球员的要求比较高，要求接发球员判断好，移动动作小，并向前向下顶压击球，朝发球上网者脚底下或斜线双打边线内击球。

（2）接发球网前抢网战术

在高水平的双打比赛中，接发球抢网战术经常被运用。此战术的运用能使对方发球上网者增加中场截击球的心理负担而产生回球失误或回球质量不高。在运用此战术时，接发球员与同伴要密切配合，当接发球员接了一个球时，应立即移动抢网，给对方致命一击；而另一接发球员发现同伴抢网，也应立即补位，防止对方截击直线球。接发球同伴注意不要移动过早，以免被对方发现而击直线。

（3）接发球双底线战术

在双打比赛中，如对方发球很有威胁，网前又非常活跃，为了破坏对方快速进攻的节奏，可采用接发球双底线战术。由于两人都退至底线，使对方在网前截击产生一定的心理压力，不能马上得分。因此，对接发球员来说，首先应注意接发球的成功率，然后再寻找机会进行反击，破网要打得凶狠，以破中路和两边小斜角为主，并结合挑上旋高球。

二、提高双打水平的技巧

1．加强配合

每一分都要与搭档共同完成，并且争取为搭档制造机会球。在球场上你不是一个人，还有你的搭档。只有协调、浓缩成一体的双打最后才能赢得比赛。

2. 了解自己的搭档

和自己的搭档多在练习和比赛中磨合，多进行谈话，了解对方的比赛方式和性格特点，成为一个成功的组合。尽量多花一些时间去了解搭档，无论是在场内还是场外。

3. 鼓励你的搭档

永远不要对你的搭档大喊大叫，或者用类似这样的措词：把球打到界内好吗？在沟通时多用一些肯定和奖励的语言。搭档需要安慰和支持，而不是严厉的指责。去认同彼此的实力和弱点，用两个人的综合实力去比赛。

4. 利用并保护中路

成也中路球，败也中路球。运动员经常会在处理中路来球时出现一些问题。因此只要出现机会，不要犹豫，直接把球打向对手的结合部。同样，也尽量不要被对手打来的中路球得分。在场上要有保护中路的意识，预先决定谁去处理这些球。

5. 提高预判能力

双打比赛有些像下棋，要能够提前看出对手的意图，才可以尽早移动，在更合适的位置击球。很大程度上，在双打中想要发展预判能力，只能依靠多练习，增长经验，努力提高自己阅读比赛的能力。任何来球都是从对手击球一瞬间开始的，他们的击球位置、拍面角度都会影响来球的轨迹。

6. 与搭档一起移动

为了能够更有效地保护各条线路，避免给对手制造穿越或者简单制胜的机会（尤其是中路），你和你的搭档需要根据球来和谐一致地移动。例如，如果一个球向右边飞去，你们需要一起向右边移动，右边的人保护直线，而左边的人保护中路。

在任何时候，一对双打选手的保护区域只能覆盖场地的三分之二，剩下三分之一处于无保护状态的场地总会被对手攻击。所以必须一起移动，如一起向前或者向后。想象你们之间拴着一根绳子，不要让绳子断开。这样就不会让你与搭档离得太远。

7. 提高一发成功率

在双打比赛中，一发成功率越高，就越有机会让你和你的搭档进行攻击，同时也减少了对手攻击己方的机会。为了将一发进区，可以适当地减少球速。通常来讲，对手的正手都很猛，会想方设法对你的发球进行攻击。因此无论是一发还是二发，尽量多发向对手的反手。

8. 发球位置向边线靠一些

双打比赛需要站在更靠近边线的位置发球。这样可以让运动员有更好的机会封堵对手的斜线接发球。同时也削弱了对手打出小斜线的攻击性。另外，发球位置向边线靠可以减少将球发到搭档后脑勺上的风险。

9. 变换接发球方式

丰富运动员的接发球方式，让对手不断地猜测你会将球接向哪里，可以时而猛攻，时而平击，时而上旋。如果对方采取发球上网，把目标瞄向对手的脚下，这样迫使对手不得不从下向上打球，给了运动员或者搭档拍得分的机会。另外，试着将一些球挑过非发球方的头顶。一般而言，业余选手的高压球质量不会太高，因此可以用挑高球诱使对手失误，简单地获得一些分数。这个策略同时会让发球的选手有所顾忌，乖乖地待在底线。

10. 避免角度过大

任何事情都有两面性，尽量避免回球角度过大，因为这样可以让对手有太多的角度可以选择。

11. 变换接发球位置

在接发球的时候，不时地改变运动员的站位，让运动员在对手眼里总是不断地变化，让对手总在猜测，改变他们的节奏和注意力。可采取这个诀窍：开始先不要动，直到发球的人将球抛向空中后，迅速向中间移动（在平分区右手握拍的选手），或者向边线移动（在占先区右手握拍的选手），这样可以让你闪身用正手接球。

12. 控制住对方网前球员

如果网前球员（如发球方的搭档）抢网比较积极，运动可以用带有进攻性的直线或者追身球挑战对手。这样会让对手很别扭，打出的截击质量较差或者被迫失误，多打几次，对手下次在抢网时肯定会有所顾忌。

13. 让水平高的人站在左边

让运动员两个人中水平较好、有经验的一方站在占先区，以便更好地对付一些重要的、有压力的关键分。即使弱的一方是左撇子，这个方法同样适用。

第五节　网球竞技制胜规律和战术制订原则

一、制胜规律的含义

制胜规律是指在竞赛规则的限定内，教练员、运动员在竞赛中战胜对手、争取优异运动成绩所必须遵循的客观规律。制胜规律的组成包括两个方面：制胜因素和制胜因素之间的本质联系。制胜因素是竞争双方取胜于对手的要素，各制胜因素之间的本质联系是指这些要素之间的相互关系及其组合方式。

二、网球竞技制胜的因素和规律

1. 网球制胜因素

对专项运动成绩有决定性影响的因素称为制胜因素。这些因素是人们在对专项比赛的各种特性进行深入研究后归纳总结出来的。每个项目中，制胜因素都不是一个、两个，而是一个"群"。网球运动的制胜因素可概括为：快、准、变、全。"快"是指击球速度快、运动员脚下移动快、击球预判快；"准"是指击球落点准、预判准；"变"是指击球落点、线路、深度等变化；"全"是指技术全面，发球、接发球、底线等技术没有明显缺陷。"快、准、变、全"是网球制胜的一般规律，特定的时期与不同对手特点要求有不同的组合。网球制胜因素是发展变化的，人们要不断钻研，与时俱进，研究不同时期的制胜因素。

2. 网球竞技制胜规律

根据网球制胜的因素以及因素间相关联系可将网球竞技制胜规律归纳为以下几点。

1）大角度快速击球。当今网坛以底线击球为主，双方大部分时间在底线进行对抗周旋。双方通过大力击球、控制线路来调动对方，使对手在奔跑中回球质量差、失误或出现空档来获得分数。只有角度没有速度或只有速度没有角度的击球都不是最理想的击球。角度加速度成为最佳得分武器。

2）强劲的发球。发球是一项不受对手影响的技术，好的发球直接得分，差的发球容易使自己处于被动，因此发球的好坏直接影响比赛结果。男子网球表现更为突出。强劲的发球包括发球的速度、落点和旋转。运动员要根据战术需要选择合理的发球组合方式。例如，对方反手接发球弱，则在1区发内角，2区发外角；在对方习惯了内外角时，发追身球也是很好的选择。

3）扎实的底线技术。底线已成为当代网坛的必争之地。底线技术既是基础也是重点。比赛中底线多拍对攻是常事，运动员不仅要能够在底线进行防守，更要在底线进行进攻。大力底线抽球已成为运动员的训练重点。世界排名第1的德约科维奇扎实的底线技术是有目共睹的，扎实的底线技术为其网球事业的辉煌立下汗马功劳。

4）良好的心理、身体素质。网球运动是一项速度与耐力、有氧与无氧相结合的运动。它需要运动员有较好的身高、力量、速度、耐力、柔韧性和协调性。力量主要是专项力量，是运动员在进行发球和击球动作时，能够把身体力量变成使球迅速向前飞行的能力，主要是指爆发力；速度要求判断快、反应快、移动快和动作快；耐力是指持久作战能力，能在长时间的比赛中提供能量；柔韧性能防止运动员受伤，保护运动员，延长运动寿命。网球运动属隔网运动，是斗智斗勇的运动。两军相遇勇者胜，在网球比赛中不仅要勇还要有谋。谋是战术，战术的发挥需要良好的心理素质，要有必胜的信念。领先情况下不放松，能放开打，不缩手缩脚；落后情况下不气馁，敢打敢拼，不到最后一分决不放弃。

三、网球制胜规律与战术应用

战术是为赢得比赛而制定的策略，战术的制定要符合运动制胜规律。运动制胜规律随着时代的发展，在不断地变化和更新。网球运动制胜规律也不例外。

传统网球制胜以灵巧、变化为主，底线对攻打法和发球上网打法是两种主要战术风格，并强调发球上网的主动性是网球的发展趋势。科技的发展、球拍的变革，以及运动员身体在身高、速度、力量等方面的变化，导致现代网球制胜以力量、速度为主。运动员在底线能够击打不同的旋转、角度和高质量的击球，能够较轻松破网，这对传统的发球上网带来极大的冲击和限制。底线大力击球逐渐突显，发球上网悄然退出。现代底线打法与传统底线打法不同，现代底线打法更加注重大力发球和底线击球力量、线路变化使对方失误或创造进攻机会。因此，在战术制定和应用时，要充分掌握网球制胜规律，在训练和比赛中灵活使用。

1. 简述网球比赛的基本战略和制胜因素。
2. 简述网球比赛单打、双打的基本战术。
3. 观看一场比赛，分析获胜者所采取的战术战略。

第六章 网球比赛规则、裁判法则与竞赛组织工作

本章简介：本章内容分三个部分进行介绍，第一部分是网球运动的比赛规则，主要介绍网球场地、装备、单打和双打的具体规则等；第二部分是网球比赛的裁判法则，介绍网球比赛中裁判的分工和职责；第三部分是竞赛组织，阐述竞赛与活动的组织，并对竞赛规程的制订、编排方法、赛程表的制订进行详细的介绍。

第一节 网球比赛的常用规则

1. 单打规则

（1）场地

球场是一个长方形，长 23.77 米，宽 8.23 米。用球网将全场横隔为 2 个等区，球网悬挂在直径不超过 0.8 厘米的绳或钢丝绳上，球网两端悬挂在直径不超过 15 厘米的圆形网柱或边长不超过 15 厘米的正方形网柱顶上。网柱高不得超过网绳顶部 2.5 厘米。网柱中心距边线外沿 0.914 米。网柱高度应使网绳或钢丝绳的顶部距地面 1.07 米，如图 6-1-1 所示。

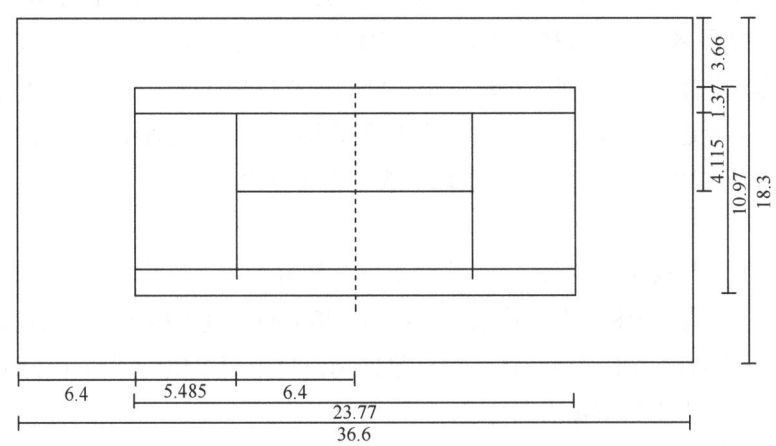

图 6-1-1 标准单双打网球场地图（单位：米）

球网应充分展开，完全填满两柱之空隙，网孔大小以不让球穿过为准。球网中央高 0.914 米，并用不超过 5 厘米宽的白色中心带绷紧，束于地面。网顶的绳或钢丝绳要用白色网边布包缝，每边宽不得少于 5 厘米，也不得多于 6.3 厘米。

球场两端的界线叫端线。球场两边的界线叫边线。在球网两侧 6.40 米（21 英尺）处的场内各画一条与球网平行的横线叫做发球线。连接两发球线的中点画一条与边线平行的线，线宽 5 厘米（2 英寸）叫做中线，中线与球网成"十"字形，将发球线与边线之间的地面分成 4 个相等的区域叫做发球区。在端线的中心，向场内画一条长 10 厘米（4 英寸）、宽 5 厘米（2 英寸）的垂直于端线的短线叫做中点。全场除端线可宽至 10 厘米（4 英寸）外，其他各线的宽度均不得超过 5 厘米（2 英寸），也不得少于 2.5 厘米（1 英寸）。全场各区的丈量，除中线外都从各线的外沿计算。所有的线应是同一颜色。

（2）球场固定物

球场固定物包括球网、网柱、单打支柱、绳或钢丝绳、中心带、网边白布，还包括球场周围的挡网、看台、固定的或可移动的座位或座椅及占有人；安置在场地周围上空的设备，以及在各自位置上的裁判员、辅助裁判员、脚误裁判员、司线员、拾球员等。

注：所谓"裁判员"包括裁判员和在球场上有权获得一席位的，以及被指定协助裁判员临场工作的所有人员。

（3）球

球为白色或黄色，外表毛质均匀，接缝处没有缝线。球的直径是 6.35～6.67 厘米、重量是 56.7～58.5 克。球的弹力为：从 2.54 米的高处自由落下时，能在混凝土地面上弹起 1.35～1.47 米；气温在 20℃时，如果在球上加压 8.165 千克，推进变形应大于 0.56 厘米、小于 0.74 厘米，复原变形应大于 0.89 厘米、小于 1.08 厘米。此两变形值为对球之三轴所施的各试验读数平均值，第二读数不得相差 0.08 厘米。

在海拔 1219 米以上的地方比赛时，可以使用另外两种球：第一种球落地后弹起的高度应大于 121.92 厘米、小于 135 厘米，其他规格同上所述，其球内压力应大于外界压力，这种球通常称为"有压球"；第二种球落地后弹起的高度应大于 135 厘米、小于 147 厘米，其他规格也同上所述，其球内压力几乎和外界压力相同，并且已置于特殊比赛的气压下 60 天或更长时间，这种球通常称为"零压球"或"无压球"。

（4）球拍

1) 球拍的击球面必须是平的，由弦线上下交替编织或连接组成，其组成格式应完全一致。每条弦线必须与拍框连接，特别是穿线后，其中心密度不能小于其他任何区域密度。

2) 弦线不应有附属物或突起物。如有附属物，只限用以限制或防止弦线的磨损、振动或分散重力，其大小和布置均应合理。

3) 拍框和拍柄的总长不得超过 81.28 厘米，总宽不得超过 31.75 厘米。拍框内沿总长不得超过 39.37 厘米，总宽不得超过 29.21 厘米。

4) 拍框包括拍柄，不应有附属物或设备。如有附属物或设备，只限用以限制或防止拍和拍柄的磨损、振动或分散重力。任何附属物或设备，其大小和布置必须合理。

5) 拍框包括拍柄和弦线，在每一分的比赛期间，不应有任何可使运动员实质上改变其球拍形状或改变其重力分配的设备。

(5) 场地和发球的选择

场地的选择和在第一局中成为发球员还是接球员的权利由掷币来决定。掷币获胜的一方可以选择或要求对方选择。如果比赛在开始前被推迟或暂停，掷币的结果仍然有效，但运动员可以重新选择发球或场地。

1) 选择发球或接发球者，应让对方选择场区。

2) 选择场区者，应让对方选择发球或接发球。

(6) 发球

发球员在发球前，应先站在端线后、中点和边线的假定延长线之间的区域内，然后用手将球向空中任何方向抛起，在球接触地面以前用球拍击球（仅能用一只手的运动员，可用球拍将球抛起），球拍与球接触，就算完成球的发送。

(7) 脚误

发球员在整个发球动作中：不得通过行走或跑动改变原站的位置，但发球员发球时两脚轻微移动而未变更原位，不算行走或跑动。

两脚只准站在端线后、中点和边线的假定延长线之间，不能触及其他区域。

(8) 发球员的位置

每局开始发球时，发球员应先从右区发球。得（失）一分后，应换到左区发球。这样每得（失）一分就轮流交换发球位置。如发球位置错误而未察觉，比分仍然有效；一旦察觉，应立即纠正，前面的比分仍然有效。

(9) 发球失误

发球时发生下列任何一种情况，均判失误。

1) 发球员违反上面规则（6）、（7）、（8）各项规定，都为失误。

2) 球抛出后挥拍击球但未击中球。

3) 发出的球，在落地前触及固定物（球网、中心带、网边白布除外）。

(10) 发球时间

发球员需待接球员准备好后才能发球。接球员做还击姿势就算已做准备；如接球员表示尚未准备，即使所发的球没有落到发球区内也不能要求判此球失误。

(11) 重发球

下列任何一种情况，应判发球无效，并重发球。

1) 合法的发球触及球网、中心带、网边白布后，仍落到对方发球区内，或发球触及球网、中心带、网边白布后，在落地前触及接球员身体或穿带物件。

2) 不论发出的球成功还是失败，接球员均未做准备。若重发球，则那次发球不予计算，但原先的第一次发球失误不予取消。

（12）交换场地

双方应在每盘的第1、3、5等单数局结束后，以及每盘结束后双方局数之和为单数时，交换场地。如一盘结束，双方局数之和为双数，则不交换场地，需等下一盘第一局结束后再进行交换。

如发生差错未按正常顺序交换场地，一经发现，应立即纠正场区，按原来顺序进行比赛。

（13）失分

发生下列任何一种情况，均判失分。

1）在球第二次着地前未能还击过网。

2）还击的球触及对方场区界线以外的地面、固定物或其他物件。

3）还击空中球失败（站在场外还击空中球失败也算失分）。

4）在比赛进行中，运动员故意用球拍拖带或接住球，或故意用球拍触球超过一次。

5）"活球"期间运动员的身体、球拍（不论是否握在手中）或穿戴的其他物件触及球网、网柱、单打支柱、绳或钢丝绳、中心带、网边白布或对方场区以内的地面。

6）来球尚未过网即在空中还击（过网击球）。

7）除握在手中（不论单手或双手）的球拍外，运动员的身体或穿戴的物件触球。

8）抛拍击球。

9）比赛进行中，运动员故意改变其球拍形状。

（14）有效还击

下列任何一种情况，都是有效还击。

1）球触球网、网柱、单打支柱、绳或钢丝绳、中心带或网边白布后，从网上越过落入对方场区内。

2）对方发出或还击的球，落到本方有效场区又反弹回去或被风吹回对方场区上空时，本方运动员挥拍过网击球，球落到对方场区内，其身体、衣服或球拍并未触及球网、网柱、单打支柱、绳或钢丝绳、中心带、网边白布或对方场区的地面。

3）球从网柱或单打支柱以外还击对方场区（不论还击的球是高还是低于球网或是触及网柱或单打支柱）。

4）合法击球后，球拍随球过网。

5）对方发出或击出的球，碰到本方场区的另一球，而还击的运动员仍然能够将球回到对方场区内。

6）还击的球，如果从单打支柱和双打网柱中间钢丝绳下穿过，并且没有触及钢丝绳、球网或双打网柱而落到有效场区以内，算有效还击。

（15）胜一局

运动员每胜一球得一分，胜第1分记分15，胜第2分记分30，胜第3分记分40，先得 4 分胜一局。但遇双方各得 3 分时，则为"平分"。"平分"后，一方先得一分时，为"该运动员占先"。"占先"后再得一分，才算胜一局；如一方"占先"后，对方又得一分，则仍为"平分"。依此类推，直到一方在"平分"后净胜两分结束该局。

注：现代业余网球比赛越来越多，出现比赛时间短、参与人数多的现象。为能使比赛顺利完成，赛事一般采取平分决胜制。即每一局当双方打到 40∶40 时，不论哪方先获得 1 分，先获得 1 分的队员获得这一局的胜利。当比分为 40∶40 时，接发球方有权选择接发球区。

（16）胜一盘

1）单打。

①一方先胜 6 局为胜一盘。但遇双方各得 5 局时，一方必须净胜 2 局才算胜一盘。

②决胜局计分制如下。

a．先得 7 分者为胜该局及该盘。若分数成 6 平时，比赛需延长到某方净胜两分时止。决胜局应全部采用数字计分制。

b．该轮及的发球员发第一分球，然后由对方发第二分及第三分球；此后轮流交替发球，每人连发两分球，直到决出该局与该盘的胜负为止。

c．该轮及的发球员在右区发第一分球后，即改由对方依次在左区和右区发第二、三分球；此后轮流交替发球，每人连发两分球，其中第一分球均应在左区发球。如果出现从错误的半区发球，在发觉前已得的分数均有效，但在发觉后应立即纠正错误的站位。

d．运动员应在每六分及决胜局结束时交换场地。

e．更换新球时，决胜局作为一局计算。如逢该局更换新球，应暂缓更换，待下一盘第二局开始时，再行更换。

2）双打。单打比赛的规定都适用于双打比赛。轮到发球的运动员发第一分球，此后发球次序仍按该盘比赛中原先的发球次序排定，每人轮流交替发两分球，直到决出该局与该盘的胜负为止。

（17）临场官员的任务

比赛时如设裁判员，裁判员的判定就是最后的判定。比赛大会设有裁判长时，如运动员对裁判员涉及有关规定问题的判定有异议，可提请裁判长解决，裁判长的判定就是最后的判定。

比赛中设有司线员、司网和脚误裁判员等辅助人员时，对于具体发生的事例，他们的判定就是最后的判定。如果裁判员认为是明显误判，他有权纠正辅助人员的判定或指令该分重赛。当辅助人员不能做出判定时，应立即向裁判员示意，由裁判员做出判定。如裁判员对于具体发生的事例不能做出判定时，可指令该分重赛。

在戴维斯杯和其他团体赛中，球场上的裁判长有权更改任何判决，他还可以指示裁判员判该分重赛。裁判长认为天色黑暗或因场地、气候条件不能继续比赛时，可令比赛停止。补赛时双方运动员原有比分和原站方位仍然有效；经裁判长与双方运动员一致同意后，也可重赛。

（18）连续比赛和休息时间

第 1 次发球开始，到全场结束，比赛应按下列规定连续进行。

1）如第 1 次发球是失误，发球员必须毫不延误地开始第 2 次发球。

接球员必须按发球员合理的速度进行比赛，当发球员准备发球时，接球员必须准备去接球。

交换场地时，从前一局结束至下一局第 1 分发球球拍击球时，最多有 1 分 30 秒的间歇。

当有外界干扰使比赛无法连续进行时，裁判员可酌情处理。

由国际网联承认的国际巡回比赛和团体赛的组织者，可以决定分与分之间允许间歇的时间，在任何时候，间歇的时间都不得超过 25 秒。

2）绝不应该为了使运动员能够恢复力量、呼吸或身体素质而暂停、延误或干扰比赛。虽然如此，但是如因事故而受伤，裁判员可允许一次暂停时间（3 分钟）。

由国际网联承认的国际巡回赛和团体赛的组织者，可以延长这一次暂停时间 3～5 分钟。

3）若某些情况非运动员所能控制，如运动员的服装、鞋或器材（不包括球拍），因料理不当而不能或难以继续比赛时，裁判员可暂停比赛，直到料理好。

4）当需要和适宜时，裁判员在任何时候都可以暂停或延缓比赛。

5）男子比赛在第 3 盘打完之后，女子比赛在第 2 盘打完之后，双方球员可以有不超过 10 分钟的休息时间。如果地处北纬 15 度及南纬 15 度之间的国家，则以不超过 45 分钟为限。此外，当出现球员无法控制的特殊情况时，裁判员有权暂停适当的时间。

6）如果比赛被暂停至第 2 天才能恢复，则在第 2 天打完第 3 盘之后（女子第 2 盘之后）才有休息权。第 1 天未打完的一盘作一盘计算。

7）如果在同一天内，比赛被暂停超过 10 分钟，在没有间断的情况下，要再连续打完 3 盘后（女子比赛打完 2 盘后）才有休息权。上一盘没有打完的一盘作一盘计算。任何国家和（或）委员会在组织锦标赛、一般比赛时，有权从竞赛规程中变更或取消这一条款，只要在比赛开始前宣布即可。但国际网球锦标赛（戴维斯杯赛和联合会杯赛）除外。

8）锦标赛的委员会有权决定给运动员做准备活动的时间，但不可超过 5 分钟，并且必须在比赛开始前宣布。

9）当使用批准的罚分制（指三级罚分制）和不积累的罚分制（指每次罚一分制）时，裁判员应在上述罚分制条款的范围内做出裁决。

10）根据运动员违反了比赛应连续进行的原则，裁判员在发出警告后，有权取消犯规运动员的比赛资格。

（19）更换新球

在网球比赛中，第一次换球在 7 局之后，以后每 9 局换一次球。假如在规定的局数以后应换新球，但在正确的次序未换新球，则此错误应等到该轮及发新球的运动员或在双打时该对运动员，在其下一轮发球局到来时予以纠正，更换新球。此后，应按原先规定的两次换球间的局数来更换新球。

2．双打规则

除以下各条规定外，单打规则均适用于双打。

（1）球场和球网

双打球场应为 10.97 米（36 英尺）宽，比单打球场每边多 1.37 米（4.5 英尺）。两发球线间的单打球场边线为发球区的边线，其余各项均和单打规则第（1）条相同。发球线与端线之间的单打边线，如认为需要，可以取消。

（2）发球次序

应在每盘开始之前，决定发球次序如下。

每盘第 1 局开始时，由发球方决定首先发球球员，对方则同样在第 2 局开始时决定首先发球球员。第 3 局由第 1 局发球方的另一球员发球。第 4 局由第 2 局发球方的另一球员发球。此盘以下各局均按此次序发球。

（3）接球次序

应在每盘开始之前，决定接发球次序如下。

先接球的一方，应在第 1 局开始时，决定何人先接发球，并在这盘单数局继续先接发球。对方应在第 2 局开始时，决定何人先接发球，并在这盘双数局继续先接发球。他们的同伴应在每局中轮流接发球。

接球次序错误，发觉后仍按已错误的次序进行，等到下一接发球局再行纠正。

（4）发球失误或得分

发出的球，如违反单打规则第（9）条规定，或触有同队队员或其穿戴的物件时，都算失误。发出的球，在着地前触及接球员的同伴或其穿戴的物件时，应判发球方得分。

（5）胜一局

每局比赛中，先得 4 分者赢得这局的胜利。即当比分为 40∶40 时，双方队员先得 1 分者赢得这一局。当 40∶40 时，接发球方可任意选择接发球员。

第二节　网球比赛的裁判法则

一、裁判长的分工职责

裁判长是一切正式网球比赛不可缺少的临场官员。裁判长是由主管该赛会的组织机构委派的全权代表，负责指挥整个大赛。比赛的级别不同，对裁判长资格的要求也不同。一般来讲，国际网联将裁判长分为两级：金牌裁判长和银牌裁判长。国际大型比赛要由金牌裁判长担任，而地区性或较低级别的国际比赛则由银牌裁判长担任。我国国内的网球比赛，必须由中国网协批准的国家级裁判员担任裁判长一职。国际比赛中，根据比赛级别的不同，有的只设一名裁判长，有的设一名监督和一名裁判长。目前我国国内的比赛仍按照一名裁判长和若干名副裁判长的模式设置。只有在全国网球巡回赛上，参照国际惯例，设监督和裁判长各一人。

国际网联的监督和裁判长应做到如下几个方面。

1）担任现场终审仲裁人员，对竞赛规则、竞赛准则、行为准则、网球规则及由此产生的一切问题，他都有解释权和处理权。

2）赛前安排必要的学习和实习，以便使全体裁判员能全面了解所适用的一切规则与程序。

3）指定裁判组长并保证其能正确地履行职责。

4）安排每场比赛的主裁和司线员。

5）当有必要改变比赛中的裁判工作时，他可撤换主裁，也可撤换和轮转司线、司网裁判。

6）保证每块场地、球网及网柱都能符合网球规则要求，并且每一块场都有以下设备。

①主裁椅。主裁椅的高度应在 1.82～2.44 米。主裁椅的中心点应距网柱 0.9 米。若使用麦克风，必须固定安装，不可手扶，并且要使用带开关的麦克风。裁判座椅及周围不得安装公共广播用的麦克风。

②司线椅。发球司线员和端线司线员的座椅，应安放在其对应线的靠近挡网处或离边线 3.7 米处，但座椅不可垫高放置。中线司线员和边线司线员的座椅，除另有安排外，应放在场地后面。当有阳光时，司线员不可正对阳光；当无阳光时，司线员的座椅应放在主裁对面。

③司网裁判座椅。司网裁判座椅应放在网柱边，并应尽可能地放在主裁对面。

④运动员座椅。运动员座椅应放在主裁椅两侧。

⑤场上用品。每场比赛均应供应运动员饮用水以及其他饮料，并备水杯、毛巾等。

⑥量具。应具备能测量网和单打支柱的尺。

⑦秒表、记分表等。每一场比赛的主裁应有一块秒表、国际网联记分表和铅笔。

7）保证赛场周围的挡网、广告牌和后面的墙壁不可以是白色、黄色或其他浅颜色，以免干扰运动员的视线。

8）在开赛前应决定并通知参赛者比赛的条件（如用何种网球、用球数、换球局数、地面情况、何种赛制、长盘或短盘和其他有关事项）。

9）在运动员休息地的显著位置设置布告栏，并通知所有的运动员。每日赛程表应尽快地张贴于此。

任何运动员都有权从监督和裁判长处获得每天的比赛安排。

10）在固定的地点安置赛会时钟，并通知所有的运动员其安置的地点。除另有规定外，手表、怀表等不能用作赛会时钟。

11）抽签前，应从竞赛委员会处得到"照顾对象"的名单，应与竞委会商讨以下事宜：①报名运动员的最后名单；②种子排位所需的排名表；③其他抽签需要的有关资料。

12）进行预选赛和正选赛抽签工作。

13）在监督和裁判长办公室及布告栏上张贴所有签列表（预选赛、正选赛、替换和幸运失败者表）。

14）以紧接前场的方式或限定开始时间的方式，安排每日比赛。

①在安排第1天的比赛前，裁判长可与前一周比赛的监督或裁判长联系，以便确定仍在他处比赛的运动员能否来参赛。在可能范围内，在不损害公平合理的赛程安排的条件下，裁判长在安排比赛时，对于有一定困难的运动员，可给予适当照顾。

②预选赛。单打预选赛应在正选赛开始前一天全部结束。除因天气或不可避免的因素干扰赛程外，预选赛中运动员每天最多能赛两场单打。若在一天内赛完一轮以上的预选赛，其比赛顺序应由上至下或由下至上地按比赛抽签表秩序进行。

③正选赛。除天气或不可抗拒的因素干扰赛程外，运动员每天只能安排一场单打和一场双打。除监督或裁判长另有安排外，应安排运动员进行单打后再进行双打。

15）当在沙地或其他松软地面上进行比赛时，应在赛前保证地面平整，场地线清楚。

16）决定场地是否适合比赛。

17）设置特定的地点，采用一切合理方式，按赛程要求通知运动员上场比赛。

凡经通知上场比赛的运动员均应准备上场比赛。在特殊情况下，由监督或裁判长决定何时通知运动员上场比赛，或裁定何时已经宣布过比赛。

18）决定某一场比赛是否更换场地进行。

若因气候恶劣或其他无法避免的因素导致正在进行的比赛中断或暂停，若有必要排除运动员一天赛两场单打的可能性，或考虑有必要结束比赛，监督或裁判长无需考虑场地的地面性质或类别，可将比赛移到室内或室外场地进行。

在任何其他情况下，比赛一旦正式开始，即第1分的第一发球已经发出，如未经双方同意，比赛不可更换场地进行，双方协商时不可进行干涉。

尽可能在进行中的该盘双数局赛完后或一盘结束后更换场地。

19）因天气原因，光线不足或其他原因等，由监督或裁判长决定何时停赛。若因天黑停赛，则应在进行中的该盘双数局赛完或整盘结束后停赛。

20）在比赛中，负责调查"违反行为准则"的事实，并给予适当的处罚。对违反行为准则严重的运动员，监督或裁判长可取消其比赛资格或罚款；对执法中有不良行为（如故意偏袒一方）的裁判员，监督或裁判长可撤换该裁判员。

21）在赛前与赛后，适当安排护送运动员进场和退场。

22）在比赛期间，如运动员对裁判员涉及有关规则问题的判定有异议，可提请裁判长解决，裁判长的判定是最后的判定。比赛期间，监督或裁判长应始终在场，但监督或裁判长不可上场担任主裁。

23）赛后，监督和裁判长最主要的两项工作：①向赛会主办单位写出书面总结；②给每位参加裁判工作的人员写出书面鉴定，并将此鉴定同总结一并上交主办单位。

二、裁判组长的分工职责

裁判组长应做到以下几点。

1）召集足够、合格的裁判员担任比赛的裁判工作。

2）组织裁判员进行必要的赛前训练，并复习网球规则、竞赛规程和行为准则。

3）准备一份比赛中所有的裁判员名单，并注明通讯地址、各自的裁判级别（国际网联批准的或国家网协批准的）。应将此名单复印后交监督或裁判长各一份。

4）制订每天裁判员上场顺序，所做安排需经监督或裁判长同意后方可实施。

5）赛前召开碰头会，介绍有关场次的安排和执法程序，如如何呼报、裁判手势要求、场地轮换安排等。

6）评估裁判员的工作表现。

7）在比赛进行中应随时在场。除监督或裁判长另有安排外，裁判组长不能担任主裁或司线员。

8）协助监督和裁判长履行他们的职责。

三、裁判员（主裁）的分工职责

主裁判必须做到如下几点。

1）熟悉网球规则、竞赛规程和行为准则中的所有内容。并应按国际网联"裁判员职责和程序"进行。在比赛中严格做到严肃、认真、公正、准确、作风正派、不徇私情、坚持原则。

2）按照监督和裁判长的要求着装。

3）在开赛前召集双方运动员。

① 介绍与运动员有关的情况。

② 在准备活动前，当双方运动员或队均在场时，主裁判抛掷挑边器，以选择发球权或场地。如在比赛开始前，准备活动期间被暂停，抛掷挑边器的结果仍然有效，但获优先权的运动员也可重新选择。

③ 决定运动员所穿的服装是否符合"行为准则"中关于服装条例的要求。更换服装的时间若超过 15 分钟，则取消其比赛资格。如在 15 分钟内返回场地可重新进行适当的准备活动。

4）开赛前，主裁应清楚监督或裁判长是否为运动员安排了运动员进、出场的护送人员（这一条是对国际大赛而言）。主裁应在运动员进场之前提前到场。

5）应备有秒表用来计时，包括准备活动、分与分之间 20 秒间歇、交换场地时的 90 秒以及规则条款中所规定的任何其他特定时间。

6）确保有足够的比赛用球及用过的旧球。

7）裁定比赛中一切"事实"问题（当没有司线员时，他应呼报出界球）。

8）确保双方运动员及所有临场裁判员能按规则行事。

9）当认为有必要改进裁判工作时，可撤换、轮转任一司线员、司网员和脚误裁判员。

10）主裁对比赛中出现的"规则"问题，可先做出裁决。但运动员对此有权向监督和裁判长提出申诉。

11）按照国际网联裁判员职责和程序，在每分结束后宣报比分。

12）当司线员或司网裁判员宣报不够响亮时，或当近线球需给予证实以消除运动员的疑虑时，主裁可重复宣报。

13）按照国际网联裁判员职责和程序的要求记录比赛记分表。

14）只有当司线员明显误判时，主裁方可改判，并且必须在司线员错判后立即改判。一切改判必须符合国际网联裁判员职责和程序的要求。

当运动员明显脚误，而司线员未判时，主裁应按照国际网联改判司线员明显误判的程序进行宣判。

15）负责检查沙土场地上的球印。除沙土球场外，其他场地均不可检查球印。

16）尽力维持赛场秩序。当观众有碍比赛进行时，主裁应婉言相劝，并请求合作。

17）比赛时，主裁应负责引导拾球员协助运动员，而不是干扰运动员。

18）确保比赛场地上有足够的比赛用球，负责换球，并决定比赛用球是否适用。每次换球前，应适当地预先开启球筒，并做充分的检查以避免因换球延误比赛。

19）决定场地能否继续使用。比赛中若主裁判认为条件的变化足以影响比赛继续进行时，或因雨或其他原因而迫使比赛暂停时，主裁应中断比赛，并报告裁判长。暂停比赛直至改期再赛期间，主裁自己与其他临场裁判人员应做好随时恢复比赛的准备。

如因天黑需停赛，应在进行中的该盘双数局赛完后，或整盘结束后方停赛。

当监督或裁判长同意暂停或改期比赛后，主裁应记录时间和分、局、盘等比分，以及发球员姓名、双方在场上的位置，并收集所有比赛用球。

20）熟悉网球方面的英语。

21）比赛后，主裁应向监督或裁判长全面汇报有关比赛中所执行"行为准则"的情况。

四、司线员的分工职责

司线员是大型网球比赛中不可或缺的看线裁判员。司线员的编制有 11 人制、7 人制、6 人制、5 人制等。司线员在场上的位置是固定不变的。边线和中线司线员应在端线后 6.40 米的地方就座或站立；端线和发球线司线员应在边线后 3.70 米的地方就座或站立。司线员的具体工作范围有以下几点。

1）按国际网联裁判员职责和程序履行职责。

2）与其他司线员一起身着比赛大会统一规定的司线员服装。司线员不可身穿影响运动员视力的白色、黄色或其他浅色服装。

3）每场赛前准时到场。

4）为争取最佳看线位置，必要时可离开座位。

5）只负责呼报自己所管辖的线，不可对他人的宣报发表意见。

6）当不能做出呼报时，应立即做未看见手势。

7）司线员呼报要及时、准确。在运动员发球失误时要喊 Fault（失误），在运动员往返击球中球出界要喊 Out（出界）。当司线员出现误判时，要立即更正错误呼报，呼报出 Correction（更正）。

8）当球确实触地时（成死球），方可呼报"出界"或"失误"。

9）司线员的手势要及时、准确、大方。呼报和手势的顺序是先呼报后做手势。手势是声音的补充，做手势时手心正对主裁。在呼报脚误（Foot Fault）时，手臂上举，手心朝前；当球落在线附近的界内时，司线员双手手背朝上，放在两腿之间。

10）当主裁判改判时，司线员应保持沉默。运动员的一切询问要交主裁处理。

11）端线、边线或发球中线的司线员负责呼报脚误。

12）当运动员违反行为准则而主裁未见时，司线员应立即向主裁报告。

13）不需要为运动员拾球或递毛巾。

14）不能为运动员鼓掌。

15）不能与观众交谈。

16）未经主裁允许不得离开场地。对主裁的改判，司线员只能服从，不得申辩。对于运动员的出言不逊，司线员不可回敬，但可报告主裁，请他做出处罚。

五、司网员及拾球员的分工职责

在网球比赛中，司网裁判员是一位坐在网柱旁的裁判人员。

司网裁判员的主要任务是：在运动员发球时，他手扶球网上缘，遇有擦网，立即呼报 Net（擦网），然后将手上举。

在比赛场内有跑动捡球、传球、递球的少年。在运动员击球时，他们或立或蹲，纹丝不动；当运动员喘息时，他们似离弦之箭，疾奔拾起地上的球等活动。这就是在比赛中直接为运动员服务的拾球员。

比赛设置拾球员的根本目的是保证比赛的继续进行。

拾球员的主要工作有如下几点。

1）当运动员击球（或发球）失误后，迅速捡起场上的球。

2）将球由接发球员一边的底线传给网前的捡球员，网前捡球员将球传给发球员底线的捡球员，发球员底线的拾球员再将球传给发球员。发球员拿到球后应迅速发球，不得延误。

3）主裁需要的东西，拾球员给递；主裁有指令，拾球员给传达，免去主裁上下裁判椅。

4）帮运动员拿毛巾、递水，运动员休息时，为运动员撑太阳伞。网前两名拾球员要在运动员眼前与运动员面对面地站立。

拾球员必须熟悉网球规则，知道双方选手何时交换发球，何时既交换场地又交换发球，何时只交换场地而不换发球（在平局决胜制时）。这样才能准确地将球递到发球员一边；另外，拾球员必须掌握传、递、接球的技巧，做到及时、准确，以保证比赛的连续进行；最后，拾球员应具备较成熟的思想意识，较健壮的体质，才能在赤日炎炎下与激烈的比赛中圆满地完成拾球员的工作任务。

六、裁判的记分方法

网球比赛中每盘、每局都需要裁判将比分记录下来，它的计分有规范的填写要求（图 6-2-1）。

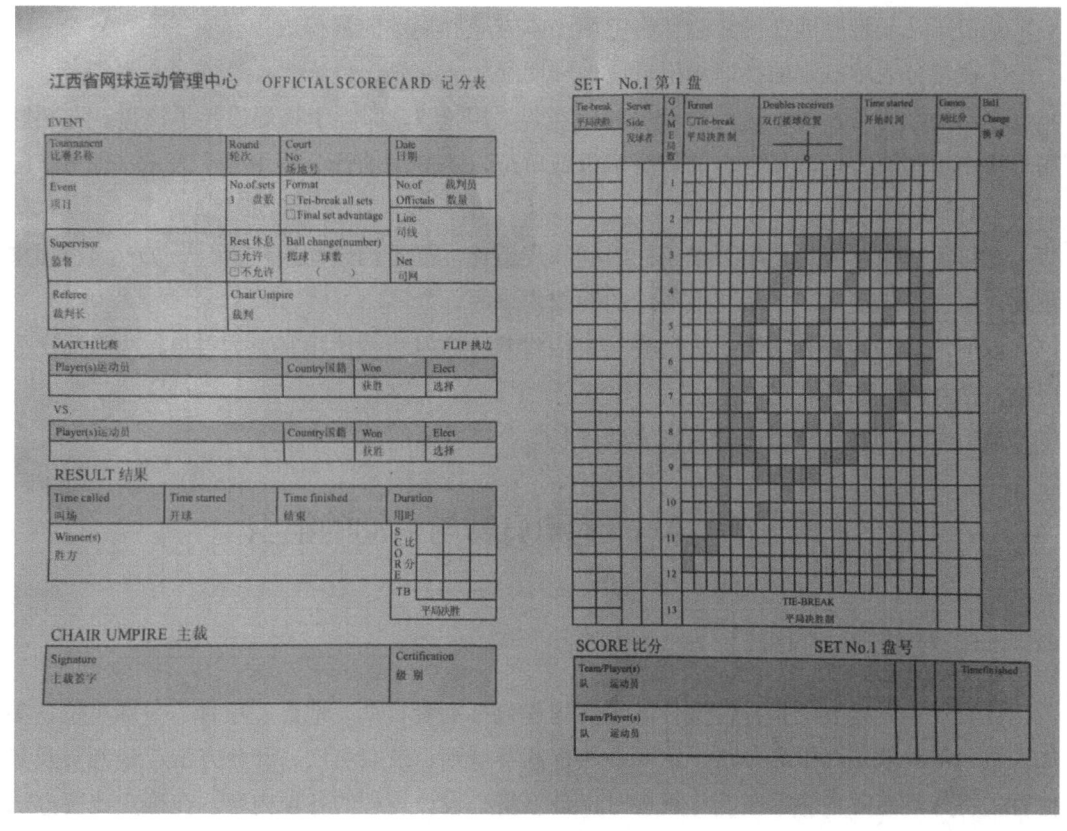

图 6-2-1 网球裁判计分表

1）记分表要填写清楚。首先将比赛项目、运动员姓名（包括单位）、场地号填写好。

2）在选择场地和首先发球权后，根据主裁判坐的位置，将首先发球的运动员姓名的首写字母填写在第 1 局空格中。第 2 局填写对方运动员姓名的首写字母，方位与第 1 局相同。第 3 局的方位改到另一面。第 4 局同第 3 局。依次类推，交替进行。根据这一规律，在比赛前可将第 1 盘各发球局运动员姓名的首写字母和所在的方位填于空格中。

3）在局数总计一格中可根据第 1 局运动员所在的方位，将双方运动员姓名的首写字母或单位填于空格中。

4）在第×盘中开始时间的格中填写本盘开始比赛的时间。

5）比分记在"Point"的下面方格内。上半部为发球方的得分，下半部为接球方的得分。每一分球后，用铅笔画一记号。目前我国使用的得分记号如下。

①得分划"/"。
②第一次发球失误，以发球方格内的下部中间划"·"
③发球直接得分并且对方未碰着球，在发球方方格内写"A"。
④发球双误在接球方格内写"D"。
⑤运动员违反守则在对方格内写"C"。
⑥在第几局谁胜即在局数总计格中填上本方获胜局数的累积数。
⑦在记分表中规定的换球局附近应做一明显标志，画一横线"—"或"△"等。
⑧当局数为 6-6 时即进行决胜局的比赛，采用抢 7，即胜了该局或胜了该盘。在决胜局一格中填写双方运动员姓名的首写字母或单位，决胜局的计分要用数字表示（即 0、1、2、3、4……）。
⑨每盘结束，应迅速填写结束的时间和局数比。局数比之间用破折号，如 6-4。如来不及，可在下一盘第 1 局后交换场地的间隙内填写。

以后每盘的计分方法同上。比赛结束应将获胜方及盘数比填写，如 2-0。决胜局比分应填入括号内，如 7-6（7-2）。

最后主裁判签字核对比分后送交裁判长。

第三节　网球运动竞赛与活动的组织

一、竞赛规程的制订

竞赛规程是比赛的指导性文件。竞赛规程包括竞赛日期、地点、项目、参赛单位、参加人数、年龄规定、报名办法、比赛办法、竞赛规则、录取名次、计分方法、裁判员及其他有关特殊规定等内容。在制订规程时，必须精心设计规程的各项内容。在确定比赛办法时，既要考虑比赛的日期要求，又要注意运动员竞赛负担重的规定。在安排比赛场次时，要考虑节假日的情况，尽量把半决赛和决赛安排在周六或周日进行。

二、比赛的常用编排方法

国际上的比赛除戴维斯杯和联合会杯赛分男子团体和女子团体以外，国际网球赛基本上是单项比赛，运动员多，场地少，但又需要在短时间内决出冠亚军，所以多采用单淘汰制。

1. 单淘汰制

（1）单淘汰制的特点

在比赛中失败一次即失去比赛资格的方法称为单淘汰。单淘汰比赛对参赛球员力争胜利起着积极促进作用。在比赛过程中，技、战术水平高的球员逐渐趋向集中，比赛逐渐形成高潮。这种方法可在参赛球员数多、场地少、时间短的情况下采用。缺点是有些球员参赛场次少，实践锻炼机会少，不利于互相学习。同时，单淘汰的偶然性也较大，名次评定难以完全公平合理。

（2）单淘汰制的抽签办法

1）当参加比赛的运动员人数是 2、4、8、16、32、64、128 等 2 的乘方时，采取累进的淘汰制进行比赛。若人数多于 128，则增加预选赛。

2）当参加比赛的运动员人数不是 2 的乘方时，第一轮将有"轮空"。其目的是使运动员在第 2 轮中形成一个"满档"，即 2 的乘方数，这样才能顺利前进，一直到最后两名运动员参加决赛。

3）轮空数的计算方法是：所选定的号码位置数减去参加比赛的运动员人数。例如，有 27 名运动员参赛，则选 32 个号码位置数，其中有 5 个号码是轮空的。与这个 5 个号码相遇的运动员，将直接参加第 2 轮比赛，然后他们和第 1 轮比赛的 11 个优胜者形成 2 的乘方数（16）。

4）"轮空"位先从两端开始，然后移向中间。第 1 个轮空先从下端开始，第 2 个"轮空"从上端开始，依此类推，交替进行下去。如果有 27 名运动员比赛，就需要在 31、2、29、4、27 号位上安置"轮空"。这是中国网球协会国际网联批准的在任何地区、区域或国家的锦标赛分配"轮空"的正式分配办法。

（3）种子选手的确定与排列

1）根据中国网协比赛规程的规定，确定种子应依据前一年同一比赛的名次。在被批准的比赛中，每 4~8 人有一个种子，但种子最多不得超过 16 人。如果种子选手不够，则有多少算多少，其他人由抽签来决定其位置。双打时如非原配对，则不得当种子，除非另有明确标准。

2）除 1、2 号种子外，其他种子的位置凭抽签来决定。1 号种子安置在最上端，2 号种子安置在最下端，如果抽签决定 3 号种子在上半区，那么 4 号种子的位置就应放在下半区，若 3 号抽在下半区，则 4 号应抽入上半区。其余种子的位置，也应根据这一原则分别抽签。

3）国家的、地区的和区域性的锦标赛，其种子与"轮空"的分配，均应按上述规定进行。

4）种子的号码位置与抽签：16 名运动员抽签，有两名种子时，1 号种子安置在 1 号位上，2 号安置在 16 号位上。

5）32 名运动员抽签，有 4 名种子时，1 号种子在 1 号位，2 号种子在 32 号位；3、4 号种子抽签决定第 9 和 24 号位子。

6) 64 名运动员抽签，有 8 名种子时，1、2 号种子安置在第 1 和 64 号位置上，3、4 号种子抽签决定安置在第 17 与 48 号位上；5、6、7、8 号种子抽签决定在 9、56、25 与 40 号位上。

7) 128 名运动员抽签，有 16 名种子时（用 64 号位抽签表两份，一份在上，另一份在下，以 U 代表上表，L 代表下表），1、2 号种子安置在 U-1 与 L-64（或 128）号位上；3、4 号种子抽签决定在 U-33 与 L-32（或 96）号位上；5、6、7、8 号种子抽签决定在 U-17、L-48（或 112）、U-49、L-16（或 80）号位上；9、10、11、12、13、14、15、16 号种子抽签决定在 U-9、L-56（或 120）、U-25、L-40（或 104）、U-41、L-24（或 88）、U-57 和 L-8（或 72）号位上。如果在第 2 张表上重新编号，括弧里的数字可使用 65～128。

8) 非种子的号码位置与抽签：抽签应先抽种子，后抽签非种子，一旦将种子填写在位置上，并注明哪些号码位置代表轮空时，即可进行非种子抽签。此时，可将所有剩余的运动员姓名，凭抽签的顺序，经抽签后填入剩下来的未经占据的号位上。

9) 当采取上述抽签程序后，出现同一个队的运动员，同一地区的运动员，或同一外国队的运动员或同一国家的运动员被抽入同 1/4 区时，竞赛委员会有权决定，将同队第 2 名运动员安置在下一个 1/4 区的相同的有关位置上。

案例：现有 28 名运动员参赛，其中 4 名种子，如采用单淘汰进行比赛则有 32 个签位，4 个号码轮空。4 名种子的位置为 1 号种子在 1 号位，2 号种子在 32 号位，3、4 号种子抽签决定 9 和 24 号位。4 个轮空号为 31、2、29、4 号位。其他运动则抽签确定位置，对阵图如图 6-3-1 所示。

2. 其他的编排方法

（1）循环制

1) 循环制的特点。

循环制可分为单循环、双循环和分组循环三种。单循环就是所有参加比赛的运动员，在比赛中都要相遇一次，最后按各运动员在单循环赛中的全部成绩排定名次。双循环就是所有参加的运动员在比赛中都要相遇两次，即进行两次单循环，最后按各运动员在双循环赛中全部比赛成绩排定名次。分组循环就是将参加的运动员分成若干个小组，各组先进行单循环，排出小组名次后，再按竞赛规程规定的方法进行第二阶段的比赛，最后排定名次。

循环制的特点是参加各球员相遇的机会多，有利于互相学习，共同提高技术水平。由于各运动员比赛总场数相对较多，因此名次的排定较客观，较能反映各球员真实的技、战术水平。当参赛的人数较多而又受时间限制时采用分组循环的方式进行比赛；参赛人数不多而时间又允许时则可采用双循环或单循环的方法进行比赛。

2) 循环制的编排方法。

①单循环制。若报名人数较少，场地较多，比赛日期较长，各队（人）均要求和其他队（人）进行比赛，这样可以多打几场，以丰富比赛经验。各运动员普遍把出场一次称为"一轮"，循环赛每轮比赛场数是相等的。

图 6-3-1　28 名运动员单淘汰对阵图

a．轮数和比赛场数的计算。

轮数计算：队（人）数为双数时，轮数等于队数减 1。队（人）数为单数时，轮数等于队数。

比赛场数计算：

$$比赛场数 = \frac{N(N-1)}{2}　（N 代表队数或人数）$$

计算轮数和比赛场数的意义在于它使比赛组织者能够在筹备比赛时，根据场地数量，再计算出比赛轮数和场数，就可以估算出比赛需要多少天打完，以及需要多少裁判人员。

b．比赛顺序的确定方法。

一般采用逆时针轮转法。该轮转方法是先将 1 号位置固定不动，第一轮次序是将比赛队数的前一半号码依次写出,排在左侧,再将后一半号码,从下向上依次写出排在右侧,并用横线连起来即可。第二轮次序的轮转方法是 1 号固定不动,其他号码按逆时针方向轮换一个位置,即可排出。第三轮次序按第二轮次序的位置,逆时针轮换一次,依此类推可排出其他各轮比赛秩序。

例如,有 6 个队(人)参加比赛,比赛顺序如表 6-3-1 所示。

表 6-3-1　6 队(人)比赛顺序

第一轮	第二轮	第三轮	第四轮	第五轮
1-6	1-5	1-4	1-3	1-2
2-5	6-4	5-3	4-2	3-6
3-4	2-3	6-2	5-6	4-5

如果是 5 个队参加比赛,还用表 6-3-1,只需将 6 号换成轮空。

如进行团体赛,可由两场单打、一场双打组成,采用三场两胜制;或可由四场单打,一场双打组成、采用五场三胜制。每场可采用三盘两胜或五盘三胜制。

c. 决定名次方法。

单循环制按获胜场数多少决定名次,如胜场相等,则按净胜盘数;若仍相等,则按净胜局数;再相等,则按净胜分数决定名次,如表 6-3-2 所示。A、B、C、D、E 净胜场次都是 2 场,暂时不能确定名次,则按净胜盘。A 净胜盘为 0,B 净胜盘为-1,C 净胜盘为 0,D 净胜盘为 1,E 净胜盘为 0,因此,可确定 D 为第 1 名,B 为第 5 名。A、C、E 净胜盘都为 0,不能确定名次,则按净胜局。A 净胜局为-4,C 净胜局为-5,E 净胜局为 1,因此,E 为第 2 名,A 为 3 名,C 为第 4 名。

表 6-3-2　单循环赛比赛结果与名次表

队员	A	B	C	D	E	胜次	净胜盘	净胜局	名次
A		2:0 6-4 6-3	2:1 6-7 7-5 7-6	0:2 3-6 2-6	1:2 6-4 5-7 2-6	2	0	-4	3
B	0:2 4-6 3-6		2:1 6-2 4-6 7-5	2:0 6-4 7-6	0:2 3-6 5-7	2	-1		5
C	1:2 7-6 5-7 6-7	1:2 2-6 6-4 5-7		2:1 7-5 3-6 7-6	2:1 6-4 3-6 7-5	2	0	-5	4
D	2:0 6-3 6-2	0:2 4-6 6-7	1:2 5-7 6-3 6-7		2:0 6-1 6-4	2	1		1
E	2:1 4-6 7-5 6-2	2:0 6-3 7-5	1:2 4-6 6-3 5-7	0:2 1-6 4-6		2	0	1	2

②分组循环制。

分组循环的特点在于它既保留了循环制中各队相遇机会较多的优点，又可缩短比赛时间。但因其只能确定出各队分组赛中的名次，所以一般在非单一循环复合赛及混合制复合赛中采用。

分组循环比赛时，为了使分组比较合理，能反映出比赛的实际水平，一般采用种子队或蛇行排列分组办法。如有同一地区或同一单位两队以上参加，应分别排进各组。

（2）混合制

混合制是在一次竞赛中分为两个阶段进行，前一阶段采用循环制，后一阶段采用淘汰制；或先采用淘汰制，后采用循环制。较为常用的是先循环后淘汰的混合制。混合制竞赛中进行淘汰赛的一般方法有两种：交叉赛和同名次赛。

混合制综合了循环与淘汰的优点，弥补了两者的不足，较全面地兼顾了竞赛各方面的要求。它有利于参赛队的相互学习和交流，激励运动员的比赛热情，最大限度地减少比赛胜负的偶然性，因而使比赛名次的产生较为合理、客观。同时，随着比赛进程的推进，比赛逐渐进入高潮，精彩激烈。

同名次赛也可分两阶段进行。第一阶段可分成 A、B 两组进行单循环赛，排出各组名次，第二阶段淘汰赛时，两组的第一名比赛决出第一、二名，两组的第二名比赛决出第三、四名，依次类推。

三、赛程表的制订

抽签完成后，要具体安排出整个比赛每一天的比赛场次、时间和场地等。在制定赛程表时，应考虑运动员的负担量及先单打后双打的原则。在头几轮的比赛中，应采用紧跟前场的方法安排比赛秩序。即一个场地上几场比赛，只限定第一场的开赛时间，而不写明以下各场的开赛时间。这种安排能保证场地和比赛时间得到充分利用，使比赛连续进行。在半决赛和决赛时，可采用限定开始比赛时间的方法进行安排，这样既有利于运动员的充分休息，又能为观众提供较准确的比赛时间和电视转播，有利于观众有选择地观看比赛。表6-3-3 为 2015 年上海劳力士大师赛赛程表。

表 6-3-3　上海劳力士大师赛赛程表

日期	轮次	场地	时间	中央球场	2号馆	其他球场
10.10（周六）	资格赛	1	/	/	12:00pm	12:00pm
		2			紧接上一场	紧接上一场
		3			紧接上一场	紧接上一场
		4			/	/
10.11（周日）	资格赛/男单第一轮	1	12:00pm	男单比赛	12:00pm	12:00pm
		2	紧接上一场	男单比赛	紧接上一场	紧接上一场
		3	紧接上一场	男单比赛	紧接上一场	紧接上一场
		4	紧接上一场	男单比赛	/	/
10.12（周一）	男单第一轮	1	1:30pm	男单比赛	1:30pm	1:30pm
		2	紧接上一场	男单比赛	紧接上一场	紧接上一场
		3	不早于 6:00pm	男单比赛	紧接上一场	紧接上一场
		4	不早于 8:00pm	男单比赛	不早于 6pm	紧接上一场

续表

日期	轮次	场地	时间	中央球场	2号馆	其他球场
10.13（周二）	男单第一轮	1	1:30pm	男单比赛	1:30pm	1:30pm
		2	紧接上一场	男单比赛	紧接上一场	紧接上一场
		3	不早于6:00pm	男单比赛	紧接上一场	紧接上一场
		4	不早于8:00pm	男单比赛	不早于6:00pm	紧接上一场
10.14（周三）	男单第二轮	1	1:30pm	男单比赛	1:30pm	紧接上一场
		2	紧接上一场	男单比赛	紧接上一场	紧接上一场
		3	不早于6:00pm	男单比赛	紧接上一场	紧接上一场
		4	不早于8:00pm	男单比赛	不早于6:00pm	紧接上一场
10.15（周四）	1/8决赛	1	1:30pm	男单比赛	1:30pm	1:30pm
		2	紧接上一场	男单比赛	紧接上一场	紧接上一场
		3	不早于6:00pm	男单比赛	紧接上一场	紧接上一场
		4	不早于8:00pm	男单比赛	不早于6:00pm	
10.16（周五）	1/4决赛	1	1:30pm	男单比赛	1:30pm(第1场男双半决赛)	
		2	紧接上一场	男单比赛		
		3	不早于6:00pm	男单比赛		
		4	不早于8:00pm	男单比赛		
10.17（周六）	半决赛	1	1:30pm	第2场男双半决赛		
		2	4:30pm	第1场男单半决赛		
		3	8:00pm	第2场男单半决赛		
10.18（周日）	决赛	1	1:30pm	男双决赛		
		2	4:30pm	男单决赛		

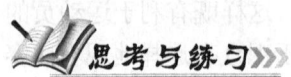
思考与练习

1. 试述单、双打场地的规格并画出。
2. 网球裁判是如何进行分工的？他们各自的职责是什么？
3. 国际网球比赛一般采用哪些编排方法？
4. 单淘汰制的特点是什么？选手是如何进行抽签的？
5. 组织策划一场网球比赛，做多场网球比赛的主裁。

第七章 网球运动损伤的预防与营养恢复

本章简介：本章介绍竞技网球运动中产生创伤的原因及其预防措施，并进行分类指导。同时从理论层面和实际操作状况，有针对性地对网球运动员的营养和恢复列出指导性的知识。

运动损伤是指在体育运动过程中所发生的各种损伤。对运动损伤的预防看似是个复杂的问题，但归结成一点就是"责任感"的问题。增强教练员、运动员、管理人员和医务人员的责任感，将极大有助于预防损伤。教练员在防止运动员受伤这一方面能起到重要的作用，这也是教练员的责任。

第一节 竞技网球运动中产生损伤的原因

一、竞技网球运动中产生损伤的原因

网球运动中损伤的主要起因可归纳为以下几个方面。

1）不合理的设施和器材。例如，球拍太重，这可能容易产生不适，造成网球肘；球鞋太紧，易引起脚上起泡；场地太滑，非常有可能造成踝关节的扭伤等。

2）不合理的技术动作。

3）体质差。"练好了身体再打网球，而不要利用打网球去练好身体"。良好的身体素质将极大地减少受伤的机会。至少应让所有的运动员在一场比赛或一节训练课的前后做伸展运动。

4）力求完美，超越人体极限。不论身体素质如何，总会出现伤情。即使像阿加西和格拉芙这样的顶尖高手，也会因超越他们的身体极限去救一个难救的球而受伤。

二、网球损伤的部位

优秀选手中多数网球损伤出现在下肢，而在水平较低的网球选手中，网球损伤更多地出现在上肢（肩部和肘部）。具体见表 7-1-1～表 7-1-9 的分析。

表 7-1-1 网球损伤的部位统计

类别	上肢	躯干	下肢	其他部位
具体分布	肩部 10%	背部和腹部 20%	脚 12%	（大腿、髋部、头部、眼）13%
	肘部 12%		踝关节 8%	
	腕部 5%		小腿 5%	
			膝 15%	
合计	27%	20%	40%	13%

三、典型的网球损伤（表7-1-2～表7-1-9）

表 7-1-2 脚伤的一般特征、起因及防治

损伤	一般特征	起因	防治
皮肤问题	水泡、鸡眼	不适合于场地地面的球鞋	传统的护脚法
脚底筋膜炎	脚底组织的炎症	截击过程中重复的蹬地动作	难以医治；可能与脚后跟骨的骨刺有关
趾骨痛症	当脚触地时，趾骨头上部疼痛	脚后跟的力量不足；弯腰动作不正确；小腿肌肉僵硬；压迫脚底的神经瘤(增厚的神经)	它可能需要做外科手术或矫形外科手术

表 7-1-3 踝伤的一般特征、起因及防治

损伤	一般特征	起因	防治
扭伤	1/3 的急性网球损伤是踝关节扭伤；踝关节内翻是网球运动中较常见的现象	不适合于场地地面的球鞋；急速变向；湿的场地；场地上有水迹；疲劳和双腿协调失去节奏；在硬地上比赛	保证球鞋合脚，不要买减价出售的，也不要附着摩擦力太大的；坚硬的鞋帮后跟有帮助；用绷带缠住踝关节，并带着绷带活动以增强踝关节外侧肌肉和肌腱的力量；良好的心血管功能和综合的肌肉力量
慢性跟腱炎	遍及跟腱周围的结缔组织的慢性炎症	发球动作；频繁地改变方向；硬地；在年龄较大的运动员中更常见；跟腱过早地退化；痛感随着活动而增强，休息时缓解	X 光检查以确诊是否发生骨折；伸展练习，加强小腿和跟腱的力量；25%的情况需做外科手术
跟腱断裂	跟腱出现断裂	在 35 岁以上的年龄段最常见	需进行外科手术修复

表 7-1-4 小腿损伤的一般特征、起因及防治

损伤	一般特征	起因	防治
网球腿	小腿的内侧肌腱断裂	在中年选手中更常见；力量和柔软性的减退；直腿(伸膝)的重复负荷	休息
疲劳骨折	胫骨的细微裂开	训练或比赛的负荷量增加或改变	休息至腿部无痛感为止
胫骨	胫骨前肌的疼痛和不适	活动过量的损伤；靠近胫骨的肌肉群肿胀；胫骨发炎；在硬地上重复地跑动；足背屈肌(屈曲踝关节的肌肉)运动过量；球鞋不好；训练过度	停止活动；根据痛感逐步恢复比赛；学习专门的动作以提高相关肌肉的柔软性和力量；保持身体素质(跳绳训练)；医生检查

表 7-1-5 髌骨和膝关节损伤的一般特征、起因及防治

损伤	一般特征	起因	防治
胫骨结节骨软骨炎	导致膝关节扭曲	膝关节肿胀,膝部内侧半月板脆弱	可能要做外科手术; 理疗
髌骨半脱位(局部脱位)	膝关节滑囊炎症	膝盖骨正面的滑囊最常出现炎症	请足病专家诊断
滑囊炎	膝痛	下楼加重	伸展并增强大腿肌腱和股四头肌的力量
髌骨软骨软化症	负荷过大致伤	弹跳或屈膝过多导致疲劳型组织轻微撕裂	伸展髋关节肌肉和韧带
髌骨肌腱炎或"跳跃膝"	动作重复过多致伤	网球中的剧烈运动引起的疲劳; 疲劳和运动过量; 在硬地比赛; 身材高大; 四头肌结构变形	反手击球时,鼓励运动员用一只脚直接向前跨步迎击来球,而不是将这只脚跨向一侧
半月板损伤	超负荷损伤	年龄超过 45 岁时,半月板撕裂更为常见。 部分软骨分离。 内侧肌腱扭伤	检查关节。 休息和理疗

表 7-1-6 躯干和背部损伤的一般特征、起因及防治

损伤	一般特征	起因	防治
肌肉拉伤	所有击球动作都使背肌处于损伤的危险	过度伸展动作与转体的结合; 准备活动不合理; 缺乏全面的身体素质或缺乏适当的恢复; 受伤后过早地恢复全面训练; 肌腱的柔韧性差; 疲劳、技术差; 弯腰发球或屈膝接短球时背肌受压; 腹肌力量(较大)和髋部伸展力量(较小)之间失衡	强调每种击球动作使用合理的技术; 强调准备活动和整理活动的重要性; 提醒运动员换上一件干衣来保暖; 长时间乘车或坐飞机后,让运动员在打网球前抽时间做伸展活动; 对于正处于快速发育期的运动员应强调多做伸展运动; 确保运动员坚持背肌力量训练; 在练习发上旋球以前,让运动员完成髋部和腹部力量及柔软性的训练; 告诉运动员发球时不要过分弯腰,应屈膝和转肩

表 7-1-7　肩伤的一般特征、起因及防治

损伤	一般特征	起因	防治
肩带肌肉损伤	控制转肩的肌肉断裂； 运动过量的损伤	肩带肌腱是最容易损伤的部位； 发球和头顶高压球动作产生的力量； 发球时球抛出的位置不正确(太靠近头部或抛在头的上方)； 击球动作过猛时技术上出现错误； 容易引起神经刺激综合征； 肩带肌损伤更常见于男性，因为他们的肩关节周围的柔软性较差	伸展和增强肩关节周围肌肉的力量； 牵拉和增强肱二头肌和肱三头肌的力量； 教运动员发球时使用协调链中人体主要部位(腿部、髋部、躯干)的力量； 认真对待肩痛，如果肩有伤痛，停止打球并休息； 确信运动员发球时已做了充分的准备活动； 遇寒冷、潮湿和大风天气时，如果运动员必须打球，确保运动员穿暖，及时擦去汗水
肩撞击综合征	肩袖肌腱或滑囊之间的挤压	重复的头上动作； 发球时上抛的球太靠近头部或抛在头部上方	不要连续长时间地用最大的强度练习发球； 理疗

表 7-1-8　肘伤的一般特征、起因及防治

损伤	一般特征	起因	防治
网球肘(肱骨外上髁炎)	在中等水平的运动员中更常见	腕部和指伸肌肌腱在肱骨外上髁引发的慢性劳损； 击球动作太晚； 反手击球时伸肘； 拍把太细； 握拍太紧； 球拍太重	教运动员协调地使用身体的主要部位(腿部、髋部、躯干)发力； 有效地运用重心的转移； 不要紧握球拍时间过长； 牵拉腕屈肌和增强腕屈肌的力量
肱骨内外髁炎	高尔夫肘	超量负荷； 多次重复动作； 发球和正手击球技术差； 击上旋球动作过大	拍弦不要太紧

表 7-1-9　腕和手的损伤的一般特征、起因及防治

损伤	一般特征	起因	防治
腕伸肌和腕屈肌腱鞘炎	运动过量(由于重复活动引起的重复扭伤)	正手击球和发球时的握拍和技术(屈肌肌腱炎)； 反手击球(伸肌肌腱炎)； 握拍过紧	确定引起痛感的精确位置和活动的类型； 比赛前后做好充分的伸展活动； 冰敷处理；夹板固定； 使用消炎药物
骨折或脱位	急性外伤	拍弦磅数的改变； 随意增加打球的时间； 击球技术的失误； 跌倒或直接撞击所致； 产生严重的痛感和肿胀，伴随明显的变形	有时可能要做外科手术； 找医生诊断进行 X 光检查； 一般性骨折和脱位通常只需夹板或石膏固定 3 周后，运动员便可逐渐恢复比赛

四、其他运动损伤

1. 中暑（热损伤）

中暑是由于不合理的水合作用引起的。有时它可能成为终身的威胁，但是能够预防。热射病的症状如下。

1）大汗淋漓、发冷和头部阵痛。
2）恶心、高烧和心率加快。
3）精神错乱和（或）失去知觉。

2. 起泡

起泡可能影响运动员的发挥。它们通常发生在以下部位。

1）手上：常常因为使用新球拍或新缠把的球拍。
2）脚上：新鞋或环境潮热引起。

3. 痉挛

痉挛是骨骼肌暂时发生强直性收缩的一种机能障碍。它严重时可能使肌肉暂时失去机能。产生痉挛的原因有以下几种。

1）遗传：一些运动员反复在同一肌肉群发生痉挛。这些人一般来说肌肉发达，这似乎说明，遗传在这一现象中起了作用。
2）疲劳：在肌肉反复活动后发生痉挛，肌肉疲劳产生的原因可能是重复的肌肉活动导致肌肉电解质和能源物质的耗竭。
3）直接的击伤或创伤：已经经受了剧烈运动的肌肉损伤后常常出现痉挛。
4）炎热的气候：最常见的各种痉挛要数热痉挛。当在炎热的气候条件下比赛时，人体使用其主要的热控（排汗）机制，其结果是水分丢失以及电解质失衡。

4. 擦伤

擦伤的处理方法如下。

1）用流水加肥皂或消毒纱布彻底清洗以清除破损皮肤上的脏物。
2）如果擦伤处渗出液体，用专用的消毒药敷盖，使之不与擦伤面粘连。
3）如果擦伤处不渗出液体，让它外露，伤口会很快结疤。

5. 击伤

击伤的治疗方法如下。

1）直接按住伤口，压住伤口的边缘止血。
2）用流水和消炎药粉或消炎溶液清洗伤口。
3）切勿使用乳剂。
4）在伤口上抹上敷药。
5）有些击伤需要医务处理。
6）如果皮肤已经破裂，可能发生破伤风。从事体育的每一个人都应该接受医生的定期检查，确保他们具有最新的破伤风免疫力。

6. 眼伤

球击中眼窝造成的损伤可能产生严重的后果。每当发生这种情况时，应立即进行医治，因为整个内伤的程度最初可能并不明显。

五、防晒及其他

太阳光虽然是生命的不可缺少之物，但是它又存在着危险的辐射，因为它会释放致命的紫外线。这是一种电磁辐射的形态，阳光通过它照射到地球。

1．紫外线辐射种类

1）紫外线 A：这种紫外线的强度全年保持不变。它很可能引发灼伤、过早衰老、起皱纹和某种皮肤癌。

2）紫外线 B：夏季的强度增加。它最常引起晒斑，容易引起过早衰老和皮肤癌。

3）紫外线 C：这是所有紫外线中最致命的一种，通常它会被臭氧层过滤，但是由于臭氧层受到破坏，它正成为非常重要的问题。

2．防晒措施

1）经常选择能防止紫外线 A 和紫外线 B 辐射的用品。

2）检查运动员是否涂上防晒霜。

3）为健忘的队员准备一筒防晒霜备用。

4）为运动员准备唇膏。

5）使用防晒霜时，防晒霜的防晒指数越高，防晒效果越好。

6）外出前大约 30 分钟抹上大量的防晒霜，使它有时间"粘牢"在皮肤上。

7）一般抹两次，或你感觉需要时就抹一抹防晒霜。

8）没有任何防晒霜能起到 100%的保护作用，即使防晒指数为 50 的防晒霜也会使一定量的紫外线 A 透过。

9）当运动员出汗时，确保按时再抹防晒霜。

10）反戴棒球帽并不可取，因为它虽保护了脖子，却使鼻子和面部彻底处于阳光暴晒之下。

11）不透水的衣服比不透汗的要好。

12）网球活动尽量安排在早晨和晚上，避开上午 10 时至下午 3 时之间的阳光，因为此时阳光辐射达到最高强度。

3．眼睛的防护

泥土和草对阳光的紫外线辐射的反射小于 5%，而雪和水的反射大约为 85%。

1）当一个人在一个阳光充足的日子里注视大海时，未加保护的双眼能吸收大约 95%的紫外线，其结果可能是产生剧烈的眼痛、白内障，甚至损伤视网膜。

2）太阳镜必须屏蔽 100%的紫外线 A 和 85%的所有其他光线。

3）应选用一副太阳镜使眼睛随时得到适当的保护。

六、药物和兴奋剂

国际网联与组织巡回赛的女子网协和男子职业网协联合制订了一个进行赛期与赛外检查的反兴奋剂纲领。

1. 网球反兴奋剂纲领

(1) 总的政策声明

网球反兴奋剂纲领（以下简称"纲领"）的宗旨就是通过对兴奋剂检测的教育和监督，维护网球运动的完整及所有网球运动员的健康和权利。

(2) 纲领涉及的范围

1）赛期和赛外兴奋剂检查。

2）对触犯禁用兴奋剂规定的案例给予处分。

3）对运动员进行违禁药物的指导和适当的帮助。

(3) 涉及的运动员和比赛

1）报名或参加由国际网联组织、批准或承认的一项比赛或活动或具有 ATP 或 WTA 巡回赛排名的任何选手必须遵守此纲领的所有规定并受其约束。

2）被承认的比赛包括，但不限于：大满贯赛、戴维斯杯分组赛、联合会杯分组赛、奥运会、女子网协巡回赛、男子职业网协巡回赛、国际网联女子巡回赛、挑战系列赛和卫星系列巡回赛。

(4) 触犯反兴奋剂规定的案例

兴奋剂是禁用的。根据此纲领，以下情况将被视为触犯反兴奋剂条例。

1）在人体内发现存在一种禁用物质。

2）运动员被发现同意使用或已经使用了一种禁用药物或兴奋剂。

3）运动员没有接受或拒绝接受兴奋剂检查，或者没有遵守或拒绝遵守此纲领的任何一条规定。

2. 网球运动和烟草

研究已清楚地表明，吸烟引发癌症并与其他病症有关，教练员可用自己的行动做出表率，并向运动员们强调，吸烟会影响网球水平的发挥并增加呼吸道感染的危险。

3. 教练员的职责

教练员应熟悉根据规定当前禁用的所有药物，并对他们的运动员和家长进行相应的教育。他们必须了解并熟悉网球运动员常被发现使用和误用的药物及药品，有可能通过教育帮助运动员顺利地达到他们的目的。

第二节 竞技网球运动损伤的预防

一、通过提高技能进行预防

技能对于保证安全来讲是非常重要的。必须认识到技能训练不仅是提高成绩的途径，同时是预防受伤事故的手段。技能不仅包括控制身体按大脑的指令做出各种动作，还包括预知损伤的心理能力，以了解危险的存在并避免其发生。

培养运动员在比赛和训练中的放松能力也很重要，这样身体才能自如地做出所需要的动作。紧张与焦虑会破坏技能完成中的神经反射过程，并极大增加出现受伤事故的危险性。

疲劳对技能也有很大破坏作用，它可能在一次训练课中出现，也可能会由于训练负荷过高或密度过大而积累。不管过度训练是短期的还是长期的，教练员都应识别出疲劳的症状，并在伤病出现之前降低训练负荷。

二、通过加强身体素质进行预防

仅有技能还不能完全保证运动员安然无恙，因为在他所进行的活动超过身体素质所能承受的范围时就有受伤的危险。身体素质应包括五个主要方面：力量、协调、耐力、速度和柔韧。增强身体素质可在两方面减少受伤的危险性，即通过它对肌肉、肌腱和关节所起的作用以及通过增加一般耐力使运动员能够在训练和比赛中不出现疲劳。

1. 力量

肌肉要锻炼才能变得更强壮。所采取的训练负荷必须适合于运动员所从事项目的特殊要求。例如，对铁饼运动员所进行的加强肩带肌群力量的练习，对马拉松选手显然是不必要的。力量训练必须符合个人的需要，最好按照完成技能的工作类型反复进行练习。合理地加强肌肉力量能有效预防损伤的发生。

2. 耐力

它包括肌肉耐力和心肺功能。发展耐力素质能有效防止疲劳。对所有运动员发生伤害事故的统计表明，运动员在疲劳状态下更容易受伤。

3. 柔韧

这是常被低估甚至有时被忽视的一种身体素质。要使运动员认识到柔韧性也是肌肉素质的一个重要组成部分，它对预防损伤的发生起着重要作用。僵硬的肌肉显然更易被拉伤，如常见的大腿后群肌肉拉伤。可通过各种方式的伸展练习增加柔韧性，它们简便易行，不需要专门器械，而且只要不懈地练习就能有所提高。

三、通过合理营养进行预防

良好、合理的营养可以在训练课与训练课之间帮助运动员加快恢复过程，从而起到预防损伤的作用。运动员密切注意其饮食习惯是非常重要的，饮食必须要满足训练对身体所提出的特殊要求。运动员尤其要摄入足够碳水化合物来获得能量，保持肌肉中的能量储存，防止疲劳出现。运动员应在训练或比赛前 2.5~4 小时进食易消化的高能食物。

四、通过准备活动进行预防

做准备活动基于以下三个主要原因。
1）伸展肌肉、肌腱、韧带，特别是那些即将投入工作的部分。
2）增加体温，特别是深层肌肉和关节的温度。
3）刺激运动员在心理和生理上做好准备进入工作状态。

只要准备活动做得充分，上述每一条因素都有助于预防损伤的发生。准备活动应是有条不紊的，从头开始做，直至脚趾，或从身体中部开始做，扩展到四肢。在不同的身体部位，练习应有所不同，日常的准备活动中允许个人特点的存在。

五、通过改善外界环境进行预防

许多受伤事故的发生是由于运动员的粗心大意造成的，我们常会看到一些运动员被放置在跑道旁的器械或其他物品绊倒而扭伤踝关节，或被摔得鼻青脸肿，所以教练员必须在训练过程中高度重视环境的安全问题。

1. 设施

安全、设计合理的训练器材对预防受伤具有重要作用，尽管专项的要求不同，但有些事情是应被普遍注意的。要抽出时间检查所有设施是否安全，并保证随时都可投入使用。被损坏、有毛病的设施或器械常常是造成受伤事故的原因。如果你自己不负责保养设施、器械，那么就要保证有专人负责管理设施与器械并定期维修和保养。

2. 场地

运动可能在各种不同的场地进行，有些是天然场地，也有些是塑胶场地，它们都可能造成受伤事故。天然场地会由于天气的不同而发生变化；经常使用塑胶场地则会容易使运动员产生劳损。无论使用何种场地，都要确保队员穿着合适的运动鞋，并根据训练的内容在可能的情况下变换场地，以此来减少受伤事故的发生。

六、通过治疗进行预防

运动员的旧伤无疑有复发甚至进一步加重的可能。复发的肌肉拉伤或关节扭伤往往是肌力较弱或关节稳定性差所造成的，所以在可能的情况下必须对运动员的急性损伤进行正确的诊断和治疗。对受伤关节采用保护带固定会很有帮助，但这绝不能取代对受伤关节的治疗和康复。

七、服装

着装在很大程度上受个人爱好的影响，但必须认真选择。例如，尼龙服装要比用天然纤维制成的服装便宜，但在炎热天气下或从事产热量高的运动时穿尼龙服装就非常不利。鞋的设计已取得高度发展，选择设计合理、安全舒适的运动鞋是完全能做到的事情。要根据不同的项目，特别是场地条件选择合适的运动鞋。作为教练要随时给予正确指导。

第三节　网球运动训练中的营养

一、网球运动训练中营养的重要性

人体为了生存和生活必须摄取食物，以维持生长发育、正常的物质代谢和生理机能等生命活动。摄取、消化、吸收和利用食物中的养料以维持生命活动的整个过程称为营养。人体通过从外界摄取食物，来达到维持人的活力和健康所需的能量与营养物的目的。网球运动员为达到并维持良好的竞技状态，应遵循一种有计划的特殊的饮食习惯，用以调节和改善已消耗的能源物质。合理的营养将有助于网球运动员的身体机能在训练和比赛之间得到更有效的恢复，并使之保持良好的竞技状态参加训练和比赛。

提高身体素质和保持高质量训练意味着人体必须适应高强度训练的需求。这种适应能力依赖于人体摄取必需营养物的能力。因此，运动员必须摄取的物质要能满足全年人体需要的规定食物量。

二、网球运动训练中所需的营养

1. 碳水化合物（糖）

碳水化合物由碳、氢和氧三种元素组成。它们不仅能够提供运动过程中所需的能量，还能维持中枢神经机能，调节脂肪代谢，促进蛋白质的吸收和利用等。

大强度的训练依赖于为人体提供能源的碳水化合物的储存量。如果这些糖原在训练后得不到补充，那么它们将逐渐地耗尽，连续数天的训练或比赛后更是如此。肌肉中没有充足的糖原，则运动员的发挥会因过早的疲劳而受到影响。如果在比赛中发生这一现象，那么运动员将有发挥不好和输掉比赛的可能，如果在训练中出现这一现象，将会降低训练课的效果。因此，网球运动员及时补糖是非常有必要的。

碳水化合物（CHO）是网球运动员饮食中最重要的组成部分。运动员应摄取丰富的碳水化合物食物，使肌肉得到充分的能源补充且避免过早地产生疲劳。在他们的规定饮食中，主要食物应是谷类、土豆、大米和面粉。运动员应该把这些食物当作他们的主要食物，不要挑食，以确保他们的肌肉获得足够的能源。训练后两小时内应经常摄取碳水化合物。

最佳碳水化合物就是那些人们熟知的综合碳水化合物（即处于天然状态的未加工的碳水化合物）。它们主要是多糖，如粗粉面包、粗粉面条、谷类食物、豆类（豌豆和菜豆）、蔬菜和坚果类。

另外一些碳水化合物就是那些人们熟知的单一碳水化合物（即处于分解状态的碳水化合物）。它们主要是作为双糖类发现的，如糖、蜜饯、糖果。

尽管单一碳水化合物稍经消化就能被快速吸收，它们通常仍含有较少量的其他营养成分或大量脂肪。所以，人们认为它们的营养价值不及综合碳水化合物高。最好摄取综合碳水化合物，如面包、谷类食物、大米、面条和土豆，而不要摄取大量的含糖食物，如甜食、含糖的饮料、糖、甜饼干和蛋糕等。

标准的饮食结构大致是：40%的碳水化合物、40%的脂肪和20%的蛋白质。然而，高强度训练中的运动员从规定的饮食中摄取的全部能源，60%～70%应来自碳水化合物，25%～30%来自脂肪，12%～15%来自蛋白质。

2. 脂肪

脂肪由碳、氢和氧合成。它们作为正常活动不可缺少的能源以及许多重要成分和组织的合成剂，是一种十分重要的营养物。脂肪主要有两种，即饱和脂肪（通常见于动物脂肪）和非饱和脂肪（通常见于植物油类）。

总体认为，在饮食中，我们吃了太多的脂肪，尤其是饱和脂肪。标准饮食结构是：40%的脂肪，但是网球运动员应力求降低这一比率，使之不超过25%～35%。

不论运动员体重大小，对脂肪的摄取都应十分小心。如果饮食中的热量含脂肪较多，它将意味着脂肪与碳水化合物的比例不当，这将限制运动员的发挥。

选择碳水化合物时，减少其伴有的脂肪含量，例如，选择切得厚的面包，但抹的黄油要薄。使用低脂肪的食物代替黄油，或食用普通的植物黄油或少抹黄油；吃白米饭而不吃炒饭，吃不加黄油的纯土豆；避食油腻的和油煎的食物；烹调时不附加油料、黄油或植物黄油，可以干烤；食用半脱脂奶，而不食用全脂奶；避食奶油和奶油布丁；将吃汉堡包和快餐限制到一周一次；避用油腻的调味汁和糕点；选用低脂食物，如低脂奶酪、低脂香肠、去脂沙拉调味品和低脂酸奶；除去肉类上面的一层肥肉，选用较瘦的肉块；少吃牛羊肉，多吃鸡肉、火鸡或鱼等。

3. 蛋白质

蛋白质分解为氨基酸，它含有氧、氢和氮。这些氨基酸参与构成肌肉、血红蛋白、激素和酶。

有两种类型的蛋白质：一种是动物蛋白质，如肉类、鱼和乳制品；另一种是植物蛋白质，如谷类、豆类和坚果。植物蛋白质中氨基酸的含量少于动物蛋白质。

运动员缺少蛋白质的现象是罕见的。一般来说，运动员摄取的蛋白质太多，而且通常是动物蛋白质。即使在强度最大的训练期间，对蛋白质的额外需求量也是极小的，所以，没有必要提高每天 75～100 克的蛋白质的正常摄取量（即总能量摄取的 10%～15%）。

相反，应该了解当运动员摄取过量的蛋白质时，过剩的氨基酸分解，氮被排泄，其余的则转化为脂肪储存。

4. 纤维

食用纤维是一种不能消化的碳水化合物，它组成植物的茎脉，也可从果核、豆类的外层和蔬菜中找到。

食用纤维不但能增加食物的体积，提高内脏的功能，还能帮助对矿物质的吸收。

饮食中纤维的不足可导致便秘、胆结石、糖尿病等疾病的发生。但过量纤维的摄取也有它的危险，重要的是均衡。

5. 水

水是人体所需的最重要的物质之一。水的功能很多，主要有以下几种。

1）向人体组织输送营养物、输出代谢物和内分泌物。

2）提供氧、氢离子和二氧化碳。

3）是许多细胞的主要成分。

4）通过向皮肤传送热量并散发热量和排汗来调节体温。

三、网球运动训练中水的补充

1. 补充水的作用

水在人体的几乎每一项生理功能中都起着重要的作用。

1）汗水散发人体的热量。水可以通过吸收肌肉中的热量和通过排汗散发热量来调节体温。

2）水占血容量的大约 90%。血液向运动肌输送碳水化合物、氧和脂肪并带走排泄物质（二氧化碳和乳酸）。

3）废物通过尿液从体内排出。尿液颜色越深，沉淀的废物就越多。
4）体液能帮助润滑关节以及支撑器官和组织。
5）唾液和胃液能帮助消化食物。
6）赛前饮水：避免脱水的发生。
7）比赛过程中饮水，有助于为肌肉输送能源（碳水化合物）。
8）赛后立即饮水，有助于恢复和补充消耗的体液。

2．补充水的时机

运动员不应等到口渴时才喝水。他们在训练和比赛前后及其过程中都应喝水。如果运动员想要进入准备状态，感到口渴时才喝水是不够的。

当运动员感到口渴时，这就意味着他们已经损失电解液、体液和能源。

1）训练或比赛的前一天，运动员应提早开始喝水，一场比赛前的数小时内，少量且频繁地摄入水分也是必要的。研究已经表明，为保持水合作用，一名运动员在赛前2小时内应摄入4～6杯饮料，赛前15～20分钟应摄入2～4杯饮料。

2）比赛过程中，运动员每比赛15分钟就应喝1杯饮料，如必要，还可更频繁些。然而，应避免过量地喝水。

3）一场比赛结束后，还应继续喝水。运动员应喝至感到舒服时为止。

3．补充水的注意事项

1）不可暴饮，遵循少量多次的原则。
2）温度不能太低，稍低于室温即可。
3）避用带汽的饮料、酒精饮料、咖啡或茶。

四、营养在网球比赛中的实际运用

1）高水平网球选手的饮食要满足身体的需求是很重要的。
2）主要营养物包括碳水化合物、脂肪、蛋白质、维生素、矿物质和微量元素、食物纤维、水。
3）碳水化合物是网球运动员的规定饮食中最重要的成分。
4）运动员应十分当心脂肪的摄入量，但要记住，脂肪是规定饮食中的重要成分。
5）蛋白质也是不可少的，但是缺乏蛋白质的现象在网球运动员当中并不多见。
6）要知道，当运动员摄入过多的蛋白质时，它就会作为脂肪积存在人体内。
7）高水平运动员应避免摄入酒精，因为它是一种利尿剂，并可能损伤肝脏。
8）临近比赛时，运动员应增加多种碳水化合物的摄入量。
9）当出门在外吃饭时，运动员坚持吃他们常吃的普通饭菜，多吃蔬菜多喝水是必要的。
10）水合作用在网球运动中是一个被低估的问题。教练员在训练过程中应该用传授技术或战术的同样的方式来传授水合作用的重要性。
11）运动员在比赛前后及比赛过程中都应喝水。运动员应在感觉口渴以前喝水。
12）水是运动员所需的最重要的营养物。
13）天气越热，比赛的时间越长，运动员就越应多喝水。

思考与练习

1. 了解网球运动中产生损伤的原因。
2. 网球训练中哪些部位容易发生损伤?
3. 网球训练中应该如何进行补水?
4. 如何防止中暑的发生?如果发生了,怎样采取紧急措施?
5. 假如自己发生损伤,需要做哪几方面的工作?

第八章　短式网球运动

本章简介：依据短式网球运动在国内外普及和推广现状，重点介绍短式网球运动国内外发展的历程，短式网球教学基础理论知识，短式网球教学方法，短式网球规则、裁判法则与竞赛组织工作，指导学生如何根据短式网球的特点，组织教学训练，开展社会创业实训。

第一节　短式网球运动简介

一、短式网球的概念

短式网球是一种针对儿童身心发育特点和负荷能力，并依循网球原理而产生的一种儿童网球运动。通过使用缩小比例的器材及场地以求得网球知识与乐趣的一项体育运动。它具有网球运动的全部内涵，适合5岁以上的各个年龄儿童的生理、心理特点，是对儿童进行网球启蒙训练的有效方法和手段，也是通过训练和正规网球接轨的必经途径。现在世界各国普遍用短式网球对儿童进行网球的启蒙训练。

二、短式网球运动的起源

短式网球运动起源于20世纪70年代后期的瑞典。短式网球的出现，引起了国际网球组织的高度重视。1990年，首先是国际草地网球协会正式认可并接纳这项运动为发展规划项目。1995年，国际网球联合会正式决定并颁发了短式网球推广计划，公认它是儿童训练的最理想方法。90年代引进我国，并开始推广。

三、开展短式网球运动的作用

1）它对强化网球人口规模起到了积极的作用。短式网球是在世界网球运动进入高速发展时期，国际网坛突出地表现出"启蒙小，成长早"大趋势的情况下产生的，儿童一旦接受短式网球训练，就能在短时间内规范地掌握网球技能，形成正确的网球意识，合理运用各种技术。

2）它对竞技网球后备人才的培养，提高科学训练水平起到了积极的作用。由于短式网球的出现，克服并纠正了儿童成人化训练所产生的一切弊端，加上场地小、器材简单、投资少和便于掌握，深受教练、家长、儿童的欢迎，达到普及的目的。

四、短式网球的场地、器材和比赛简介

1. 场地

1）短式网球场地占地面积只有正规网球场的三分之一（含球场侧、后应留的空地）。标准球场长13.4米，宽6.1米，端线至挡网不少于4米，场地之间的间隔2米，室外场地置南北向。

2）国际草地网协所制定的球场布局是网与中线于中点相交，场地呈长方形的"田"字形。端线后档网高 3.5 米，侧档网有 2 米高。网柱高 0.85 米，网长 7 米，球网的中央高度是 0.8 米，网柱之间的距离是 7 米（可用羽毛球网）。场地面质不限，可以使用沙土、沥青、木板、塑胶等，确保表面平整。

3）短式网球一般是在防风条件较好的环境中或者室内训练，场地最好建在透明度好、造价便宜的棚状建筑内，屋脊不低于 8 米。策划时，可以充分考虑现有体育设施的综合利用。

4）试点证明，不设专门发球区域的球场有碍儿童提高发球、接发球和比赛水平。因此，我国在现行的标准球场上，增加了形似正规网球场的发球区，每片发球区长 3.7 米，宽 3.05 米。见图 8-1-1。

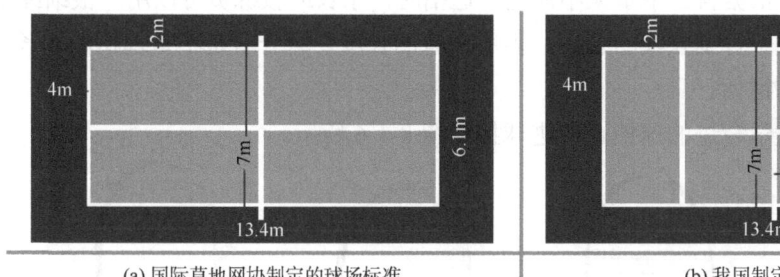

(a) 国际草地网协制定的球场标准　　　　(b) 我国制定的球场标准

图 8-1-1

5）目前国内外大多数国家流行采用短式网球教学渐进的场地设计。主要有：图 8-1-2 为 11 米的场地；图 8-1-3 为 12.80 米的场地；图 8-1-4 为 18 米的场地；图 8-1-5 为 23.77 米的场地。

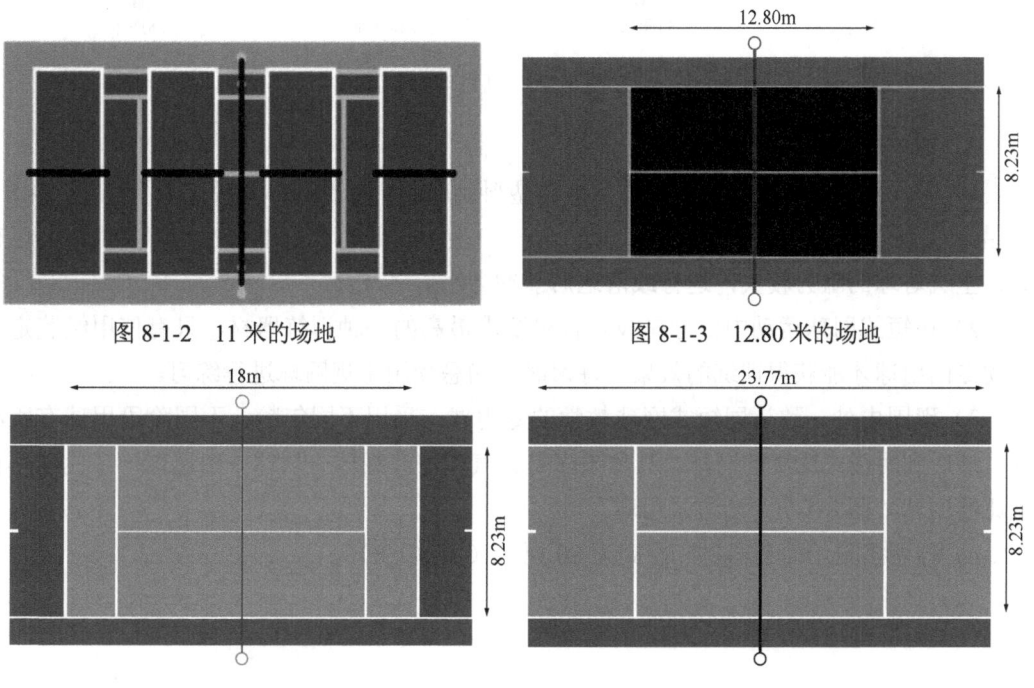

图 8-1-2　11 米的场地　　　　　　图 8-1-3　12.80 米的场地

图 8-1-4　18 米的场地　　　　　　图 8-1-5　23.77 米的场地

2. 球拍

1）短式网球球拍与正规网球球拍形状和结构一样，但轻小，有铝合金和碳素两种。它分有不同重量和长度，拍面形状和大小各异，其重量在 140~160 克，每种球拍的重量和长度是成正比例的（一般成人球拍长 70 厘米、重 270~350 克）。儿童可以根据年龄大小和自身的力量条件选择适合的球拍。选择时，要掌握"宁轻勿重"的原则，切忌儿童使用成人或超出自身力量负荷能力的球拍参加短式网球练习。

2）儿童选择球拍是很重要的，因为它会直接影响以后的学习和技术的掌握。除了要注意重量，握柄的大小也不容忽略。短式网球的球拍和成人球拍一样，握柄分有粗细不同的规格，握柄的尺寸要依据自己手掌大小而定。选拍时，家长或教练员可以用一根细绳子量一下中指端到拇指根平行延长线的长度，再用所量的长度，看一看是不是握柄的周长，如果一致，即是合适的握柄。

具体可采用网球教学渐进的球拍。渐进球拍如图 8-1-6 所示。

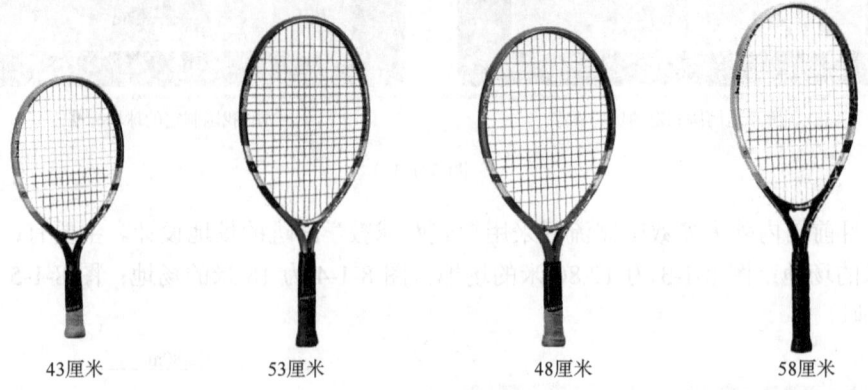

43厘米　　53厘米　　48厘米　　58厘米

图 8-1-6　渐进球拍

3. 球与球网

1）短式网球的专用球是用高弹性泡沫塑料制成的。标准球体直径 7 厘米，重 14.5~15 克（正规网球直径 6.4~6.7 厘米，重 57~59 克），具有良好的弹性和飘飞性能，运行时，空气对球的阻力较大，运行或落地后前冲力小。

2）在短式网球运动中，球是技术含量要求最高的一种训练器材，只有使用经鉴定合格的专门用球才能获得训练的效果。练习时，切忌使用正规网球进行练习。

3）现国内外一致认同短式网球教学的专用球，采用不同年龄、不同阶段用球有所不同，最后到用正式比赛的网球。具体顺序是充气球→海绵球→软球→中速球→三色球→正规比赛用球。图 8-1-7 为渐进式用球。

4）球网多采用简易器材，网高为 80 厘米（图 8-1-8）。

图 8-1-7 渐进式用球

（充气球　海绵球　软球　中速球　三色球　正规比赛用球）

图 8-1-8 简易球网

4．比赛

1）短式网球的比赛规则和正规网球比赛有很多相似之处，但记分方法不同。

2）短式网球比赛项目有：团体、单打、双打和混合双打，也可以组织由父母和子女混合组队的双打比赛。

3）比赛采用 11 分计分制，每局 10∶10 时，需有一方连续胜 2 分为该局的胜方。如果比赛至 14 平时最后 1 分为决胜分，得分者（队）获该局比赛胜利。比赛可使用 3 局 2 胜或 5 局 3 胜制。

4）比赛方法简介：比赛中，只允许一次落地或凌空击球。第一发球落网、出界、错区、站位不对或脚误均判失误，可第二次发球。如果发球擦网落在有效区域内可进行第一或第二次发球，两次发球失误即失 1 分。发球从右区向左区各完成 1 分发球后，发球权转至对手，对手也从右区至左区各发 1 分球，双方依此顺序轮换发球至一局结束。第二局或决胜局的发球按前一局结束时的顺序顺延。比赛时允许用高手或下手发球。接发球只能一次落地后击球，两次落地或凌空击球均判失分。

5）比赛中，双方积 8 分或是 8 分的倍数时，需交换场地继续比赛，原比分有效，发球顺序不变。交换场地或比赛中途，运动员不得休息，只有一局结束后，运动员可在指定席位休息 90 秒时间。除了团体比赛，教练员不得进行场外指导。

6）双打与单打发球顺序和计分方法一样，每人也是限定只有两分发球。发球顺序同样是由右至左各发 1 分球，一人发球结束，换由对方相同站位者发球，依此顺序四人轮换，直至一局比赛结束。比赛进行中，双方不准中途调换站位和发球顺序，只有一局比赛结束后方可重新安排站位与发球顺序。双打和单打一样，凡是积 8 分或 8 分的倍数时，双方交换场地继续比赛。

7）比赛进行中，凡活球碰到场内一切设施或身体任何部位均判失分。发球时，抛球未击，允许球落地后再进行一次或二次发球。

五、开展短式网球的实用价值

1）可避免儿童参加网球运动的器材"成人化"训练。从网球运动的特点分析，网球运动应该是属于技能主导型的体育项目，其中力量条件是基础。现行的网球的场地、器材都是为青年和成年人所设计的，它们只适合青年、成年人体能和心理的承受能力，所以正规网球的器材和设施妨碍儿童掌握网球技术。开展短式网球运动、采用儿童专用器材则避免了"成人化"。

2）有利于儿童进行网球运动的启蒙训练。对 5～10 岁的儿童来讲，情况完全不一样，如果也同样使用正规网球所提供的条件学习网球技术，就是在超出本身负荷的情况下进行训练。其道理很简单，儿童正处于孩提阶段的发育时期，无论身高、臂长、腿长等身体形态，还是体重、骨骼、肌肉、内脏的生理发育及知觉、记忆、思想、意识、情感、兴趣等心理特点都与成年人有根本的差异。尤其此阶段儿童骨骼发育比肌肉、力量素质普遍显得薄弱，这些因素都会因为使用正规网球而产生诸多的弊端。假如儿童一开始是使用轻巧的小球拍，在只有正规球场三分之一的场地上打塑料泡沫球，其效果就不同了。他们就能在不受任何束缚和压力的情况下，运用自如地学习正确动作，像成年人打正规网球一样取得同样的训练效果，充分发挥了儿童柔韧性、协调性、感受性、模仿性强的特点，达到理论与实践统一的实效。

3）有利于扩大竞技网球后备人才培养规模。网球后备人才培养、竞争环境、教学水平是反映网球发展的三大要素，其中，后备人才培养是主导因素。人才培养必须扩大普及，从儿童抓起。这样可以大幅度地发展网球人口，形成不同年龄、水平层次的人才群体，促进运动水平的提高。据统计，美国的网球人口约占全民人口的十四分之一，有 2000 多万人打网球，其中少年儿童占 40% 以上；德国有 10 多万 14～18 岁的青少年到网球协会登记注册；瑞典青少年网球选手有 5 万余人。

4）改变了网球运动的时尚观念。从根本上改变了网球是一种贵族运动的误区，同时改变了必须有雄厚经济实力才能发展的传统观念，使网球运动朝着普及化和大众化体育运动方向迈出了一大步。因此，短式网球是适合我国国情的体育项目。在我国推广短式网球，在小学生中普及短式网球运动，对促进学校阳光体育的发展，加强精神文明建设，加强"奥运争光计划""全民健身计划"的实施，均具有重要的现实意义和长远的战略意义。

第二节　国际网球联合会ITF校园短式网球创意计划简介

一、创意计划简介

国际网球联合会在校园短式网球创意计划中的主要作用是作为"催化剂"将此计划在尽可能多的国家进行推广。提出了长期维护并发展校园短式网球创意计划，要求每个国家都应设法吸引赞助商的支持与合作。在 1996～1997 年期间，许多国家已经吸引了一些主要赞助商参与此项计划，其中包括可口可乐、雀巢等跨国大公司。

二、国际网球联合会ITF校园短式网球创意计划带来的益处

1. 儿童获得的益处
1）可参加更多各种各样有趣的体育课。
2）不花分文便可学到网球知识。
3）学会一种"终生体育运动"。
4）在早期得到身体的良好发展，提高协调能力。
5）为他们拥有更长久更健康的人生提供锻炼工具。

2. 学校教师获得的益处
1）得到更多信息，并达到更优秀的资格标准。
2）网球专业教学的自我提高。

3. 会员国家网协获得的益处
1）更多的网球后备球员。
2）更多的有资格介绍推广网球运动的教师。
3）获得创立基础级网球计划的免费设备。
4）增加全职或兼职工作人员（协调员）。
5）获得赞助商支持的可能。
6）政府对此项计划的支持和参与。
7）为今后更具竞争性的发展计划创造良好条件。

三、国际网球联合会校园短式网球推广计划的意义

1）增加全世界打网球的人数。通过帮助各会员国家网协在校园内向年龄在 5～12 岁的儿童推广短式网球，国际网球联合会在其会员国内，营造出一种对网球有更高意识和兴趣的环境。

2）让校园短式网球创意能够使网球越来越成为"所有人的运动"。要求每年把网球介绍给全世界 35 万儿童。确保更多的儿童能够在接触网球的过程中获得乐趣，从而提高

整体网球水平。

3）在校园短式网球创意 STI 计划中，有了教学指导思想，通过实践来学习网球技术，方法应以游戏为基础，让儿童接触网球，只需要传授极少的网球技巧，做到从兴趣培训，同时学校的老师不必教授专门的网球技巧（如握拍方式、站姿、挥拍动作等），而是应为小球手们组织安排各种练习及任务，并且应使这些活动很有趣且能帮助提高儿童的协调力。

四、国际网球联合会 ITF 校园短式网球创意计划的总目标

国际网球联合会 ITF 校园网球创意计划的总目标可以总结为以下几点。

1）通过短式网球给儿童提供接触网球的机会，并使他们终生能够参加网球运动。
2）提高全世界参与网球的人数。
3）通过提高儿童的运动能力和自信心，从而帮助实现学校儿童和谐及完整的教育发展。
4）提高学校教师的网球教学能力，以便鼓励出现更多各种各样有趣的体育课程。
5）发现有网球天赋的少年并送入后续计划继续培养。

五、我国开展短式网球运动简介

1）自 1995 年国际网球联合会正式决定并颁发了短式网球推广计划后，1996 年经原国家体委批准正式开展短式网球运动，2000 年 6 月，教育部将短式网球纳入九年义务学校体育教育课程。历经十几年短式网球运动在全国蓬勃发展并不断壮大。2011 年在我国《体育事业发展"十二五"规划》中，青少年体育事业的发展成就、机遇挑战、任务目标等内容都有充分体现，并着重强调实施青少年体育活动促进计划和竞技体育后备人才培养工程。

2）由于短式网球能促进网球后备人才的数量，一些现有的省市网球专业队伍、俱乐部、网球学校开始考虑从短式网球运动员中选拔一些苗子充实队伍建设，目前也有少数企业想发展短式网球，逐步走向商业化和职业化的道路。这一趋势的出现充分反映了开展短式网球运动对发展我国网球事业、推动网球走向俱乐部化的作用与意义。

3）中国网球协会制定了推广短式网球的一系列相关政策，并有力度地在全国发展这项运动，核心思想就是从人才抓起，以人才实力为基础，加速职业化和俱乐部化的转轨，这是在适合国情和发展规律的条件下，走出一条适合我国网球运动发展道路的一项重要战略决策。有利于实现网球运动全面提高青少年健康素质，促进我国竞技网球运动的可持续发展。

4）中国网球协会规划实施了少儿网球发展联盟积分赛制度，能推动网球项目的可持续发展，扩大网球人口，奠定竞技网球后备人才的基础，中国网球协会少儿网球发展联盟积分赛（以下简称"积分赛"）是指由中国网球协会少儿网球发展联盟（以下简称"联盟"）主办，联盟团体会员与个人会员参与的少年儿童（12 岁以下）网球比赛，联盟积分赛分为地区赛、精英赛和总决赛三个级别，每个级别将设短式网球、过渡网球和网球三个项目。各省区市、地市、县市体育部门或教育部门主办的各类 12 岁以下短式网球、过渡网球、网球传统赛事具有加入联盟积分赛系列资格。这一系列的比赛对提高青少年网球运动员积极性有很大的促进作用，能解决当前我国竞技网球后备人才培养工作中的一些问题。

六、我国开展短式网球运动竞赛简介

1）全国短式网球大赛是每年要组织的赛事。例如，2007～2011 年 8 月中旬，全国短式网球大赛分别在江西省南昌市、庐山市、新余市（2 次）和赣州市举行，这 5 次比赛都是由国家体育总局网球运动管理中心主办，江西省网球运动管理中心承办，中小学《体育与健康》课程资源开发与推广研究课题组协办。5 年中来自全国 15 个省市 46 个基层单位的 1200 多名短网选手、教练员及家长云集江西省，参加了这 5 次赛会。赛后专家们普遍认为这 5 次全国短式网球比赛是近年来最精彩、竞争最激烈、技术水平最高、参与人数最多、规模最大的比赛，从而也体现出我国短式网球运动得到了进一步的发展。

2）2007～2011 年 5 次全国短式网球大赛参赛单位动态变化。从图 8-2-1 可以看出，2007～2011 年，各个参赛单位以省市直辖市划分，呈现出以下特点。

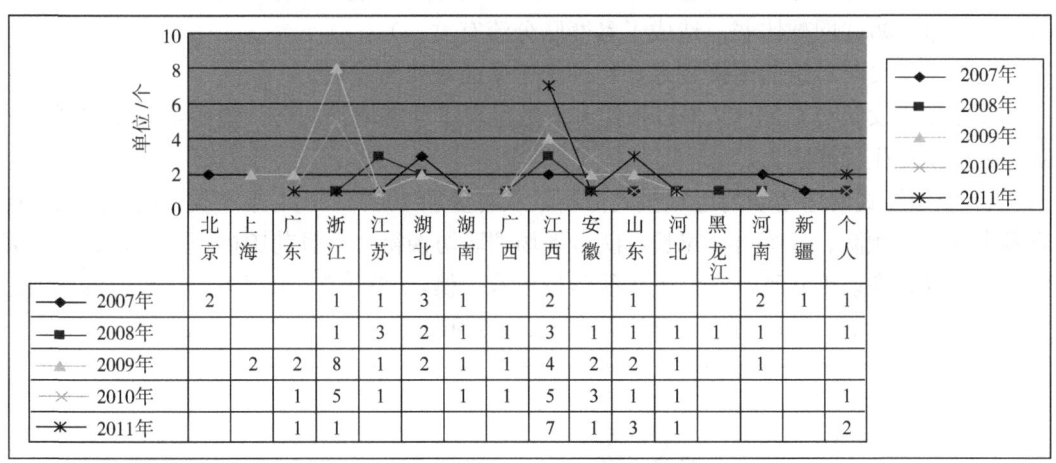

图 8-2-1　2007～2011 年全国短式网球大赛参赛单位分布统计

①我国省市派队参加在江西省举行的 5 次全国短式网球大赛的有 15 个，其中有 11 个省市的参赛队达到 3 次以上，且有连续 5 年均参加的参赛单位 3 个，这就说明了短式网球运动近 5 年在我国有了一定的进展，而且普及范围有所扩大。

②从地域上看大部集中在中东部省市，参赛单位增加明显。

③以个人名义参加比赛的队员较少，通过与参赛教练、队员的交流得知，这主要是由比赛经费不足，经济受限而导致的。

3）2007～2011 年五次全国短式网球大赛参赛队员动态变化。通过对 2007～2011 年 5 次全国短式网球大赛调研得知，参加这 5 次短式网球大赛的运动员全部都必须持有由中国网球协会核发的短式网球学员注册证，且运动员的年龄结构主要分以下 3 组：A 组（10～11 岁组）；B 组（8～9 岁组）；C 组（7 岁以下组）。

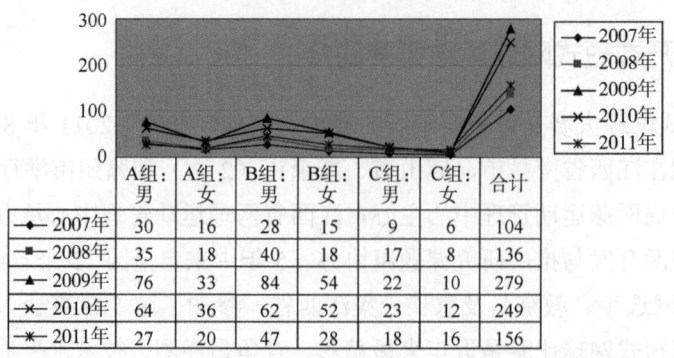

图 8-2-2 全国短式网球大赛参赛男女运动员动态统计表

从图 8-2-2 动态分布上的调查中得知：

①5 年来参赛队员总体是递增的。（2011 年的减少可能与国家网球中心在四川同年 8 月举行的全国短式网球比赛，造成了参赛队分流有关。）

②参赛队员年龄组的衔接较好，有利于学生的培养与发展。

③参赛男女队员 C 组（7 岁以下组）人数呈现了动态增加态势，说明全国短式网球比赛在社会上产生了影响力。

4）我国短式网球运动的运行模式分析。从对参加 2007～2011 年 5 次全国短式网球比赛各个参赛队领队、教练员、家长、队员现场调研访谈得知：目前国内短式网球运动开展的模式主要存在以下几种，它们是传统学校模式、俱乐部模式、家庭模式、校园网球训练营运行模式等，而且其所占的百分比如图 8-2-3 所示。

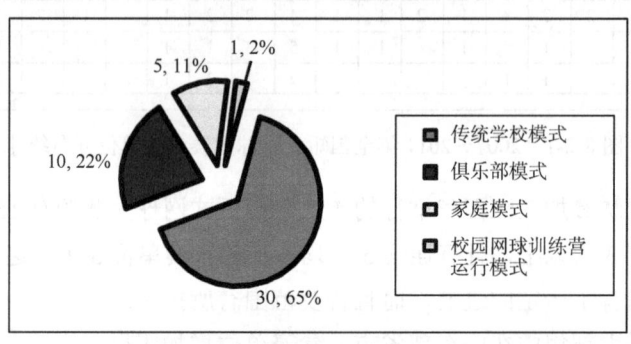

图 8-2-3 短式网球运动的运行模式统计

第三节 短式网球教学基础理论知识

一、阶段教学的目标和任务

1. 教学的总目标和总任务

1）培养儿童对短式网球的兴趣和爱好。

2）依循网球教学规律，循序渐进，全面学习和掌握网球正手击球、反手击球、发球三大基本技术，建立合理和规范的肌肉、思维记忆，树立各项动作的正确动力定型，不断提高技术动作质量和水平，为长远发展奠定基础。

3）充分发挥短式网球便于儿童掌握技术进度快的优越性，正确处理基本技术与战术同步发展的关系。在教学过程中，结合不同阶段，学习和掌握网球比赛知识，在全面的基础上培养战术组合和运用能力，引导儿童树立快速、主动、进攻和多变的技、战术风格，鼓励个人创造力的发挥和个性的发展。在强调主流打法的同时，针对不同对象形成不同风格与流派。

4）树立"为将来而练"的教学指导思想，明确长远奋斗目标，处理好近期利益与长远发展的关系，提倡和鼓励使用符合发展趋势的先进风格与打法。

5）提高身体素质，不断增强专项和全面身体素质水平。

6）提高儿童心理素质和思想作风水平。注意培养儿童讲礼貌、守纪律、认真学习、刻苦锻炼的良好作风，鼓励儿童具有敢于拼搏、勇于克服困难的品质。培养儿童具有分析、创造和大胆实践的能力。

7）逐步学习和掌握网球的理论，培养儿童提高理论水平，能用理论分析和指导教学。

8）处理好普及与提高的关系，制订优秀合格人才的选拔计划，通过教学为国家培养和输送合格人才。

2. 技、战术部分的教学目标和任务

1）在正确握拍的基础上，逐步学习和掌握落地击球、截击球、发球、高压球等网球的基本技术。通过教学要求所学技术达到合理、规范的标准。

2）提高技术动作的准确性、稳定性、巩固性和可塑性是短式网球初级阶段的主要要求，在达到以上条件后，逐步提高所学技术线路、落点、弧度、旋转、力量、速度等质量水平。

3）学习和掌握落地击球和截击球的组合运用技术，使用随球上网、发球上网、接发球上网等战术，并运用于单打和双打比赛。

4）学习和掌握切削发球技术，为将来进一步掌握平击、旋转发球奠定基础。

5）学习和掌握高压技术，具备处理前场、中场、后场高压的技术能力。在练习高压技术中学习和带动挑高球技术水平的提高。

6）在基本技术教学的同时，学习和掌握下旋击球、放小球等实用技术，丰富全面的击球技巧。

7）针对儿童启蒙教学的特点，在短式网球教学阶段，主要是学习和运用封闭式的击球步法。这样做的意义是让儿童统一落地击球和截击球的步法，在学习技术动作中，尽量体现两种击球动作的共性特征。在短式网球教学的后期，落地击球的"开放式"和"半开放式"步法可作为实用步法进行练习，以满足不同击球技术的需要。步法是网球技术动作中最重要的组成部分，因此，在短式网球教学中应占有较重的比例。

8）学习、掌握单打和双打的基本战术，突出基本技术与战术水平同步发展的教学原则。在不同水平阶段的教学中，比赛都是主要的教学方法与手段，通过实践，逐步形成以进攻型为主的、具有不同流派的技能风格，增强战术意识，提高对抗和应变能力。短式网球教学中应特别重视双打的教学和比赛，要利用双打有利于进攻意识锻炼和全面技术运用的特点培养儿童，以达到水平全面提高的目的。

3. 身体素质部分的教学目标和任务

1）结合儿童生理、心理和网球运动本身的特点，10岁以下儿童一般身体素质教学应该重点发展关节柔韧性、协调性、平衡能力、灵活性、节奏感和反映速度能力等方面。力量素质的教学并不是主要的。教学的方法可采用能突出反映以上素质的游戏活动，也可以结合网球动作的特征、借助挥拍、专项步法练习、反应起动、急跑急停、变速跑、跳绳等教学方法，多增加一些关节柔韧性的练习，要避免使用器械进行大强度的力量教学。

2）在进行身体素质教学时，运动量的安排一定要充分考虑到儿童年龄段跨度大的特点，其教学难度、运动量应因人而异，区别对待，达到科学教学的目的。如表8-3-1和表8-3-2所示。

表8-3-1　不同组别身体素质教学的主要内容和强度

		各年龄段教学内容的比重	5岁以下	C组（6~7岁组）	B组（8~9岁组）	A组（10~11岁组）
全面身体素质	灵敏	灵敏性	△	△	□	□
		协调性	△	△	□	□
		平衡能力	○	○	△	□
		节奏感	○	○	△	□
	速度	反应速度	○	○	○	△
		动作速度	○	○	○	△
		移动起动速度	○	○	△	□
	力量	动作控制力量	○	○	△	□
		爆发力	—	—	○	△
	耐力	变速耐力	—	—	○	△
	柔韧	躯体关节柔韧性	△	△	□	□

表8-3-2　不同组别专项素质教学的主要内容和强度

		各年龄段教学内容的比重	5岁以下	C组（6~7岁组）	B组（8~9岁组）	A组（10~11岁组）
专项身体素质	速度	步法移动速度	○	○	△	□
		动作起动速度	—	—	○	△
	力量	支撑平衡力量	○	○	△	□
	灵敏	动作转换速度	○	○	△	□
		变方向速度	—	—	○	△
		技术转换运用速度	—	○	△	□
	弹跳	跑的弹性和跨步能力	—	○	△	□
		后移动弹跳能力	○	△	△	□
	协调	动作的配合	○	○	□	□
	柔韧	动作关节能力	△	○	□	□
	耐力	动作耐久力				△

注：○-弱；△-中；□-强

4．心理教学部分的目标和任务

儿童心理素质教学主要是结合教学和比赛而进行的。通过指导，有针对性地进行教学、比赛的心理控制和调整及教学、比赛后的心理恢复。帮助儿童正确对待教学和比赛，正确对待成功、失败和困难，培养儿童顽强拼搏的意志品质和观察、分析、自控能力。

5．理论知识部分的目标和任务

结合教学，向儿童讲解网球知识，让儿童理解网球运动的基本原理。针对儿童教学的要求，理论教学应突出由感性向理性发展的特点，先让儿童学打球，再讲解为什么这样做，这是区别于成人教学的一个显著特点。理论教学时，教师的专业素质和理论水平十分重要，除了能发现问题，解释理论要做到深入浅出、通俗易懂，让儿童能够理解和消化。

二、短式网球教学的十大特点

1．在教学中教师的主导作用

短式网球所提供的教学器材、场地和比赛方法为儿童学习和掌握网球技能提供了诸多的优越条件，并不是有了这些条件就可以达到高水平的教学效果，而教学的成果最终还是取决于教师本身的素质和教学水平。

1）凡是计划组织开展短式网球教学的单位，必须以选择合格教师作为首要条件。让初学网球的儿童从一开始就能学到正确、合理、规范的技术动作。避免初学时所形成的任何一点错误动作以后都难以纠正，对将来水平的发展会产生难以弥补的后果。

2）一些世界网球发达国家都把最优秀的教师安置在少年儿童的教学位置上。很多俱乐部教师允许教成年人打网球，但不一定有教少儿的资格。

3）国外的做法足以说明对少年儿童教学的重视。儿童启蒙是网球教学中最敏感的阶段，儿童都具有模仿能力的天赋，有学什么像什么的天才能力，依赖性很强。此时，教师教什么，儿童就学什么。所以，必须选择能够胜任儿童教学的教师。

2．学习内容多、进度快

短式网球的教学器材轻小，场地不大，球轻且速度不快，这些条件使儿童学习起来轻松自如、动作自然流畅。因为减少了学习的难度，所以教学的进度很快，各项技术的学习衔接紧密。

1）短式网球不像正规网球那样，所学项目的教学周期很长，时间跨度很大。所以，教师在制订教学计划时要缩短项目之间的教学周期，让儿童在一个不太长的时间里尽量多地接触到每一个打法，使儿童对网球尽早产生正确完整的概念。

2）为了加快学习进度和保证所学技术的质量，可以采用因材施教和针对性的原则。教师应从理论和实践中认识并付诸具体教学，那么就能达到加快教学进度并取得规范技术动作的目的。

3．区别对待

短式网球教学的目标、任务、内容、要求和时间的计划安排一定要区别对待。因为儿童参加短式网球教学的年龄跨度较大，所以，教学计划的制订很难有一个标准的界定。它和成人教学有很大的不同，一般来讲，启蒙小，教学的进度相对慢、时间长；启蒙大，教学的进度快、时间短。所以，短式网球教学要根据不同年龄段分组并制订相应的教学计划。

4．为过渡到正规网球教学创造条件

短式网球纳入网球教学体系，无疑是网球教学的一个重大的改革。它改变了过去那种直接步入的传统做法，使网球教学更加科学、系统和规范。

1）儿童经过短式网球教学，完成所有既定的学习任务，能像正规网球一样在短式网球中表现出网球技能，到了10岁左右就可以进入正规网球教学。

2）选择10岁左右儿童进入正规网球教学的一个主要理论依据，是因为该年龄段儿童的发育逐渐由孩童进入了青春发育期。无论体态、心肺、力量都有所发展，协调性和稳定性进入了高峰期，具备了正规网球所需的条件。

3）反之当儿童初步掌握各种打法，不论年龄还是发育情况都过早进行专业化网球训练，这种做法是不可取的。超前练正规网球会破坏已掌握的技术。对天赋高、进步快，尤其是身体发育特别好的可以另当别论，适当放宽"接轨"的年龄界线。

5．对儿童应该采用直观模仿和启发式的形象教学

儿童对复杂网球理论缺乏理解能力，因此，教学时多讲理论效果不大。针对儿童的学习特点，在教学中应该充分发挥儿童模仿能力强、协调性好的优势，由徒手模仿动作再逐渐过渡到完整的击球动作。也就是说，儿童对短网技术动作的学习不同于成年人的教学，应对动作（技术）产生感性认识再提高到理性上。

1）实际上，短式网球所有繁多击球技术动作的教学都可以采用相应的教学方法与手段取得教学的效果，实现从"形象"教学到儿童的"感性"练习过程。当儿童对练习动作产生记忆之后，教师一面向儿童指出优缺点，一面讲解为什么这样打才对，就可以丰富儿童对技术的理论知识。

2）另外，应该多让儿童们观看一些基础动作的技术录像，看优秀运动员的表演示范；最好是让儿童互相评讲技术，让他们对同学的优点和缺点发表自己的看法。总之，提倡直观性、可模仿性的教学，对儿童学习和掌握网球技能是有益的。

6．比赛是最好教学

在短式网球里，儿童只要有1～2个月教学（甚至更短的时间）即可具备比赛的条件。而过去用正规网球，儿童需要2～3年才能做到。短式网球的一个重要实用价值，就是使赛练统一，为儿童创造性和个性的发展提供了优越条件。让儿童在对抗条件下掌握和运用技术，是树立儿童自信心、天赋和创造力的一个重要手段。例如，法国网球协会建议的儿童每年参加正式比赛场数。8岁：最多30场。9岁：最多50场。10岁：最多70场。11岁：最多80场。12岁：最多80场。

7．有利于选材

过去，网球运动员的选材是比较困难的。一是因为普及面窄，人才有限；二是因为教学周期长，很难对所选对象进行全面、系统的观察和测试。因此，在选材上带有较大的盲目性与片面性。

1）因为短式网球是一个系统教学的全过程，通过短式网球选材，教师可以观察儿童掌握每项技术的潜能，对素材条件所规定的遗传、形态、机能、心理、身体素质、运动能力和思想品质等要素进行跟踪考核，通过教学完成普选、复选、专选和终选任务，为网球队伍输送优秀后备人才。

2）鉴于短式网球的这一功能与特点，开展短式网球教学时，必须将选材计划纳入整体工作规划之中。

8. 短式网球推广的社会化

短式网球是一项大众化的开发性潜能较强的体育运动，它在我国经济发展大环境下，呈现出了时代特征和发展机遇。这项运动可以充分调动和发挥社会办体育的积极性，除了体育部门，可以提倡学校、企业、协会、俱乐部和儿童游乐场所开展这项运动。实践证明，多渠道开展短式网球运动不但对发展网球事业有利，还可以产生较广泛的社会效益和经济效益。

9. 短式网球也是不同年龄层次休闲健身和网球启蒙的有效手段

根据短式网球的原理，它除了适用于儿童网球启蒙，也同样适用于不同年龄的网球初学者进行教学。不同年龄的成年、老年人通过教学，可以在很短的时间内学会各种打法，可以简化教学程序，缩短教学周期，提高动作质量，培养网球兴趣，同样是过渡到正规网球教学的有效途径。由于短式网球器材轻小、活动场地不大、使用安全、体力消耗小，加上具有网球的内涵和趣味性，完全适合老年人体育锻炼的要求，又可以举办短式网球比赛以球会友，充实老年人生活。

10. 有利于教练队伍的建设

我国开展短式网球，可以开辟并扩大师资队伍的人才市场，对调动和发挥卓有贡献的老教师作用、培养和壮大我国教师队伍、加速网球运动职业化与俱乐部化，有着重要的现实意义和深远的战略意义。

三、短式网球选材的阶段、方法、内容和要求

"普及与提高"是开展短式网球运动的任务。一是通过在儿童中推广短式网球，达到强身健体提高儿童全面素质的目的；二是在普及的基础上发现和培养优秀网球人才提高网球运动技术水平。其中，人才的数量与质量无疑是衡量教学水平的一个重要标志。作为一名短式网球教师，除了担负着教学和管理任务，能不能多出人才，出好人才以及能不能用科学方法选材是检验业务水平、工作能力的重要方面。

短式网球教学从零开始至全部学业结束可以分为初、中、高级三个阶段，在初级和高级两个选材大阶段里包括了普选、复选、专选和终选四个过程。其中，初级选材阶段包括了普选和复选；高级选材阶段包括了专选和终选。

1. 初级选材阶段

1）普选（第一过程）：由短式网球教学网点的教师、老师和家长配合，在小学低年级、幼儿园大班的儿童中进行普选。选择中，从儿童的体育才能、天赋、身体形态、身体

机能、性格特征、身体素质、智商水平及家庭状况等方面进行观察和测试。由于所选对象年龄较小,一些素质条件难以得到准确结论,因此,普选时要特别注意参考父母的遗传因素。通过选择,择优选入基层教学网点接受教学。

2）复选（第二过程）：一般来讲,儿童们经普选,进行有 1～2 个月的系统教学之后,对网球的素质可以明显表现出来,教练即可以对学员进行复选。复选要从儿童掌握技术能力、进步速度、水平提高状况、身体机能、身体素质（包括心功能、身体器官发育）、教学态度、思想修养及家庭状况等进行测试和考核。

2. 高级选材阶段

1）专选（第三过程）：所谓专选,是对提高班学员而言的。他们将结束短式网球教学,是准备进入正规网球教学前的选拔（一般年龄是 9～10 岁）。教师根据儿童教学档案,从技术、战术水平状况、比赛成绩、身体发育、身体素质、心理素质、打法风格、智力和思想作风等素质因素进行考核。其中,对有培养前途的儿童,选拔进入正规网球接轨班进行为期 1～2 个月的过渡性专门教学。

2）终选（第四过程）：对进入接轨教学儿童,由省、市运动队、网球学校、网球俱乐部的教师、科研人员负责,选拔在比赛、技术、战术、心理、作风和身体素质表现突出、有发展潜能的儿童进入专业（或职业）队伍。

3. 终选的基本内容与要求

（1）身体形态

一般来讲,根据我国儿童的发育特点和选材的基本要求,优秀网球选手的平均身体高度应该是：男子 $1.80±X$ 米、女子 $1.70±X$ 米。儿童进入 10 岁以后,其身高、体重、手长、上肢长和下肢长的指数,可以对成年后的身高和体态做参考估测。

具备正规网球教学条件的运动员,需体型匀称,手掌较大且有力,肩宽大于髋部,腿部肌肉匀称发达,跟腱较长,关节径相对较小。选材时,可以借助骨龄的测试方法,对身体形态的发育取得可靠数据。另外,儿童的身体形态与家庭遗传基因有较明显的关系,依据父母及有血统关系的身体形态,也可以取得可靠估测数据。还有,儿童体型发育与年龄的比例、骨盆大小（尤其对女孩）、上下肢比例、肌肉质量、足弓深度等细节有关,都是身体形态中不可忽略的方面。

（2）遗传因素

遗传性是网球选材一个重要依据。在当今世网坛中,很多网球名明星都有其家庭网球历史的背景,所以遗传因素对事业的成就有着重要的作用。除了身体形态和本身所具有的网球天赋,身体素质、智力、兴趣爱好、性格、成长的环境均对从事网球事业和将来获得成功有着直接的关系。

（3）身体机能

这一方面的选材内容主要是要确定入选者心肺功能、视觉机能。在选材中要对运动员的心脏状况和肺活量进行认真的测试和检查,观察其时间感、位置感的能力,从中选拔具有良好机能的、负荷力强的对象。与此同时,网球技巧的反应能力也是专项身体测试的主要内容。

（4）基础身体素质

全面身体素质的测试重点是速度、爆发力、协调性、动作速率、灵敏和耐力几个方面，因为网球运动比较突出力量、速度、耐力这些项目特点。在专项身体素质测试中，主要是依据过去长时间教学实践，对球感素能、到位感、时间感、专项力量、速度、耐力的表现给以评定。

（5）心理条件

心理的选材条件比较严格，也是难度较大的考核方面。原则上是要选拔对网球有事业心、有浓厚爱好、运动感觉良好、思维敏捷、模仿力强、有创新意识、头脑灵敏、有持久性、有斗志、有良好修养和意志品质的运动员。教师可对参选者进行智力、意志、气质和技术、战术、身体教学进行全面考察。

（6）作风素质

思想素质是选材必不可少的内容，教师要通过学员长期学习、教学、生活、比赛的表现，选拔态度端正、认真刻苦、遵守纪律、有敬业精神、水平提高快、有责任感和创新精神的后备人才参加正规网球教学。

第四节　短式网球教学方法

一、短式网球游戏练习方法

1）简单游戏、运动前游戏以及运动代表了儿童的身体发展过程，具体的各项特征见表 8-4-1。

表 8-4-1　运动游戏三步骤的特征

名称	特征
简单游戏	锻炼协调力的趣味运动 持续时间短 简单的规则 只需自然和自发的努力 体质、技术、技巧的低需求 为了娱乐
运动前游戏	趣味运动 中等持续时间 略微较难的规则 少量自然和自发的努力 针对儿童的能力对体质、技术、技巧有较为简单的要求
运动	趣味运动 较长的持续时间 复杂困难的规则 无自然和自发的努力 在体质、技术、技巧方面有较高要求 与现实规律相符

2）针对 5～11 岁儿童短式网球教学,应注意从以下几方面的内容逐步进展(表 8-4-2)。

表 8-4-2　练习过程的内容流程

儿童	身体环境	使用设备（球拍、网球）	操作控制能力	控球
				击球
				击球接球
	个人环境	使用身体	机动能力	身体部位
				身体姿势
				环境
				力量
	社会环境	与他人合作（同伴、对手）	合作	合作行动
			对抗	对抗行动

①操作控制能力：操作控制各种不同的网球设备。

控球：以连续或间歇接触的形式练习对各种物体的控制能力（如控制球拍上的网球）。

击球：使用不同方法击打各种物体，可使用也可不使用器具（如用球拍将网球击给对方）。

击球和接球：使用不同方法击打和接取各种物体，可使用也可不使用器具（如与对方练习对打）。

②机动能力：在头脑中形成一种正确的人体图像，可以在各种情况下移动身体（如边用球拍掂球边跑）。

③合作：与几位同伴合作，互相将网球打给对方。

④对抗：与一位或几位同伴进行技术性对抗，根据规则设法不让其他人接住打来的网球。

二、短式网球教学前期活动

短式网球教学前期活动包括发展协调能力的练习和游戏，从而为今后学习网球技术打好基础。为了实现平稳自然过渡，为了掌握短式网球技术，儿童必须首先掌握这些网球教学前期技能（表 8-4-3）。

表 8-4-3　短式网球教学前期技能练习内容

类别	球感练习	简单击球	灵敏练习	身体平衡
内容	滚球	挡球	追逐	落地
	抛球	弹球	平衡	移动重心
	接球	踢球	跳跃	自我保护
	击球	拍球		

1. 协调能力
1）可针对任何年龄段的儿童。
2）组成 4~6 岁儿童的主要活动部分。
3）帮助儿童通过调整其动作和控制物体使其解决运动中遇到的问题。
2. 儿童可通过下列途径获得这些重要的运动技能
1）重复。
2）形成模式。
3）发展和优化运动记忆。
3. 每堂课需要做的练习
1）带球或不带球练习，强调跳跃、改换方向、改变节奏以及了解身体结构。
2）让儿童熟悉网球器具而进行的不同游戏，检验他们所学的运动技能。
3）重复进行各种活动，可使用锥形筒、圆圈、不同大小的网球等网球设备。

三、短式网球教学前期活动的目标（表 8-4-4 和表 8-4-5）

表 8-4-4　短式网球教学前期活动的总体目标和一系列活动

社会家庭目标		专业技能目标	
获得乐趣并受到鼓励	做家庭作业	协调	步法和平衡
听取教育	对网球形成兴趣	察看网球	屈膝
分享和合作	使用精神机能	控制球拍、网球	控制击球方向
善待他人	建立自信	握拍和姿态	控制击球
使用记忆	建立自尊	自动喂球	持久性
协同作战		跟踪球迹	

表 8-4-5　短式网球教学前期活动的特定目标

	操控	机动
操控和机动	以各种握拍方式控制网球 用球拍将球击打到不同高度和远度 用球拍接住来自不同高度和不同方向的回球	当着重于身体不同部位时 当控制身体姿势时 当发现某人状态时
	操控	合作
操控和合作	以各种握拍方式控制网球 用球拍在各种情况下击球和接球	与一位或更多的伙伴对打
	操控	对抗
操控和对抗	以各种握拍方式控制网球 用球拍在有限的范围内击球或接球	尽可能让对手很难控制球或接球

四、短式网球教学方法须知

1. 对儿童初学者教授的方法更为重要

网球是项技能主导型的项目，对某些儿童来说，是难以学习和掌握的运动。虽然非常有天赋的孩子可能在学习新的握拍和击球技术时不会遇到什么困难，但对其他大多数儿童来说，他们仍然很难学会击球和控球技术。这种以传统方式（使用标准球场和设备）介绍网球技术时遇到的困难较多。

1）球场面积过大。

2）对于儿童的平均高度而言，球网过高使得儿童击球时必须有较高的轨迹和反弹，从而对儿童的肩膀甚至头部造成不良的影响。

3）不适合的设备：球拍（过大、过重）和网球（过快、过重）。

4）另外，研究表明儿童对某个简单信号的反应速度比成年人要慢 90%，这就是儿童很难掌握判断来球轨迹技巧原因。

2. 传统的网球教学方法特点

1）强调让学员适应网球运动的特点（首先教授网球技术，再进行实际练习）。

2）不对网球运动的环境做任何变动（即让儿童在标准网球场地进行练习，使用成年人用的大号球拍和高压力网球）。

3. 短式网球教学的特征

在这种情况下，网球成为极难掌握的一种运动，让儿童感到枯燥和疲惫，早期成功的先例很少，使得此项运动毫无乐趣可言。而采用短式网球教学使得网球运动适合儿童的特征，有一定的优势。

1）儿童不是年轻人，他们希望能够在适合自己身体能力的环境下学打网球。

2）通过布置适当的任务（最佳是采用挑战方式）使儿童较早实现成功。

3）成功体验使打球变得有趣味，并建立自信心。

4）通过较快地掌握控球技术，儿童得以成功接触到一项"真正的运动"。

5）让儿童自己制定规则，并可随心所欲地击球。

6）这样可使他们学得更好，可更简单地实现成功，可享受更多的乐趣，使得他们喜爱打网球，并将网球作为一生的运动。

五、典型的短式网球教程

1. 教学计划的制订与实施

1）提前计划好练习方式非常重要。

2）每节课应设有核心内容（学校教师希望在授课过程中实现的目的）以及目标。

3）初学者的网球课应不超过 60 分钟，对于年龄更小的儿童时间应更短。

4）根据学生的年龄和能力，一般情况下 30～45 分钟已经足够完成各项任务。

2. 课程进行步骤（表 8-4-6）

1）集中学生、课的布置。

2）热身、准备活动。

3）主要部分（技能教学和游戏）。

4）整理活动、总结、布置课外练习任务。

表 8-4-6　教学内容实施步骤一览表

课程步骤	内容
集中学生、课的布置（5 分钟）	带网球器具来到球场 简单介绍课程目的并指出本日活动内容 询问学生是否有受伤或生病的情况（5 分钟）
热身、准备活动（5 分钟）	进行有变化的趣味热身运动 通过使用网球器具或其他手段来进行游戏和练习（5 分钟）
主要部分 （技能教学和游戏）（20 至 35 分钟）	演示和讲解： 演示的基本目的是对所做动作的总体形象做介绍 结合对具体动作的简单清楚的讲解来做出演示 练习： 让学生尽早开始进入打球阶段，清楚地指导和介绍练习程序 进行各种趣味混合教学，保证目标一致 以学生最喜欢的方式结束课程（20~35 分钟） 反馈和纠正： 提出表扬 肯定所有成绩 每次纠正一项错误 让儿童在适当的时间内进行教学 适当调整任务难度，以便确保成功
整理活动、总结、布置课外练习任务 （5 分钟）	在结束之前做些调整练习以便让身体静下来 最后对本日课程中的重点进行简单评估 收集所有设备并安排一项练习任务作为"家庭作业"（5 分钟）

六、课程组织

1）如何较好地组织起课堂教学，从而最大限度地利用现有设备资源，这对学校教师来说是重要的要求之一。

2）在课程组织时，应注重集体教学，考虑以下几方面要素。

①儿童的数量：学校的短式网球课是集体课。最理想的比例应为一位学校教师带领 20~30 名学生，可能的话也可增加至 30~40 名学生。

②可利用的设施：墙、围栏、木板、椅子以及其他设备都在进行大量学生参加的集体教学时有用。

③练习场地数量因地制宜（小球员可以进行教学的场地）。

④任务数量（小球员需要完成的任务或打球的次数）。

⑤任务的难度。

⑥整个课程的时间以及各项任务所需时间。

七、游戏教学

1）玩游戏对儿童来说是非常自然的事。此项活动对儿童无任何目的的要求，仅是为了产生乐趣，在自然无意识的情况下进行，主要就是为了提高儿童的兴趣。

2）通过玩游戏，学校教师或网球教练可以让儿童在玩耍的同时学会打网球的技术。

为初学者组织的游戏有以下几点主要特征。

①游戏应有乐趣。

②进行的方法及目标的设定应适合小球员的特点。

③游戏应有变化且每个游戏应有不同的变化组合。

④游戏规则应很简单,计分制度应清楚。

⑤最好进行集体或团队游戏,所有学生都应参加,尽量避免进行淘汰类型的游戏。

⑥如果采用淘汰制,重要的一点是应给予"最后的希望"或对其进行安慰。

⑦游戏中不应带有任何危险性或体罚学生。

八、校园短式网球教学计划简介

1)典型的校园短式网球计划在初期包括 30 节,时间长度为一小时的课程,可有以下两种形式。

①每周一小时,为期 30 周(大约为 7 个半月)。

②每周进行两次一小时的课程,为期 15 周(大约 3 个半月)。

2)一个教学阶段所需教师的数量取决于可允许的时间段以及学生的网球水平。教授不同年龄和不同水平的学生网球技术是件较为复杂的事。当计划安排课程时,非常重要的一点是将学生身体、生理和心理差别考虑在内。只有在练习方式正确时才可以达到教学的预期效果。

九、儿童 10 步网球教学训练法简介

图 8-4-1 正拍颠球

10 步网球训练法是通过 10 个简易的步骤使网球零基础的学员能够迅速地掌握击球技巧,课程结束后,学员能够在小球场发球、回球、相持并得分。

1)自我练习。

①正拍颠球:握拍手背朝下,用拍面将球颠入事先准备好的直径为 1 米的圈内,如图 8-4-1 所示。

②反拍颠球:握拍手面朝下,用拍面将球颠入事先准备好的直径为 1 米的圈内;正反拍各颠 5 次,强调击球向上,保持球在身体前方击出。正手:手背向下;反手:手背向上。如图 8-4-2 所示。

2)和搭档练习,两学员站在离圈 1 米处,圈放于他们之间,依次击球入圈中,以 5 个球为一组,完成正拍四组,反拍四组,拍面完全打开,强调击球向上,保持球在身体前方击出 1 米。如图 8-4-3 所示。

3)两名学员面对面站立,各自前方应有一直径 1 米的圆圈,两个圆圈之间相距 1 米。双方学员依次用正拍将球颠入对方圆圈内,球在空中的高度应不超过身高。

4)照步骤 3)的方法用反拍完 4 组颠球,每组 5 球。强调向上击球,击球点在身体侧

前方，击到球后向身体前方推送。

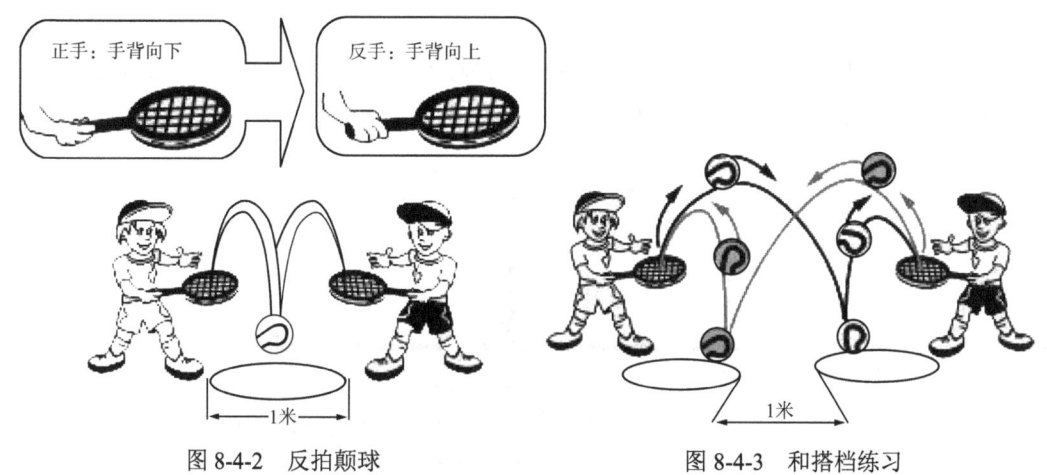

图 8-4-2　反拍颠球　　　　　图 8-4-3　和搭档练习

5）照步骤3）的方法，但将两个圈改做四个圈，每两个圈一组，两组之间相距2米，双方交替将球颠入对方的两个圈中，球高不超过与身高，强调向上击球，击球点在身体侧前，击到球后向身体前方推送。如图8-4-4所示。

图 8-4-4　10步网球训练法组合练习

6）照步骤5）的方法，但这次学员可将球随机颠入他们选择的圆圈中，教练员需检查学员在击球中的平衡能力、向上颠球以及击球点是否在身体侧前方，击完球后动作回位到身体中间位置。

7）照步骤5）的方法，并在中间用网（或是线、绳子之类）隔开，每边各距网1米。教练员需检查学员在击球中的平衡能力、向上颠球以及击球点是否在身体侧前方，击完球后动作回位到身体中间位置。

8）照步骤7）的方法，但这次换上正规球网，圆圈也换成2平方米大小的小场地，双方先合作进行相持球的练习，但渐渐增加竞争教练员应规定不能截击，只打落地球采用下手发球，幅度不应太大。

9）照步骤8），但球场大小换成4平方米。教练员可以介绍一下上手发球（注意要轻），让学员体会一下在不同击球点击球的感觉。当儿童学员能够使用慢速球在小场地中发球、相持、得分后，场地可以适当加大，也可以适当换上速度较快的球。当场地面积变大，这就要求学员在击球时加大击球力度和高度,同时也要求学员更多的移动。可按照以下的步骤进行。

①学员在 3 平方米的球场上打球。教练员可以介绍上手发球(注意要轻),让学员体会一下在不同击球点击球的感觉。如图 8-4-5 所示。

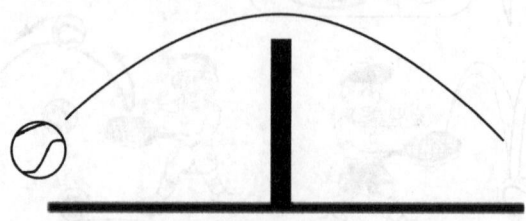

图 8-4-5　3 米球场

因为球场小,所以在控制击球时一定要轻。击球点应在身体前方。引拍幅度小,球过网时保持合适距离(相对距离越近,过网弧度越高)

②场地改为发球区大小。如图 8-4-6 所示。

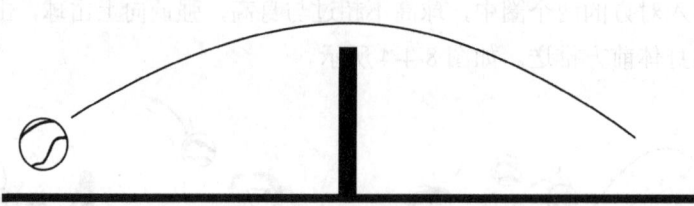

图 8-4-6　发球区

引拍幅度应稍大于 3 平方米的场地时,击球点在身体前方,球过网时保持合适距离

③场地改为半场。如图 8-4-7 所示。
④场地改为全场。如图 8-4-8 所示。

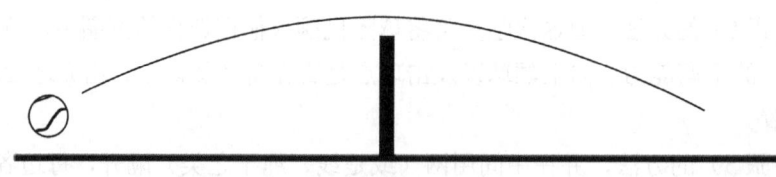

图 8-4-7　半场

半场要求引拍幅度比步骤②要大,同时击球点仍应在身体前方,球过网时保持合适距离

图 8-4-8　全场

全场要求引拍幅度比步骤③要大,同时击球点仍应在身体前方,球过网时保持合适距离

第五节 短式网球规则、裁判法则与竞赛组织工作

一、场地

1．球场

1）球场是一个长方形，长 13.4 米，宽 6.1 米。用球网将全场横隔为二等区，网柱高 0.85 米，网长 7 米，网中央高 0.8 米。

2）球场两端的界线叫端线，球场两边的界线叫边线。在距球网两侧 3.7 米处的场内各画一条与球网平行的横线叫做发球线。连接两发球线的中点，画一条与边线平行的线叫做中线，中线与球网成"十"字形，将发球线与边线之间的地面分成四个相等的区域叫做发球区。

3）在端线的中心，向场内画一条 10 厘米长、5 厘米宽垂直于端线的短线叫做中点。

4）全场各区的丈量，除中线外都从各线的外沿计算。所有的线应是同一颜色，线宽均为 5 厘米。

2．球场固定物

球场固定物包括球网、网柱、球场四周的挡网、看台、固定的或可移动的座位或座椅及其占有人、安置在场地周围上空的设备，以及进入指定位置的裁判员。

3．球的大小和重量

球是用高弹性泡沫塑料制成的，球体直径 7 厘米，重 14.5～15 克。

4．球拍

球拍的长度一般分 47、49、55、59 厘米四种，重量与长度成正比，在 160～220 克。

二、单打

1．发球员和接球员

运动员应分别站在球网的两边，先发球的运动员叫发球员，另外一边的运动员叫接球员。

2．选择权

比赛前用掷币的方法来决定选择权。获得选择权的运动员有权选择场区或首先发球权、接发球权。

1）选择发球者应由对方选择场区。

2）选择场区者应由对方选择发球或接发球。

3）选择接发球者由对方发球并选择场区。

3．发球

发球员在发球前，应先站在端线后，中点和边线的假定延长线之间的区域内，然后用手将球向空中任何方向抛起，在球接触地面以前用球拍击球。球拍与球接触，就算完成球的发送。

4．脚误

1）发球员在整个发球动作中应做到以下两点。

①不得通过行走或跑动改变原站的位置。发球员发球时如两脚轻微移动而未变更原位，不算行走或跑动。

②两脚只准站在端线后、中点和边线的假定延长线之间，不能触及其他区域。

2）脚是指踝关节以下部分。

5．发球员的位置

1）每局开始发球时，发球员应先从右区端线后发球，一分结束后，应换到左区发球。如发球位置错误而未察觉，比分仍然有效，一旦察觉，应立即纠正。

2）发出的球，在对方还击前，应从网上越过落到对角的对方发球区内或其周围的线上。

6．发球失误

发球时发生下列任何一种情况，均判失误。

1）发球员违反规则第3、4、5条的各项规定。

2）发出的球在落地前触及固定物（球网除外）。

7．第二次发球

发球员第一次发球失误后，应在原发球区进行第二次发球。如第一次发球失误后，发觉发球位置错误时，应按规则第5条改在另外一区发球，但只能再发一次球。

8．发球时间

发球员须待接球员准备好后才能发球。接球员做还击姿态就算已做准备；如接球员表示尚未准备，即使所发的球没有落到发球区内，他也不能要求判此球失误。

9．重发球和重赛

凡根据规则必须重发球或比赛受干扰时，裁判员应呼叫"重发球"，对此可作下列解释。

1）宣报发球无效时，仅该球不算重发球。

2）其他情况下，该分重赛。

10．重发球

下列任何一种情况，应判重发球。

1）合法的发球触及球网，仍落到对方发球区内，或发出的球触及球网后，在落地前触及接球员身体或其穿戴的物件。

2）无论发出的球成功还是失败，接球员均未做准备。如重发球，则那次发球不予计算，但原先的第一次发球失误不予取消。

11．发球次序

第二分结束，接球员成为发球员，发球员成为接球员。以后每两分结束均依次互相交换，直到比赛结束。如发球次序发生错误时，发觉后应立即纠正，由应轮及发球的球员发球。发觉错误前双方所得的分数有效。如发觉前已有一次发球失误，则不予计算。

12．运动员何时交换场地

双方应在每局比分之和为8或8的倍数时，以及一局结束后交换场地。

13. "活球"期

自球发出时起（除失误或重发球外）至该分胜负判定时止，为"活球"期。

14. 发球员得分

下列任何一种情况，判发球员得分。

1）发出的球触及接球员或他穿戴的任何物件时。

2）接球员违反规则第 16 条的规定时。

15. 接球员得分

下列任何一种情况，判接球员得分。

1）发球员连续两次发球失误时。

2）发球员违反规则第 16 条的规定时。

16. 失分

下列任何一种情况，均判失分。

1）在球第二次着地前未能还击过网（规则第 20 条 1）和 3）除外）。

2）还击的球触及对方场区界线以外的地面、固定物或其他物件（规则第 20 条 1）和 3）除外）。

3）还击空中球失败（站在场外击空中球失败也算失分）。

4）在比赛进行中，运动员故意用球拍拖带或接住球，或故意用球拍触球超过一次。

5）"活球"期间运动员的身体、球拍（不论是否握在手中）或穿戴的其他物件触及球网、网柱或对方场区以内的地面。

6）来球尚未过网即在空中还击（过网击球）。

7）除握在手中（不论单手或双手）的球拍外，运动员的身体或穿戴的物件触球。

8）抛拍击球。

9）比赛进行中，运动员故意改变其球拍形状。

17. 阻碍击球

甲方的举动妨碍乙方击球时，该举动若属故意，判甲方失分，若系无意则判该分重赛。

18. 压线球

落在线上的球都算界内球。

19. 球触固定物

击出的球落到对方场区地面后再触及固定物（球网除外）时，判击球者得分，球在落地前触及固定物，判对方得分。

20. 有效击球

下列任何一种情况，都是有效击球。

1）球触球网、网柱后，从网上越过落入对方场区内。

2）对方发出或还击的球，落到本方有效场区内又反弹回去或被风吹回对方场区上空时，本方运动员挥拍过网击球，球落到对方场区内，其身体、衣服或球拍并未触及球网、网柱和对方场区的地面。

3）球从网柱以外还击至对方场区（不论还击的球是高于还是低于球网或是触及网柱）。

4）合法击球后，球拍随球过网。

5）对方发出或击出的球，碰到本方场区内的另一球，而还击的运动员仍能将应回击球打到对方场区内。

21．意外阻碍

运动员遇到不能控制的意外阻碍（球触固定物及规则第 17 条的规定除外），妨碍其击球时，该分重赛。

22．胜一局

运动员每胜一球得一分，一方先到 11 为胜一局，10∶10 时一方须连胜两分为胜一局，14∶14 时，加赛一分定胜负，获得该分的一方即胜该局。

23．临场裁判员、裁判长的任务

比赛时如设裁判员，临场裁判员的判定就是最后的判定。比赛大会设有裁判长时，如运动员对裁判员涉及有关规则问题的判定有异议，可提请裁判长解决。裁判长的判定就是最后的判定。对于事实问题，则以裁判员的判定为最终决定。

24．指导

团体赛中，在一局比赛结束时，可由坐在场内的教练给以指导，在换边时不得进行指导。单项赛时，教练不得指导。

三、双打

除以下各条规定外，上述规则均适于双打。

1．发球次序

应在每局开始前，决定发球次序如下。

比赛开始时由发球方决定谁首先发球，对方则同样在第三分开始前决定由谁首先发球，第五分由第一分发球员的同伴发球，第七分由第三分发球员的同伴发球，该局以后均按此次序发球。

2．接球次序

应在每局开始前，决定接球次序如下。

接发球的一方，应在第一分开始前，决定谁先接发球，并在这局单数分继续接发球。对方同样在第三分开始前决定谁先接发球，并继续在该区接发球。他们的同伴应轮流接发球。

3．发球次序错误

如果发球次序发生错误，应在发觉时立即纠正，但已得的分数或已成的失误有效。如发觉时已过了两分，此后的发球次序以该次为准，轮流发球。

4．接球次序错误

如果接球次序发生错误，发觉后仍按已错误的次序进行，等发完二分以后，再行纠正。

5．发球失误或得分

发出的球，如违反单打规则第 6 条规定或触及同队队员或他穿戴的物件时，都算失误。发出的球在着地前触及接球员的同伴或他穿戴的物件时（规则第 10 条 1）除外）应判发球方得分。

6. 还击

接发球后，双方应轮流由其中任何一名队员还击。如运动员在其同队队员击球后，再以球拍触球，则判对方得分。

四、混合双打（家长与少儿配对）

除以下各条规定外，上述规则均适合于混合双打。

1）比赛中，家长必须击打落地后弹起的球，如违反本条规定则判失分。

2）比赛中，家长连续击球不能超过三次（不包括家长的发球与接发球），如违反则判失分。

五、短式网球竞赛裁判的工作要求

1）裁判员在执行任务时，要做到"严肃、认真、公正、准确"，根据儿童特点做好裁判工作。

2）短式网球的运动员都在十一二岁以下，基本没有参加比赛的经历（包括家长）。裁判员要做到主动、耐心地解答他们提出的问题（不违反比赛规则的情况下）。

3）比赛既可激发儿童奋发向上的精神，也是对少年儿童品德教育的培养。入场时裁判员带领运动员队伍要整齐，到达比赛场地后，应请运动员面向裁判员站立，比赛结束后，应请双方握手致意，并分别与裁判员握手致意，然后统一带出场外。

4）裁判员的为人师表对儿童身心健康起着潜移默化的作用。裁判员要文明用语，坐姿端正，服装整洁，不与自己所熟悉的运动员过多接触。

六、临场裁判的工作

1）比赛前10分钟到达场地，做好赛前准备工作。

2）丈量网高。

3）短式网球比赛时间短，为保证比赛顺利，上一场比赛开始立即召集下一场运动员，在指定地点等候。

4）宣布准备活动时间。

5）宣报时，声音应清晰、宏亮、简练，使用规范网球术语。

6）每分球、每局球结束后在计分表上记录，并立即宣报。

7）涉及对规则的理解与解释，可提请裁判长处理。

8）宣布比赛结果和比赛结束。

七、计分

1）计分表要填写清楚，首先将比赛项目、单位、运动员姓名填好。

2）选择场地和首先发球权后以裁判椅为坐标，将运动员的姓名写在左右空格内。

3）在计分表上填写清楚开始和结束时间。

4）得分划"/"，第一次发球失误在发球方格内下部中间画"."，发球直接得分并且对方未碰着球写"A",发球双误写"D",运动员违反守则在对方格内写"C"（并注明违反的条款）。

5）填写完整的计分表，裁判签字送交裁判长。

第六节 课外实训

一、实训项目

校园短式网球运动教学实践。

二、实训目的

提高和充实自己校园短式网球运动教学实践能力。

三、实训条件

在小学校园或其他俱乐部有一定的实践平台。

四、实训步骤

可根据自己的学习实践具体情况，寻求合作伙伴：可通过以球会友的资源、互联网等形式，寻求与自己志同道合、优势互补的合作伙伴。共同走进校园开展网球运动教学实践。

五、实训报告

以个人或团队的名义撰写实训报告：《校园短式网球运动教学实践报告》，以电子版的形式发到教师的电子邮箱。

第九章 软式网球

本章简介：依据软式网球运动发展历程，重点教授软式网球演变与发展，软式网球场地、器材、比赛，软式网球规则、裁判法则与竞赛组织工作，教会学生了解和掌握根据软式网球的特点，组织教学训练和比赛。

第一节 软式网球简介

软式网球诞生于日本，它使用的球为橡胶球，需要充气，并对气压有一定要求，球拍比网球拍要小，材料和网球拍差不多，使用的大多是钛合金。软式网球的场地与网球场地相同，有沙地和沥青涂塑地等。软网的计分规则与网球也不太一样，同时软网比赛时间较短，要求队员能够很快进入状态，对队员心理承受能力要求较高。

球场大小与一般的网球场相同，但是球网的高度为1.06米。比赛方式分为团体赛、双打比赛及单打比赛。软式网球的单打比赛与一般网球不同。软式网球比赛实行一盘定胜负，双打比赛一盘进行9局，单打比赛一盘进行5局。和一般的网球一样，软式网球在同样大小的球场进行，一般是个人或者一对选手参加。比赛要求击球过网，保持球在运行中不出界，并且争取让对手无法接到自己的击球。今天已经超过500万人在日本和全世界享受着这项运动。

第二节 软式网球演变与发展

软式网球是从网球派生出来的一种运动。软式网球诞生于日本的明治维新初期。当时，西方的传教士、商人将草地网球带进了日本，于是在其繁华的城市中开始有了网球运动。但因为当时日本还不具备制作球和球拍的条件，进口又比较昂贵，在学校中开展网球运动受到了限制，他们就以游戏用的橡胶球代替，经过实践同样可以进行运动，于是便由三田橡胶公司开始制作软式网球专用的橡胶球，并在全国推广。由此，在日本诞生了软式网球。1898年，软式网球在日本被列为正式运动项目。1904年，制定了统一的比赛规则。1923年，举办了第一届全日本锦标赛。后来，日本把软式网球介绍到韩国和中国台湾省。1955年，日、韩和中国台北结成了"亚洲软式网球联盟"，并举办了比赛。为了在世界范围内进一步推广，1973年，亚网联盟解散，组成了世界软式网球联盟，决定自1975年开始，每两年举办1次世界软网锦标赛。首届比赛在美国夏威夷举行。1988年2月在东京成立了亚洲软式网球联合会。1990年在北京举行的第十一届亚运会上软式网球被列为表演项目。1994年在日本广岛举行的第十二届亚运会上，软式网球被正式列为比赛项目。目前，世界上有许多国家和地区开展这一运动，其中以日本、韩国和中国台北水平最高。

1987年，中国举行了首届全国软网邀请赛，1988年改为全国软网锦标赛。在1989年第八届世界锦标赛和1990年第十一届亚运会上，中国男女队均取得团体赛第三名。

因目前在我国高校比较普及软网双打比赛，所以重点介绍。

第三节 软式网球双打比赛规则

一、总则

第1条：本规则的目的为规定软式网球比赛所需的必要事项。

第2条：本规则的术语等列于附录（1）、（2）、（3）。

二、网球场

第3条：网球场由球场、球场界外空地、设备以及附属设施等组成，以使比赛能顺利进行。〔注1〕规则第3条。

1）固定设备指网柱及裁判台。

2）附属设施指后面及旁边的围网、观众席、厕所、仓库、选手休息室、压土机、旗竿、计分板、选手席、饮水设备、洗涤设备等。

1. 球场

第4条。

1）场为平坦的长方形。以端线及边线外缘为界所区划之空地、球场中央以球网为界。

2）球场之界线以白色为原则，宽度以5～6厘米为度。

3）为考虑排水起见，球场之倾斜度自中央线XY（XY线于规则5图表里所示）至端线不得超过10厘米。（球场区划）

第5条：球场的图表及大小（表9-3-1）。

表9-3-1 软网双打比赛球场的大小

界线名称	区划符号（Symbol）	长度（Length）
边线	AC，BD	23.77米
端线	AB，CD	10.97米
发球区边线	EG，FH	12.80米
发球区端线	EF，GH	8.23米
发球区中线	MN	2.80米
中央标志	R.S	0.15米

〔注2〕规则第5条。

1）发球区中线与中央标志的连结线为球场之纵的中央线。球网线XY为横的中央线。（这中央线XY把AC、EG、MN、GH、BD等线划分为二等分）

2）中央标志是端线外缘向内画长15厘米的短线。（球场的表面）

第6条：球场为黏土球场或其他质料的球场均可。

2．球场界外的空地

第7条。

1）场界外的空地必须是球场外周围空地，而且与球场同样的平坦，四周围用围网围住，并且以不妨碍比赛为原则。

2）场界外的空地以端线后方应有 8 米以上，边线外应有 6 米以上为原则。

3）在两面或更多面球场并排时应以球场边线与边线之间应有 5 米以上的宽度为原则。

3．固定设备（网柱）

第 8 条：标准的网柱应是木制或金属制品，木柱为正方形每边 12 厘米。金属网柱应是圆形直径 7.5 厘米。〔注 3〕规则第 8 条：卷网器及网柱的其他附属物应被视为网柱的一部分。（网柱的位置）

第 9 条。

1）网柱的位置应垂直图定于两边线的中央之外侧，而两柱与边线之距离应相同。

2）两柱之间的距离（包括柱宽）为 12.8 米，而每柱之高度为 1.06 米。（裁判台）

第 10 条：裁判台之座位高度应为 1.5 米，并且与网柱相隔 60 厘米。〔注 4〕规则第 10 条：裁判台离网柱 60 厘米，意思是指裁判台座位以下最靠近网柱部分之水平距离 60 厘米。

三、设备（用具）

1．球网（球网规格）

第 11 条：球网应合于下列的标准。

1）颜色：黑色。

2）高度：1.06 米。

3）长度：12.65 米。

4）网目：小于 3.5 厘米。

5）网索长度为 15 米，直径在 0.45 厘米以下。

6）网索顶端缝有宽 5～6 厘米的白色带。（球网高度）

第 12 条。

1）球网拉成水平后两边在线端应为 1.06 米。

2）球网两端紧接于网柱，下端需与地面接触。〔注 5〕规则第 12 条。

球网拉成水平后，可能无法达到规定标准，但在可能范围内应尽量要求合乎标准。

2．球

第 13 条：球为圆形且充满空气的白色橡胶制品，其规格如下。

直径：6.6 厘米。

重量：30～31 克。〔注 6〕规则第 13 条。

球得用白色或黄色，但大会无特别指定时，以白色为原则。球因使用后自然变色时，也认为与使用前颜色相同。（球的弹性）

第 14 条：当球由 1.5 米高度落到比赛球场地面时，能弹起 65～80 厘米为准。

3. 球拍

第 15 条：球拍的规格如下。

1）球拍为木制，金属或其他原料制成的，球拍需安装拍线。
2）球拍长度为 69 厘米。
3）拍框为椭圆型，其长度为 32 厘米，宽度为 22 厘米。
4）球握把长度为 37 厘米。〔注 7〕规则第 15 条。
①对于球拍标准规格之幅度，另定于他处。
②球拍线的特殊装置可能影响击球变化时，该球拍不得使用。由裁判长负责审定。

四、竞赛

1. 球员（球员行为准则）

第 16 条：球员需遵守下列事项。

1）使用一支球拍击球。
2）遵照裁判员的指示进行比赛。
3）比赛开始至终了不应中断，但换场区及进入最后一局时为预备下一局比赛，得有一分钟以内的暂停。〔注 8〕规则第 16 条 3）。

规定球员在比赛中不应中断的意思就是禁止下列动作。
①当接发球者准备妥当，而发球者故意不发球。
②如发球者准备发球，但接发球者不准备接发球。
③球员故意拖延比赛。
④与搭配者联系或休息而影响比赛的进行。
⑤每局结束后无法立刻准备进入下一局比赛。
⑥球员在比赛中修补球拍而中断比赛。

（球场礼仪）

第 17 条：球员应注意球场礼貌，其要点如下。

1）遵守规则，有始有终进行比赛。
2）不得过度喧哗、吼叫或有使对方不愉快的言行。〔注 9〕规则第 17 条 1）

比赛开始与终了时球员与裁判员应互相依照裁判要领的规定行礼。

2. 比赛

第 18 条。

1）比赛应以二人搭配成组为原则。
2）以球网为界，相对的两组各占一场区，由任何一球员击球交互进行比赛。（发球与场区的选择）

第 19 条：球员在比赛开始前，应先做好发球或接发球及场区的选择。〔注 10〕规则第 19 条。

发球（或接发球）与场区选择的方法应依照裁判要领中规定事宜施行。

（比赛开始与结束）

第 20 条。

1）当主审宣告预备（Ready）时，球员们应各就各位。当主审宣告比赛开始（Play Ball）后，即开始比赛。

2）比赛结束时，主审应宣告比赛结束（Game Set）。（局的胜负）

第 21 条。

1）一局的胜负，以先得四分者为胜，当双方各得三分时为平手（Deuce）。

2）平手后赢一分者为领先，连赢二分者为胜。如果领先者未能连续得下一分时，即再平手。

3）最后一局时，以先得七分者为胜。当双方各得六分时为平手（Deuce）。（局数与比赛的胜负）

第 22 条。

1）比赛以七局或九局赛为原则。但主办单位得在竞赛规程中另行规定比赛方法。

2）七局赛的胜负以先得四局者为胜。九局赛的胜负以先得五局者为胜。〔注 11〕规则第 22 条。

主单位得在竞赛规程中另行规定比赛方法的意思，系指采用如五局赛或其他方式。在这种情况下须依照附则 2 的规定执行。

（发球与场区的互换）

第 23 条。

1）发球与接发球在每一局终了时互相交换。场区的交换则在单数局终了时行之。最后一局时每二分球换发球，最初二分球及以后每四分球换场区。

2）如果发球或场区交换发生错误时，即在发现错误之下一球更改，其所得分数均属有效。〔注 12〕规则第 23 条 2）及第 27 条 2）和 4）。

当第一次发球后即发现错误，而该一球是失误时得马上更正，在此情况该发球者应从第一次发球实施。如果比赛进行中发现有错误，不得中断比赛。

（发球方及接发球方）

第 24 条：球员面对球网各站一边，将球发到对方发球区之一方称为发球方。接发球之一方称为接发球方。

3. 发球

第 25 条：所谓发球是指发球者有意发球，使球离开手掌的瞬间到该球未落地（包括界外）前以球拍击出的瞬间为止。〔注 13〕规则第 25 条。

只能使用一手的球员，发球之抛球得以球拍代替。

（球员交互发球）

第 26 条。

1）发球由发球方的一人实施，发球方的每位球员须轮流连续发二分球，至该局分出胜负为止。在该局中的发球顺序不得更改。

2）当发球时除接发球者一人可进入场内外，其余球员应站在端线后方与各边线假想延长线之间，发球动作完毕后，各球员可自由变换位置。

（发球的顺序）

第27条。
1）发球应遵守下列规定。
①发球必须先从面对球网的中央标志右侧区域开始，将球击至对角的发球区内，然后再轮到左侧区域依次而行。
②如果第一次发球失误时，得重发一次。
2）如发球时场区顺序错误时，在发现错误的下一球即刻更正，其所得分数仍为有效。
3）如比赛中遇重发球（Let），该发球应重发，如遇重赛球（No Count）时，得从第一次发球开始。
4）在一局之开始前由发球方的一人发球。在该局中每球员都应轮流连续发二分球。
5）最后一局（The Final Game）须使用下面制度。
①两组（球员A、球员B、对球员C、球员D）四位球员以A、C、B、D的顺序各发二分球。
②按原来的发球顺序、轮到发球的发球方（A、B）中的任何一人发第一、二分球。
③接最初一分球的球员，则是第三分、第四分的发球者。最初发二分球者，即三分球的接发球者。赛完最初二分球后，交换场区，其后每四分球六换场区一次。
〔注14〕第27条5）最后一局的发球顺序。
①A球员发第一及第二分球。（换发球及场区）
②C球员发第三及第四分球。（换发球）
③B球员发第五及第六分球。（换发球及场区）
④D球员发第七及第八分球。（换发球、顺序恢复到①）
发球与接发球之顺序在该局比赛中不得更改。（发球位置）
第28条：发球位置必须在边线与中央标志的假想延长线之间，且须在端线后方发球。
〔注15〕规则第28条。
1）发球者在图表里所示A及B区域内发球。A的位置发球到对方右侧发球区而B的位置则发球到对方左侧发球区。与发球之抛球有连带关系的动作如走步或跳起都必须在所规定发球位置范围内实施。
2）发球动作中，如仅在空间越过所规定范围，实际上脚并未踏进时，则属有效。（发球时机）
第29条：发球应在主审宣告后，并确认接发球者已准备接发球而且在已具备规则第26条2）的条件时发球。
（重发球）
第30条：重发球的情形如下。
1）如果发球违反第29条规定，但必须由主审判定。
2）如果发球碰到球网或网柱后，有下列情形时。
①球落到对方有效发球区。
②落到接发球方球场或界外场地或触到裁判台、围网之前，球触到接发球方任何一人的球拍、身体或衣物。
③球尚未落到球场、球场界外或触到裁判台、围网等之前，接发球方的球拍（包括挥

拍离手的球拍)、身体或衣物触网、过网。

3) 如果接发球者未完成接发球以前有下列情形发生时,须由主审判定。

①因为裁判的错误判决而中断击球。

②由于突发事故而中断击球。

③双方球员发生同时失分时。

4) 如果裁判在任何其他情形之下,必须有指示或有充分理由中断发球时。〔注 16〕规则第 30 条。

①关于 1) 项,不论其所发的球是否有效,均重新发球。

② 3) 中①的意思是就接发球者能击还对方发球的情况而言,依主审判定。

③在 3) 里"未完成接发球以前"是表示发球者将球离手瞬间到有效发球在第一次反弹后,未第二次落地前,以球拍击还的这段时间。

④在 3) 中②里"突发事故"是指包括其他球场的使用球及与比赛者无直接关系的第三者影响比赛。如该球场使用球经第三者掷回时视同第三者的球。(发球失误)

第 31 条:如有下列情况之一者均为发球失误。

1) 所发的球未落到有效发球区内。规则第 30 条 2) 项的重发球除外。

2) 发球者已有发球动作,即球离开手而未将球击出。

3) 发球者发球时将两个球同时离手或球离手后球拍尚未击出该球而另一个球掉落时。

4) 发球瞬间,球拍与球有两次以上的接触时。

5) 发出的球直接触到裁判员、裁判台、附属设施、设备或搭配者的球拍、身体或衣物。

6) 所发的球碰到球网或网柱后,球尚未落到球场或球场外之前,触到发球方的球拍、身体或衣物。

7) 所发的球碰到球网或网柱后,球尚未落入球场,球场外、裁判台、围网等之前,发球方的球拍(包括离手的球拍)、身体或衣物触网、过网时。

8) 违反规则第 28 条规定时。〔注 17〕规则第 31 条。

① 2) 情形是包括发球者未击中球时。

②关于 3) 的情形其发球为失误,如果放在裤袋中的球掉落时不在此限。(两次失误)

第 32 条:第一次,第二次发球连续失误时称为两次失误。此时发球方应失一分。

4. 接发球

第 33 条:接发球是将有效发球在第一次反弹后未第二次落地前以球拍击还之意。(接发球顺序)

第 34 条:接发球顺序如下。

1) 接发球者在右或左发球区接发球,同一局中不得更换接发球顺序。

2) 接发球必须从右发球区开始,然后左右交互与搭配者轮流接发球。

(接发球者之失分)

第 35 条:接发球有下列情形应失一分。

1) 接发球者不能将有效的发球击还对方场区内时。

2) 发球未落地之前,球触到接发球方任何一人的球拍、身体或衣物时。

3) 有效发球在第二次落地前球触到接发球者搭配的球拍、身体或衣物时。

4）被发现违反规则第34条第1）项规定时，但只限于该分。（有效球之判定）

第36条。

1）界内球或界外球以球的落点判定。

2）凡触到白线的球皆以界内球论。（比赛进行中的失分）

第37条：有下列情形者，应失一分。

1）击球未直接过网时，但规则第30条2）和1）及38条1）和2）的情形不在此限。

2）所打的球落在界外时或直接触到裁判员、裁判台、附设器材、设施、搭配者球拍、身体、衣物时，但规则第31条1）不在此限。

3）球在第二次落地前，来不及以球拍有效击还对方场区时。（包括因球触到裁判员、裁判台，附设器材、设施等。）

4）球触到球员身体或衣物时，但规则第30条2）②及第31条5）和6）的情形者不在此限。

5）球拍、身体或衣物触到球网、网柱或越过球网（包括球网之假想延长线），但由于击球之挥拍惯性顺势过网或网柱未造成妨害对方或规则第30条2）③及第31条7）情形者，则不在此限。

6）球拍、身体或衣物触到对方球场时。

7）球拍、身体或衣物触到裁判员、裁判台或对方球员之球拍、身体或衣物时。

8）击球时球拍与球造成连击或球在球拍上有停留状态时，但规则第31条4）则不在此限。

9）以离手的球拍击球时。

10）如球触到球场内另一个球（该场使用球）或落在场地上球员掉落的帽子、毛巾而无法有效还击时。

11）如球拍、帽子、毛巾或任何东西离开了球员而直接触到球网、网柱、裁判员、裁判台或对方球员的球拍、身体或衣物或进入对方场区时，包括球拍一旦落地后再触到在内。

12）除接发球者外，其余球员在未完成发球前进入场区或逾越边线假想延长线时。

13）造成妨碍情况时。〔注18〕规则第37条。

①上列各项所指的裁判员及裁判台是指该场地的裁判员及裁判台。

②因球碰网或风吹使球网鼓起，球员因此触网或球拍空挥而过网时，应适用于本规则5）而失分。

③如果击球球员因击球惯性顺势超越球网假想延长线而进入对方界外空地，不算失分否则均为失分。但进入对方场区内时，任何情况均为失分（妨碍）。

④ 10）所指"球场内的另一球"（该场比赛使用球）包括比赛中该球在另一场区，由于风吹到不同场区时的情况。但主审认为球员是有意将该球移动到对方场区时即可视为妨碍。

⑤有关发球及接发球的失分。请看规则第32条及第35条。

⑥球员为了将落在球场内或界外区的帽子、毛巾或任何东西以球拍、手或脚抛远时，因而直接触到裁判员、裁判台或球网时，适用于11）而失分（但球不在此限）。

（比赛进行中有效还击球的特例）

第38条：比赛进行中如有下列情况之一者，均为有效还击。
1）球碰到球网或网柱而进入对方场区时，但规则第30条2）①不在此限。
2）球绕过网柱外侧或触到网柱外侧而落到对方场区时。
3）在本场区第一次反弹球碰到球网或网柱，在第二次落地前击还对方场区时。
4）如球碰到落在场区内的帽子、毛巾或另外一个球仍然能有效击还时。（重赛球）
第39条：除了规则第30条的规定，在比赛进行中如有下列情况之一者视为重赛球。
1）因裁判员的判定错误，导致比赛中断时，但应依主审的判定执行。
2）因突发事故发生而击球受到妨碍时，但应依主审的判定执行。
3）因双方同时发生失分情况时，但应依主审的判定执行。
4）主审因特别理由认为必要时。〔注19〕规则第39条。
①1）是指球员在可以击球的情况下，因裁判员的错误判定而使比赛因此中断，不论裁判员已做任何判定，该球很明显为决定性的状态，主审得更正其判定，其情形应由主审判断。
②至于2）"因突发事故发生"请看〔注16〕之③。
③比赛进行中发现使用非指定球，应从下一球起更正，其以前所得分数均属有效。

五、比赛制度

第40条：比赛的制度及抽签编排均由主办单位决定。（比赛的项目及制度）
第41条：比赛的项目及赛制。（比赛制度与种类）
（1）项目（种类）
1）个别赛：a.双打；b.单打。
2）团体赛：a.计分赛；b.全胜制。（擂台制）
（2）赛制（制度）
1）淘汰制。
2）循环制。
3）1）2）混合制、其他。
〔注20〕规则第41条2）③。
采用混合制度或其他方式比赛时，主办单位应制订规程于比赛前公告。（胜负的制定）
第42条：比赛的胜负依下列各款判定。
1）淘汰制比赛是参赛的团队或个别组相互比赛，最后获胜者为优胜队（组）。
2）团体赛之全胜制，比赛前由对抗的两队提出同数组的出赛次序名单，然后依此名单的次序做第一次对抗，以后两队剩余的胜者再按同样次序做第二次对抗，直到最后全胜者的一队为胜队。
3）团体赛的计分制，由双方提出相同的单数组出赛次序名单，然后按次序各组相对比赛，胜组多的一队为胜队。
4）循环制的名次，以胜率的高低顺序决定。胜率相同时，则依下列顺序决定名次。
①二组或二队胜率相同时，以该二组（队）比赛的胜者为胜。
②三组或三队以上胜率相同时，则仅比较同胜率者相互的成绩以胜率的高低顺序决定

名次。

③以上①②两种方式尚无法决定名次时，仅以同率者依下列顺序互相比较决定。

个别赛

第一：胜局减去失局其差数较多者为胜。

第二：得分减去失分其差数较多者为胜。

团体赛

第一：胜组减去败组其差数较多者为胜。

第二：总计胜局减去失局其差数较多者为胜。

第三：总计得分减去失分，其差数较多者为胜。

如依上述方式仍无法决定名次时，主办单位应以适当方法决定。〔注21〕规则第42条。

①关于1）项。

在淘汰制的团体赛中一队球员的缺组未达一队的半数时，经竞赛组长的准许（包含指示缺组置于第几组），即可继续比赛。（但是如有资格限定时，不得以不同资格再组队参加比赛。）（在此情况下未能比赛的该组成绩视全败。）

②关于4）项。

A．以 4）②③里"仅比较同率者相互的成绩"是"假定以同率者举行循环赛"的意思。

B．以 4）②比较后，如尚有同率者时，将除去已决定高低名次者后，再就所剩余队（组）的胜率比较名次。如有二队（组）同率时，即适用4）①的规定。

C．以 4）项中①②比较后仍有二队（胜组、败组之差数或胜局、失局之差数或胜分、失分之差数）相同时，以该二队比赛的获胜者为胜。如仍有三队以上相同条件时，仅将相同条件的队（组）以 4）中①②③顺序决定。

D．项末尾"适当方法"的意思就是比赛主办单位公平地选择其中的做法：再比赛；比较同率者各组在循环赛中的全部成绩（包括胜组，败组之差数，胜局、失局之差数，得分、失分之差数）；抽签决定。但是主办单位应以事先宣布办法为宜。

E．除大会主办单位另有规定外，在循环制中应赛而未赛完即弃权者，应按下列办法处理。

团体赛

a．一队的球员不足半数以上时，不得继续参加比赛，其已赛的成绩均不列入计算。

b．缺少球员未达一队的半数时，经竞赛组长认可（包含指示缺组置于第几组）即可继续比赛。（但如有资格限定时，不得以不同资格再组队参加比赛）在此情况下，未能比赛的该组成绩视为全败。

个别赛

a．在循环赛全部赛程未完之前，不能继续比赛时，其已赛成绩均视为全败。

b．比赛中途一时无法继续比赛，经竞赛组长认可，得按其指示继续比赛。但在循环比赛中途未能比赛部分之成绩视为全败。

如上述以外其他问题发生时，得由大会竞赛组长决定。

六、裁判

（裁判员的遴聘）

第43条。

1）裁判人员及裁判长均由大会主办单位聘请。必要时得设审判委员会，并视需要增设球场主任。

2）正式比赛设裁判长及副裁判长各一人，视其性质可不设副裁判长。

3）正式比赛中执行裁判员以有主审、副审各一人，线审二人为原则，但得视比赛性质可不设副审或线审（也可增加线审）。

4）审判委员会包括裁判长、副裁判长在内组成，由裁判长担任审判委员会召集人。

5）球场主任如有必要可决定裁判员人数。〔注22〕规则第43条。

在规则第44条里所提裁判长与裁判员各有不同的专责，所以裁判长以不兼任裁判员为原则（裁判的职责）。

第44条：裁判的职责如下。

1）裁判长（设有审判委员会时为审判委员会，以下皆同）应做规则的解释及规则适用范围的判定。如果裁判长认为有必要，可建议、指导裁判员以及球场主任执行。

2）裁判员除另有任务规定外，主要职责如下。

①判定的区域。

（看下面用线画附加之图）

主审：AC，EG，MN，XY

副审：BD，FH，EF，GH，XY

线审：AB，CD

②其他职责。

主审：二次反弹球（Two Bound）、连击（Dribble）、持球（Carry）、直接球（Direct）、妨碍（Interfere）、触身球（Body Touch）、触（Touch）、微触（Tip）、过网（Net Over）、触网（Net Touch）、穿网球（Through）、踩线（Foot Fault）、重发球（Let）、重赛球（No Count）、犯规（Foul）。

副审：二次反弹球（Two Bound）、连击（Diribble）、持球（Carry）、直接球（Direct）、妨碍（Interfere）、触身球（Body Touch）、触（Touch）、微触（Tip）、过网（Net Over）、触网（Net Touch）、穿网球（Through）、踩线（Foot Fault）、重发球（Let）、重赛球（No Count）、犯规（Foul）。

线审：直接球（Direct）、踩线（Foot Fault）、触身球（Body Touch）、微触（Tip）、犯规（Foul）。

③在无副审或线审时，其职责由主审担任。

④如线审人数增加时，他们的职责区域由主审决定。

3）球场主任的任务为促进所担当场地比赛的进行，必要时给予裁判员指示和建议。

〔注23〕规则第44条2）。

第2）项里"裁判员另有任务规定外"的任务详述于裁判要领中。（裁判职权划分区域图）

（宣告）

第45条。

1）裁判员的判定及比数的宣告方法，详述于附录（2）及（3）。

2）得分及局数的比数，主审应从发球方先行宣告。

〔注24〕规则第45条。

主审如宣告错误，但裁判员和球员（含比赛中团队的教练）未察觉而进行比赛后才发觉错误时，不得实时中断比赛，需待第一次发球失误或下一分开始前再行更正。

（裁判守则）

第46条。

1）裁判应互相协调和连击，并依照比赛规则作公正与迅速的判定。

2）主审在裁判台掌理比赛过程，不仅应对自己的负责区域做判决，还对其他裁判人员判定手势加以确认后做清晰的宣告，并记录于表。

3）副审及线审除位于规定位置做应有判定的工作外，还需协助主审的裁判工作。

4）在同一比赛中，同一组或团队提出数次的"暂停"时，主审认为有违反规则第16条3）项时，而后不准其"暂停"。

5）裁判员的手势另有规定。〔注25〕规则第46条。

①副审或线审对于判定区域的判定以手势转告主审而对于其他职责的判定则以手势配合宣告转告。

②主审的判定区域与副审或线审的判定区域相同时，副审或线审应将判定数据提供主审。此时主审应尊重副审或线审的判断，从而做出慎重的判决。

③副审及线审的位置及手势详定于"裁判要领"里。（记录）

第47条：记录表的格式及如何填法将另行规定。

〔注26〕规则第47条：得分记录表的格式及记录法详订于"裁判要领"。

（抗议与裁决）

第48条。

1）裁判员的判决或宣告如有明显的错误，个别赛时由该组中的一位球员提出异议，团体赛时由教练或由该球员提出异议，但只限于该分的异议。

2）向裁判提出异议时，只能限于该项的异议，并以一次为原则。

3）若裁判所判定的与比赛规则的解释与适用有异而不能解决时，向裁判长提出异议。

4）对裁判长的裁决不得再度提出异议。

5）比赛终了球员互相敬礼后不得再提出异议。

6）教练或球员不得提出更换裁判员的要求。〔注27〕规则第48条。

①对裁判员的得分判定提出异议只限当时，不得追溯既往，事后提出。对于分数宣告的异议，应在该局结束前提出，但对于局数的异议，应于次局宣告后提出。

②当提出抗议时，球员或教练必须有礼貌而且不影响比赛的进行。
（裁决权）
第49条。
1）对裁判人员的判定有异议时，主审召集副审及线审就其判定互相协议后再做公正合理的判决，并将其判决即刻通知球员或有关人员。
2）关于分数的判决如提出异议时，以主审的判决为终决。
3）球员或教练向裁判长提出规则的解释和适用的观点时，由裁判长裁决。
4）裁判长的裁决为终决，不得更改。

七、补充规则

（暂停）
第50条：比赛中允许暂停情形如下。
1）有大会（比赛主办单位）指示，而主审认可时。
2）影响比赛进行的事故发生，经主审认可时。
3）球员受伤生病，经主审认可时。此种暂停在同一比赛同一人，只能一次且不得超过五分钟，但实在不得已时主审与裁判长协议后可延长五分钟。
4）向裁判长或裁判人员抗议或提出异议而主审认为有必要暂停时。
5）除上列情形之外，主审认为必要时。〔注28〕规则第50条。
①如请求暂停，主审认为必要时，其时间以最少限度为原则。
②球员不许请求暂停修补拍线，应准备替换的球拍。（指导）
第51条：比赛中的指导只限于换场区及将进入最后一局比赛时，但在最后一局比赛中的换场区不得指导。〔注29〕规则第51条。
①比赛进行中教练的指导，只能在换场区及将进入最后一局比赛时指导，并无因指导而暂停的时间。球员须依照规则第16条3）规定时间内进行。
②大会得在球场中设置教练席，比赛中教练指导球员即固定在教练席旁为原则，不得随球员换边移动。（停止比赛与继续比赛）
第52条。
1）因气候或其他事故，比赛必须停止或延期时，应以停止以前所有得分及局数的比数继续比赛。
2）因比赛场地的变更或比赛日期延后时，其场区的选择，应以原选场区者选择为原则。〔注30〕规则第52条2）。
比赛延误而在同一天同一球场重新开始比赛时，则应以暂停之前的同样位置开始继续比赛。（规则上的疑义）
第53条：有关比赛事宜如有规则以外的问题发生，而规则的适用不能解决时，应由裁判员与裁判长商量做新的决定。但如事先能预期的情况，应事先明定于"注意事项"。
（警告与命令退场）
第54条。
1）大会总干事认为对大会竞赛进行有不良影响时，可警告或命令该有关系者退场。

2）被宣告退场者，即丧失大会所有的一切权利。

3）主审认为对其所执行的比赛有不良影响者，得加以警告该有关系者。见处罚规则。

第55条。

1）违反大会竞赛规程时，竞赛组长可以判定该组或该队取消资格。

2）当主审遇有下列任何情形之一时，与裁判长协议以后，取消该组或该队的比赛资格或宣告对方得胜。

①球员被通告出场比赛而仍不出场比赛。

②在团体赛里两队事先提出的相同次序名单，如果一队的球员不按照次序出场时。

③如果球员或教练针对规则第49条2）、3）和4）对裁决权不满意而不服从裁判员的指示，拒绝继续比赛时。

④球员受伤，虽经允许暂停，但仍不能在规定时间内恢复比赛时。

⑤如果球员被主审警告达三次时。

3）主审可给予球员或教练警告。

①如果违反规则第16条2）与3）时。

②如果违反规则第17条2）时。

③违反规则第51条时。

④主审以规则第54条3）给予警告而无视该警告时。

〔注31〕规则第55条1）及2）。

A.团体比赛违反第55条1）及2）（2）中④除外）的任何条款，球员及教练所属的球队，将被取消其资格。

B.一组或一队的竞赛正在进行时，被发现违反第55条1）时该组或队将被取消资格并追溯先前所有的比赛。

C.在淘汰制中发现违反规则第55条1）及2）任何一条（但2）中④除外），即刻取消该组或该队的比赛资格。在循环制中取消资格的该组或该队，其前所有比赛均失格。

D.在淘汰制中由被取消资格的一组或一队所击败的组或队亦不允许再复活及参赛。

E.有关第2）④比赛由对方获胜，但该组前获的分及局数，仍然有效。

F.2）⑤里"警告达三次"是指所有各种警告总计达三次时。（附则）

a.本规则于1994年1月1日起生效。

b.为顾及比赛，筹办单位可制订更详细的规程。

八、2004年国际软网联盟修改的新规则

1）发球时，除了发球者必须站在端线后方与边线及中央标志之假想延长线间的发球位置，其他球员均可自由站立。

2）接发球者尚未完成接发球前，其搭配者进入该发球区时，即构成干扰（Interfere）而失分。

3）最后一局之接发球

①轮到发球方球员中的任何一人发第一、二分球。

②第三.四分球由原先接发球方中的任何一人发球，而原先发球方中的任何一人接第三

分球。

4）球员因受伤而无法继续比赛的暂停（Time），每次不得超过五分钟，同一比赛同一人以两次为限，除了主审与裁判长协议准许，球员不得接受搭配者以外其他人在身体上的帮助，否则将受到警告一次的处分。

5）单打球场为将两发球区边线延长至端线，与端线所构成的长方型球场（边线 23.77 米，端线 8.23 米）单打比赛之裁判要领与双打比赛相同。

第四节 课外实训

一、实训项目

组织校园软式网球双打教学比赛。

二、实训目的

体验提高自己软式网球实践能力。

三、实训条件

在校园或其他俱乐部有场地资源即可。

四、实训步骤

可根据自己的学习实践具体情况，组建参赛队伍，编写竞赛规程。工作分工。

五、实训报告

以个人或团队的名义撰写实训报告：《××××年校园软式网球竞赛规程及参赛成绩》，以电子版的形式发到教师的电子邮箱。

第十章 信息技术在网球技术教学诊断与纠错方法中的应用

本章简介：在当前互联网+的时代，信息技术在体育教学训练中的应用得到了充分的论证。本章以信息技术在网球技术教学诊断与纠错方法中的应用为切入点，重点教授基于网球发球动作分析视频的设计与制作、诊断评价纠错技术动作的设计；学生学习过程中诊断与评价的设计。让学生了解互联网+的时代，掌握如何运用信息技术在学、教和评价上实现理念、方法和手段的创新。

第一节 信息技术在网球技术教学中的意义与作用

一、基本应用依据和作用

1）在当今网络化时代，一成不变的传统高校体育专业技术教学评价模式将受到冲击和改变。充分利用信息技术，能对体育专业技术教学过程和教学评价场景进行设计、充实和改进，能优化体育专业技术教学评价过程的理论与实践。

2）有效利用信息设备和信息资源，具备加工处理信息、创造新信息的能力和科研能力，注重课程教学目标的整合。建立学生技能水平评价与诊断互动平台的教学设计避免了学生的认知仅仅表现在数字电影演示化观赏阶段，实现了网球教学课程教学评价的科学性、一致性和实效性。

3）信息技术的传播功能进一步扩大了学生学习知识的新视野，激发学生的学习兴趣与学习动机，调动学生积极参与教学活动的兴致，提高了学生对网球教学技术动作技能的认知能力、分析能力和操作能力。

4）建立网络环境下网球技术教学与评价的设计改变了教师单一的主观评价，实现了教师和学生以及学生自我评价的过程，从而有利于促进学生高级认知能力的发展，有助于网球专业学生探究意识、技能运用能力、教学实践等素质方面的培养。同时评价标准能使学生既不感到压力，又能客观准确地反映每个学生的学习效果。促进学生规范、熟练地掌握网球技术，从而解决了网球技术教学中重点和难点问题。

二、应用条件和可行性

1）体育课程建设是高等学校教学质量与教学改革的重要组成部分。高校网球运动课程在我国已是体育学科的主干课程和核心课程,是高等师范体育学院及体育系、体育教育训练学人才培养的重点内容。随着网络教学平台建设规模的日益增大,大多院校都有数字化网络化资源平台,网络基本覆盖到寝室,可以实现师生在课程网站上的交流互动,为学生和教师提供学习和交流网球的平台。学生宿舍网络终端为网络教学提供了自学的空间;在教学楼、图书馆、办公大楼都有无线网络覆盖,教师学生可以在这些地方轻松上网,无需插网线。

2)大学生电脑和智能手机的普及在硬件设施上没有瓶颈问题,学生计算机、智能手机操作技能娴熟自如。

第二节 基本应用软件

一、分析软件介绍

网球技术动作分析视频主要采用 Corel Video Studio Pro X5 和 Dartfish 两款软件。

1)Corel Video Studio Pro X5 的中文名称为"绘声绘影",该软件具有强大的视频及音频处理编辑功能,使用者可以将所需处理的视频或音频导入软件,也可利用该软件结合相关摄像硬件进行视频或音频的录制。软件本身支持多种视频和音频格式,可对视频和音频随意地抓取,进行编辑和修改,软件内部拥有超过 100 种的功能,可对视频音频进行剪接、组合、变速、变焦等诸多功能。软件内还有非常丰富且实用的制作模版和特效,使用者可以直接将这些模版和特效拿来使用。其操作简单、功能强大的特点受到许多视频编辑者的喜爱。初学者也能很快地掌握。运用此软件主要是进行相关视频的截取、美化、文字添加等后期处理工作。

2)Dartfish 软件是一款专业的运动分析工具,在体育科研领域运用较为广泛。其丰富的内置应用能够对运动员的技术动作进行精细的分析,对技术动作视频或图像的相关数据进行测量,还可进行慢放、叠加对比、局部放大等操作,对动作的各个技术环节都可进行精确详细的分析。在比赛或训练过程中,可结合配套的硬件设施,如动作追踪器、心率测试仪等,实时地检测运动员的运动状态。教练员和运动员可以通过分析后的视频或图像更仔细地观察到动作中存在的问题和不足,从而帮助运动员对技术动作进行改进和优化。

3)Dartfish 软件还可以进行两名或多名运动员之间的动作比较,方便运动员找出技术动作之间的差异以及对方的技术动作特点,从而帮助运动员提高其训练质量。此外,如果队员需要,运动员在训练结束后,可以将记录下的图像和视频等数据资料存储带回继续研究。Dartfish 软件的主要的功能有以下四点。

①强大的技术动作分析能力。
②将自己的视频和专业运动员在同一个屏幕上比较。
③自带多种标准的分析工具,方便从多方面对研究对象进行分析。
④对运动员动作进行同步比较,测量角度和划线等。

二、基于网球发球动作分析视频的设计与制作

1）网球发球动作分析视频的教学内容选择。网球发球技术是网球学习中非常重要的一项技术，也是网球中最难掌握的一项技术，以网球发球技术为例制作动作分析视频进行教学，能够帮助学生进一步掌握网球发球技术。因此，通过分析视频技术动作，对提高发球技术动作的教学起到事半功倍的效果。

2）网球发球动作分析视频的制作方法。将英国选手穆雷的发球技术动作为分析对象，运用Dartfish运动分析软件进行分析。

①首先，打开Dartfish运动分析软件，导入穆雷发球的视频资料，图10-2-1是Dartfish软件视频操作窗口，左侧是插入视频窗口，中间是视频展示窗口，双击左侧录像资料，可以在中间视频窗口进行播放显示。

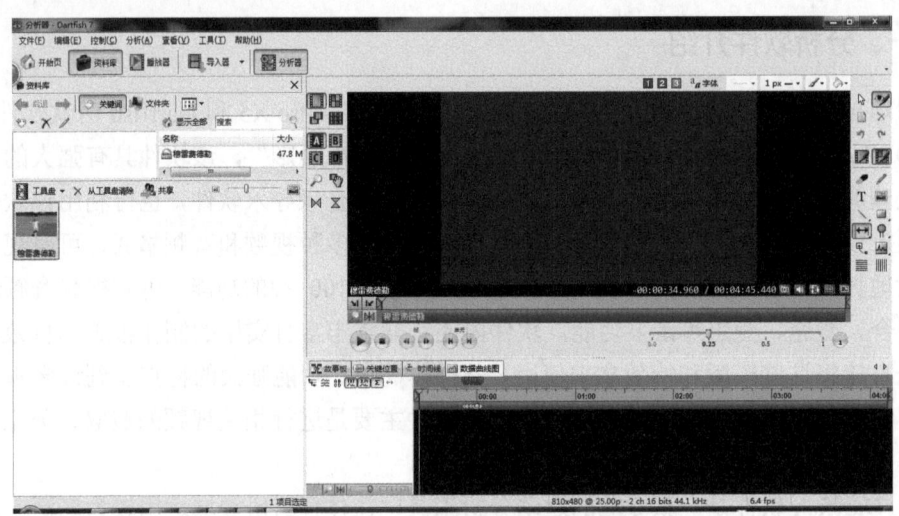

图10-2-1　Dartfish软件视频操作窗口

②其次，在视频的播放中，可以运用视频窗口的右侧和下方工具栏对视频进行分析。Dartfish软件是一款功能强大的分析软件，在网球发球动作分析中主要进行动作分割解析处理、动作角度距离的测量等。

3）针对穆雷发球动作分割解析处理的具体步骤。

①打开穆雷发球视频，将视频调至发球开始时的动作，运用视频窗口右下角的视频播放调速按钮将发球视频慢放。

②单击"关键位置"视频选项（红色区域标注），运用"关键位置"右侧"添加"按钮（红色区域标注）对发球中的关键位置进行截图（图10-2-2）。

③添加完关键位置的动作后，单击视频窗口左侧工具栏的"马赛克模式"（红色区域标注），之后点击下方的"马赛克布局"选项（红色区域标注）选择展示布局形式（图10-2-3）。

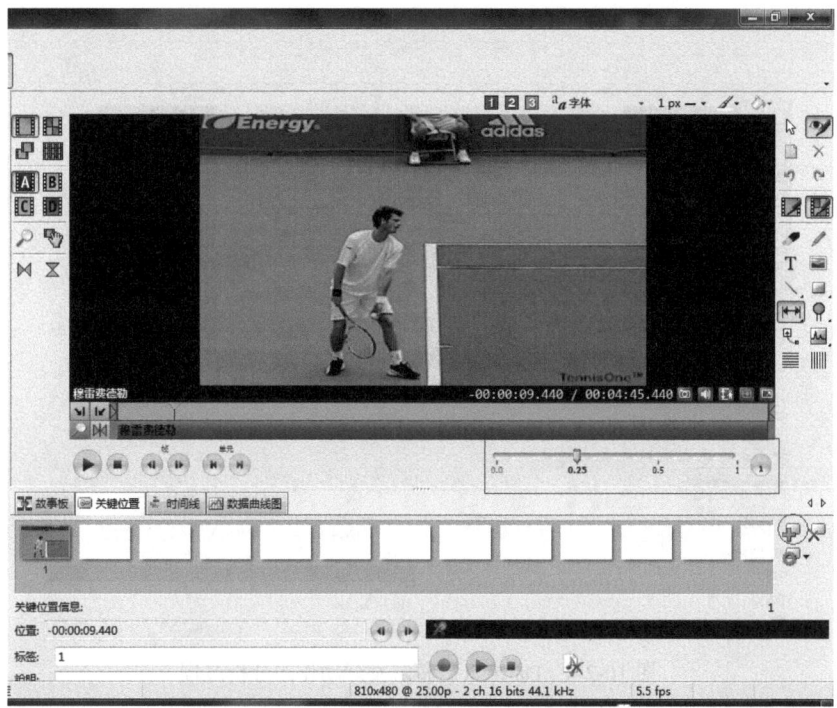

图 10-2-2　Dartfish 对穆雷发球动作的分析过程

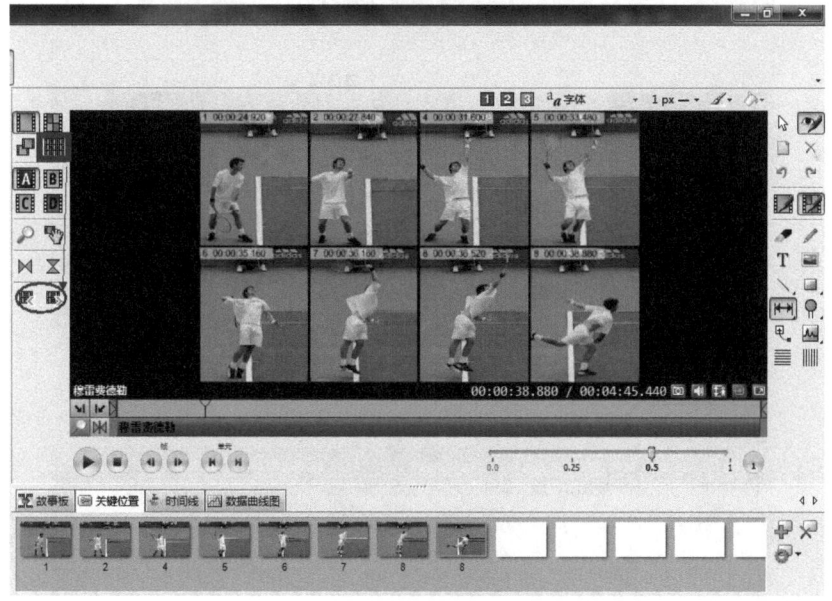

图 10-2-3　Dartfish 对穆雷发球动作的分析过程

④将分析后的图片进行保存以便后期制作视频使用。

4）针对穆雷发球动作角度、距离的测量具体步骤。

①在视频中选取抛球与击球瞬间两个镜头，选择视频窗口左侧播放模式中的"混合模式"进行播放。通过对视频窗口的调节、时间节点的调节等使图像展现，见图 10-2-4。

图 10-2-4 Dartfish 对穆雷发球动作的分析过程

②通过视频窗口左侧的视频分析工具对图像进行相应的动作分析,见图 10-2-5。

图 10-2-5 Dartfish 对穆雷发球动作的分析过程

③将分析后的图片进行保存以便后期制作视频使用。

5)运用 Corel Video Studio Pro X5 制作穆雷发球动作分析视频。一个完整的动作分析视频要包含完整动作展示部分、慢动作展示部分、动作分析部分等,同时要配有音频进行讲解。这就需要运用此软件进行视频、图片、音频的合成与制作。网球发球动作分析视频的具体制作步骤是以下六点。

①将前期搜集的多名网球运动员发球视频以及通过 Dartfish 软件进行分析后的视频与图像进行整合，如图 10-2-6 所示，将视频与图像导入 Corel Video Studio Pro X5 列表中。

图 10-2-6　视频与图像的添加

②运用软件中的视频分割功能将每个视频中的发球动作分割出来。拖动下方功能区的托条，选择出所要截取的片段，右击选择"修剪到选择"选项便可修剪出所需片段，所有视频依次进行分割处理（图 10-2-7）。

图 10-2-7　视频与图像的整合

③将分割后的视频、图像按照特定的顺序依次拖进下方的控制区,进行视频、图像的合并。根据需求进行视频与图像的结合(图10-2-8)。

图10-2-8　视频与图像的合并

④进行视频的修饰与美化,运用变焦功能进行重点动作的突出展示;运用专场设计进行视频与视频、视频与图像之间的合理衔接;运用画中画功能进行不同球员之间的发球动作对比等(图10-2-9)。

图10-2-9　视频与图像的整体处理

⑤运动分析视频制作完成后,要进行配套音频的处理和插入(图 10-2-10)。首先,单击图 10-2-10 中的"视频 1"选项将原视频中的音频分割出去;其次,将制作好的讲解音频、背景音乐与视频进行合并。讲解音频要起到帮助学生快速发现图像信息所要讲述的重点难点问题的作用。在背景音乐的选择上应该符合教学视频的整体风格。

图 10-2-10　视频中音频的处理

⑥单击左上角"文件"选项中"生成并共享"便可进行网球发球分析视频的发布(图 10-2-10)。一个完整的网球发球教学视频制作完成。

第三节　诊断与纠错方法

一、运用第二节陈述软件功能在教学过程中实施步骤

1)针对每学期所学技术内容,依据教学计划和学习进度,定期录制学生技术动作视频,制作出正手、反手、发球、截击、高压等技术的视频资料,运用计算机软件及现代教育技术对学生自己的运动技能进行诊断与评价,便于学生对各项技术的理解和感知,从而促进学习效果。

2)将视频片段输入电脑内,运用分析软件、GomPlayer 等软件的视频剪辑功能,将学生技术动作视频剪辑转换为图片,将其制成 PPT 演示课件上传至学生电脑进行技术诊断,或将优秀运动员技术动作图库的图片与其平行比对,发现学生技术问题,并运用 Dartfish 软件对造成技术失误的关键位置进行标注、划线等。

3)建立教学互动平台,教学互动可在精品课程网站中、学生技能诊断与评价栏里、师生问答及在线留言中、网球专修 QQ 和微信中;课堂实践课进行答疑便于学生自我评价、生生评价及师生评价,同时检验教学效果。

4)学生进行自我诊断、视频分析技术动作方法:通过视频播放软件,学生展示其本人的技术动作。实践技术学习过程中,绝大多数学生看不到自己的动作,仅仅凭着本体感受来判断技术动作的准确度和美观度是不够的。学生通过视频播放,认识并结合自己的动作感受度,形成初步的自我诊断模式。

二、图形图像分析技术动作软件

通过 Dartfish、Windows movie make 或 GomPlayer、Coach's eye（教练之眼）手机版等软件，对视频进行分解截图，观察动作起始过程中的线路，同时与示范图进行比对，从而找出影响技术动作的关键因素，有针对性地进行更深层次的学习。

三、教学诊断与纠错技术动作作用

1）促进对学习效果诊断、评价的设计与实施。在课程网络环境下，建立学生技能水平评价与诊断互动平台的教学设计是解决教学设计理论与专业教学实际之间存在一定差异的主要手段，是提高教学效果的关键因素之一，是解决教与学效果的瓶颈问题的主要手段。

2）网球技术实践课教学过程中，学生在技能形成过程中所出现的问题，通常由老师在课堂提出纠正的方法，表现形式为肢体语言，这是最基本的常规教学手段方法之一。现运用网络环境下的课程平台，有针对性对学生技能动作录制视频，同时导入学生技能水平评价与诊断互动平台。这样能达到以下两方面的目的。

①运用信息技术 CAI 及相关的运动技能分析软件，对学生的技能水平进行科学的评价和诊断。从而解决教学中的难点、重点问题。可以通过认知教师的诊断来自我评价，以提高分析问题、解决问题的能力。

②建立网络环境下的图片对比演示，从而实现教与学过程中所有信息的处理和分析，反馈实践课的教学效果。这种运用 CAI 技术对学生技术动作进行数字录像，并导入课程网络教学平台进行技术分析的诊断和评价能扩大学生学习知识的新视野，激发学生的学习兴趣与学习动机，调动学生积极参与教学活动的兴致，提高学生对网球技术感知能力、分析能力和技能形成的操作能力。同时也为学生的学习创设了良好的外部条件，从而积极引导学生完成预定的教学计划与目标，最终达到提高学生技能水平的目的。

四、诊断评价纠错技术动作的设计

1）在信息技术辅助教学中进行教学实践的诊断评价，问题的设计是必不可少的。这也是网球专业技术课应用信息技术辅助教学的核心内容，包括以下两方面的教学设计。

①通过教学实践，发现学生存在的技术问题（个体的、整体的及错误的技术动作）录制成数字电影导入教学课件中作为问题素材供学生分析，同时配合利用 CAI 软件功能及运动分析软件等进行分析对比。

②依据教学大纲的规定，对网球各项理论与裁判知识进行课堂考核与师生互动。这种利用问题进行教学活动的过程是：先向学生提出问题，等待学生回答，再向学生提供反馈信息。提问和等待学生回答，一方面能检查学生对网球技术理论和实践技术的掌握情况；另一方面通过各个方面的提问，能促进学生进行深入的思考，使学生对存在技术问题的理解逐渐深化。

2）此外，还要通过提问大量的重复问题，让学生能熟练运用这些知识和规律。

①把短时记忆通过反复加深成为长期记忆，并建立起联想式正确的网球技术动作要点

与结构。

②这种应用媒体的及时反馈,可以帮助学生在实践过程中修正自己的认识和错误的技术动作,不论是补救性反馈还是鼓励性反馈,都可促进学生加深正确的认识和记忆。

③提问回答反馈的教学过程能促进学生围绕教学目标进行思考,做出反应并获得新的知识。这些理论与运动技能形成原理是相适应的。

五、学习过程中诊断与评价的设计优势

1)网络环境下学生技术学习效果诊断与评价的设计优势在于学生学习方式的改变。学生由实践课中被动地接受重复动作技能练习转变为主动地学习技能和掌握技能,并利用各种专业信息资源去创造性地建构自己的技能学习方法,掌握了如何学的能力。这样就培养了学生在运动技能形成过程中的独立思维能力、分析问题和解决问题能力。

2)这种应用媒体的及时反馈,可以帮助学生在实践过程中修正自己的认识和错误的技术动作,不论是补救性反馈还是鼓励性反馈,都可促进学生加深正确的运动技能,形成规律的认识和记忆。这些理论与运动技能形成原理是相适应的。这种创新方法,优化了教学环节。

①能解决教学设计理论与专业教学实际之间存在的一定差异,不断提高学生在教育信息化下的合作学习和自主学习的能力。

②提高了学生的学习运动技能兴趣,掌握了辅助提高运动技能学习方式,满足大学生研究性学习和自主学习的需要,使得技能学习效果事半功倍。

③提高了学生协作学习有利于促进学生高级认知能力的发展,有助于体育专业学生探究意识、技能运用能力、教学实践等素质方面的培养。

④教师的教学方法能够因人而异、因材施教,提供学习内容动态导航机制及针对性的学习辅导,按照学生的学习进度和能力推荐有效的训练方法,并提供个性化的考核与测评。

第四节　课外实训网球发球技术诊断与纠错方法

一、实训对象

同学或本人。

二、实训目的

了解掌握网球发球技术诊断与纠错方法。

三、实训条件

电脑、手机、摄像机、相关运动分析软件。

四、实训步骤

1）初步确定网球发球技术诊断对象，进行教学进度的分段录像存入电脑。
2）应用相关运动分析软件进行技术处理。
3）分析对比诊断对象的网球发球技术特点。

五、实训报告

以团队或个人的名义撰写实训报告：《网球发球技术诊断与评价报告》，并做 PPT 演示稿，以电子版的形式发到教师的电子邮箱。

第十一章 创业指导

本章简介：在当前互联网+和万众创新创业的时代背景下，重点介绍创业的基本概念和创业资源、创业机会的来源及团队组建和实施路径手段；网球专业基本的创业能力规格；业余网球俱乐部创业团队组建；教授学生实现就业理念、方法和手段的创新，让学生知道运用网球专业技能，如何把握和识别创业机会，创造、实现就业机会。

第一节 创业的基本概念

一、创业的含义

1）创业是指创业者对自己拥有的资源或通过努力能够拥有的资源进行优化整合，从而创造出更大经济或社会价值的过程。

2）总结国内外学者的研究来看，创业的概念分为两个层次：狭义的创业概念和广义的创业概念。狭义的创业指"创办新企业的生产经营活动"。广义的创业指"社会生活各个领域里人们开创新事业的实践活动"，即所有开创新事业的活动都是创业。

3）由于本书主要是讲如何应用网球运动创建经营活动，因此，本书给出网球创业的定义是指创业者发现网球运动在社会经济发展中的商机，承担经营风险，利用网球运动在当今社会的影响力，将自己拥有的网球专业资源或通过努力能够拥有的社会资源进行优化整合的方式，为社会和个人创造价值和财富的活动。

二、创业的功能

创业具有增加就业、促进创新、增强经济活力、创造价值等功能，同时也是解决大学生就业问题的有效途径之一。

三、创业的本质

创业的本质是创新、变革，主要体现在以下几个方面。

1）把握机会。机会的最初状态是市场需求。要识别网球创业机会，就必须深入理解大众健身群体的需求，对大众健身群体的需求做细致入微的研究分析。这不同于简单的市场细分，而是要把握他们的本质需求。

2）超前行动。网球运动的内在规律和社会影响力以及机会导向特征决定了创业者活动必须突出速度，并做到超前行动。机会都具有时效性，甚至可能稍纵即逝。近年来，针对我国校园短式网球运动培训机构和俱乐部涌现出的成功创业者就有充分的体现。他们的过程表现特点是：创业的想法早，付诸实施短平快，并在实践中不断摸索、改进，寻求发展空间。

3）创造性地整合资源。创业活动强调在资源不足的情况下把握机会。创业者开始创业时，特别是刚毕业的大学生创业往往拥有很少的资源。因此，必须善于创造性地整合资源。网球资源种类很多，创业者自身所具备的专业技能、组织协调才能、以球交友的社会关系网络、对大众健身群体需求的洞察力等都是可能成为整合外部资源助其创业成功的重要资源。

4）创造价值。就网球运动领域而言，创造价值首先意味着要向大众健身群体提供有价值的健身指导与服务，并通过健身指导与服务使消费者的需求得到实质性的满足；其次强调对人们物质和精神生活的丰富和满足，只有突破价值创造的创业活动才有生命力，才更有助于生存和发展。

第二节　创业的关键要素

一、创业的基本要素

创业的基本要素包括创业环境、创业机会、创业能力、创业团队、创业资源等，但创业的关键要素有三个，即创业环境、创业机会、创业素质和能力。

1）创业环境。创业环境是创业赖以生存和发展的重要条件，包括政治、经济、社会等环境。目前国家经济政策对创业活动的开展提供了有力的支撑。

2）创业机会。创业机会主要是指具有较强吸引力的、较为持久的有利于创业的商业机会，创业者据此可以为市场提供有价值的产品或服务，并同时使创业者自身获益。网球健身创业市场的机会大都产生于不断变化的全民健身消费市场需求。这些变化增加了新的市场需求，在校园、社区、住宅小区、企事业单位产生了许多的创业机会。捕捉到了创业机会，也就是找到了创业项目。

3）创业素质和能力。创业者的创业素质和能力直接关系到创业能否成功。就体育专业的学生而言显得尤为重要，也是其短板之处。一般来说能力是基础，只要你有能力，就都会有机会用各种方法获得成功。创业初始并不要求创业者具备了所有的创业素质和能力才开始创业，但必须具备创业精神以及最基本的创业素质和能力。

二、网球专业基本的创业素质和能力规格

具备以下三种素质即可开展。

1）首先，要了解国家宏观政策的动态，尤其是网球项目创业在全民健身计划和阳光体育及休闲体育中的重要地位和作用。掌握网球项目创业的"三基"能力（基本理论、基本方法和基本技能）以及社会需求市场的动态变化，并及时地把握商机，做好资源的筹备和利用，进行自我创立和管理，并解决自我创立创业发展过程中所遇到的实际问题的能力。

2）其次，学生在掌握网球项目创业"三基"的基础上，还应注重其他交叉学科课程

相关理论知识的学习，在分析处理问题时能举一反三，触类旁通。能独立地完成有关文献资料的搜集、整理和分析，进而解决自我创立管理领域中的实际问题，从而能够有机地结合自己的专业在创业过程中能够实现遇事迎刃而解。

3）再次，在互联网+的时代，熟练应用信息化手段掌握自我创立创业过程中信息化的基本运作和发展趋势；学会建立自己的电子商务网站，这是体育运动领域创业营销的重要手段，在创业实施过程中能与时俱进，不断更新自己的创业和营销理念，从而实现自己创业资金的积累。具体包括以下几方面。

①学会撰写创业计划书，参与网球器材装备的销售。

②在校园和社会上，有能力、有过程地教授学生打网球。

③在校期间努力争取获得中小学网球课外活动、网球俱乐部及社区网球健身市场的实习指导机会。

④寒暑假期，面向社会需求，积极地寻找创业机会，不断积累经验。

⑤自我定位，实现目标。

第三节 创 业 资 源

一、创业资源的内涵与种类

1）创业资源的内涵。

创业资源是指创业的过程中需要的特定资源，是创业和运营的必要条件，主要表现形式为：社会资本、资金、物资、技术、人才等。不同的创业活动具有不同的创业资源需求。

2）利用网球技能创业，可分为物资资源和间接资源。

①物资资源：是指创业经营活动所需的有形资源，如场地设备等。技术人力资源主要是指专业技术人力、创业者、创业团队经验、智慧、人际关系网络等。

②间接资源：政策资源、信息资源等资源间接参与创业战略规划实施过程，它们为创业成长提供支持，它们属于间接资源。如全民健身指导纲要的具体实施措施、学校体育课外网球俱乐部等。

二、获取资源的途径和方法

获取资源的途径包括市场途径和非市场途径。创业者获取资源的方法包括利用自有资源、整合外部资源等。

1）利用自有资源。自有资源是来自内部机会的积累，是创业者自己拥有的可用于创业的资源，如利用网球运动的创业者自己拥有的资金、专业技术、场地器材等，以及自己的管理才能、自己的交往能力等。

2）整合外部资源。外部资源更多来自于外部机会的发现，而外部机会的发现在创业初期便起着决定性作用。作为以网球技能创业初期，所能获取与利用的资源大都相当匮乏，特别是刚毕业的大学生,许多人都是白手起家。一方面,创业成长必须消耗大量人力物资资源;另一方面,实现资源自我增值和积累需要时间。因此,需要整合外部的资源进行创业。

3)根据网球运动的规律整合外部资源是一种非常重要的方法,是创业者一项很重要的创业技能体现。创业者在创业中要学会借势发展,巧用资源,优势互补,实现双赢的重要方法。

4)创业者要通过整合资源方法,将别人资源转变成自己的创业资源。当然,这种整合资源是用合理合法的方法。以网球项目创造性地整合和运用场地和人力资源,是竞争优势的战略资源。

三、创业机会的来源

创业机会来源于市场需求和变化,市场需求可分为现有市场需求、潜在市场需求和衍生市场需求。创业是一个从无到有、从小到大的过程。

1. 网球健身现有市场需求

现有的市场存在尚未满足的需求。在现有市场中创业能减少机会的搜寻成本,降低创业风险,有利于成功创业。随着社会的发展和人们物质生活水平的日益提高,现代人开始越来越关注健康,关注生态。全民健身的需求多元化能促进网球健身现有市场的需求份额。

2. 网球健身潜在市场需求

潜在市场需求来自新科技的应用和人们需求的多样化等,成功的创业者能敏锐地感知这种需求变化,并能够从中捕捉创业机会。经济社会的不断发展推动了网球培训、网球器材销售市场需求的多样化:一方面,消费潮流的不断变化带来了新的创业机会;另一方面,创业者从消费者的角度出发,通过产品和服务的创新,引导需求并满足需求。

第四节 创业团队的概念

一、创业团队的定义

1)创业团队是由两个以上人员组成的具有一定利益关系,才能互补、责任共担、愿为共同的创业目标而奋斗的工作团队。

2)作为以网球技能进行创业的大学生,组建创业团队对创业的重要性在于创业团队必须是由一群"目标一致、优势互补、利益共享、责任和风险共担"的人组成的。这样的团队能实现团队整体力量大于团队成员力量之和,团队成员合作取得的整体业绩超过团队成员个人业绩的综合。这种团队的力量来自团队成员合作的优势,来自团队成员合作的优势,来自为达到共同的目标所激发出来的合作精神和奉献精神。

3)与个体创业相比,团队创业具有多方面优势,对创业成功起着举足轻重的作用。组建团队可以调动团队成员所有资源和才智,为工作注入强大的能量,并且会自动地驱除不和谐与不公正现象。当团队合作是出于自觉自愿时,它必将产生一股强大而持久的力量。

二、网球项目创业团队的构成要素

1）树立创业目标：创业团队有一个明确的目标，目标吸引团队成员的思想和行为。没有目标，创业团队就没有存在的价值。

2）创业人员：人员是构成创业团队最核心的力量，目标是通过人员具体实现的。一般网球项目创业人员的特点，两个（含两个）以上的人就可以构成团队，所以人员的选择是创业团队中非常重要的一个部分。具体包括以下层面：管理交往能力的人，担负着决策、组织协调等；另外就是有专业技术的教学实践能力强的人，不同的人通过分工形成优势互补，共同完成团队的目标。

三、创业团队的市场定位

创业团队的定位包含两层意思：一是创业团队的市场定位，确定团队在体育健身市场是以俱乐部形式，还是以培训方式展开。二是个体的定位，对团体成员进行分工，明确角色定位。

四、创业计划

计划是对达到目标所做出的安排，是未来行动的方案，可以把计划理解成目标实施的具体工作程序。计划一步一步地推进落实，才会逐步贴近目标并最终实现目标。

第五节　团队的组建

团队组建是指聚集具有不同需要、背景和专业的个人，把他们变成一个整体，形成高效的工作团队的过程。

组建的网球项目团队策略：一是人数与创业任务、目标、资源相适应；二是坚持选人原则，做到优势互补和发展整体优势；三是制订利益分配机制，打下团队稳定基础；四是团队创业发展章程，规范行为。

团队的组建具体分为以下三个步骤。

一、选择创业团队成员

创业团队通常由若干合伙人组成，至少两人。

二、诚实守信，有能力

要寻找可信而又可用的人。通俗讲既有好的人品又有优秀的网球专业技术。目标明确，志同道合团队的目标应该是每个加入团队里的成员所认可的，否则就没有必要加入。

三、扬长避短，优势互补

人有所长，必有所短。创业伙伴之间的优势最好呈互补关系，作为体育专业的学生，好胜争强是必然的，但团队的选择要避免清一色的个性成员。取长补短、优势互补是团队的真正价值，相互补充，相得益彰。

第六节 深圳×××网球俱乐部创业实例简介

一、基本情况

顺应网球运动在深圳的发展趋势。2015年初，×××网球俱乐部成立，其主要经营项目为网球教学与培训。×××网球俱乐部位于×××公园内，临近居民小区和商业街区，周边商业交通发达，人流量较高且与其他网球俱乐部相聚较远，有较好的发展前景。俱乐部现租用公园内两块室外网球场地为发展契机，其主要是以网球培训教学为主要的经营模式，并同时实行会员制。

1）×××网球俱乐部成立创业机会的来源得益于政府政策的落实和地域经济发展人们网球健身需求的市场规模。×××市政府有关部门就提出了将深圳打造成"网球之城"，将网球运动作为重点发展项目之一。为此，×××市政府在大力提倡全民参与打网球的同时，努力对网球场地设施进行建设。截至2015年，在×××文体旅游局登记在册的网球场地具有400余块，遍布×××六大行政区，其场地数量位居全国前列。

×××市政府还提出打造"网球之城，应从娃娃抓"，大力发展校园网球项目，引进短网教学，通过让网球进入校园，让学生接触网球，学习网球，促使学生喜爱网球运动。×××网球管理中心为此设计了一套青少年网球训练计划，来配合网球的普及教学工作。而且，每年组织网球教练员和裁判员开展培训工作，不断加强网球教学和管理队伍建设。

2）创业资源的获得。俱乐部现租用公园内两块室外网球场地为发展契机，其主要是以网球培训教学为主要的经营模式，并同时实行会员制。

3）整合财力人力资源。做到投入少，成本低，盈利高。

4）市场定位首先了解市场识别风险，有针对性地调研×××网球运动发展现状，包括网球俱乐部基本发展现状、网球俱乐部运营模式、网球俱乐部选址情况、网球俱乐部目前的经营理念的分析、×××网球俱乐部收费与盈利的情况等，做到知己知彼，了解市场趋势，做好自身的经营理念和市场定位，同时规避市场风险。

二、×××网球俱乐部创业计划与运营策略

1. ×××网球俱乐部服务宗旨

深圳×××体育网球俱乐部成立之初，便设立了自己的宗旨：让学员享受网球运动带来的快乐，用我们对网球的热情和正规的专业知识及科学严谨的教学方法，根据学员的特点去帮助大家尽快地掌握网球技术。"我运动，我快乐；我运动，我健康"是俱乐部培训的目的，并促进公司盈利。

健康身心。依托×××网球俱乐部，以网球运动为中心，发挥网球运动魅力，营造良好的健身氛围，科学有序地进行网球俱乐部的经营。

以球会友。×××网球俱乐部为球友们提供良好的场地设施及服务，建立良好的交流平台，加强俱乐部内部及外部的联系，以球会友，增进友谊。

竞技娱乐。以×××网球俱乐部为平台，举办系列网球比赛及活动，健全比赛机制，激发网球爱好者的兴趣。

网球教学。通过聘请专业网球教练进行科学有序的网球教学，满足网球爱好者提升网球技能，学习网球技术的要求，并以网球学校的模式重点培养青少年网球技能，力求培养出专业的网球人才。

周边服务产业开发。以×××网球俱乐部为经营核心，开发周边服务产业，力求形成配套设施完善、优质服务的网球俱乐部，以吸引更多网球爱好者。

推进网球运动的发展。通过×××网球俱乐部，顺应深圳"网球之城"发展的趋势，普及推广网球运动，推进网球运动的发展。

2．×××网球俱乐部运营情况

目前×××网球俱乐部运营情况良好，日常支出主要有四大方面，分别是：场馆租金支出、办公人员及教练员工资、球馆场地维护费用及水电费和网球商店进货开支。

收入主要来源于四个方面：一是教学培训收入；二是会员会费收入；三是场馆使用收入；四是经营商品收入。其他还包括举办比赛活动收入、政府补贴收入、税收返还收入等，其中教学培训收入为俱乐部经营最主要的收入，其次是会员会费、场地使用费和商品收入。

一是教学培训收入。教学培训方面，网球班的设置主要从网球水平、人数两个方面进行确定的，主要分为"初级"班和"提高"班；针对学员人数不同，可分为团体课、一对一课和一对二课。在寒暑假期间还有网球夏令营和冬令营，主要针对青少年团体课进行教学。收费标准主要根据上课的人数以及课程的级别来确定价格，一般按照小时收取费用，一次性购买多个课时有优惠，从总体上来讲，课时费在100~300元/小时。表11-6-1为俱乐部学生暑期夏令营培训收费标准。

表 11-6-1　学生暑期网球培训信息表

班级	参加人数	课时	费用（元/每人）	培训内容
初级班	团体班	12h	900（含场地费）	正手击球、反手击球、截击球、发球
		20h	1400（含场地费）	
	2人班（2人）	12h	1200（含场地费）	
		20h	1900（含场地费）	
	私教班（1人）	12h	1450+场地费	
		20h	2400+场地费	
提高班	团体班	12h	1000（含场地费）	正、反手击球、截击球、高压球、发球
		20h	1500（含场地费）	
	2人班（2人）	12h	1300（含场地费）	
		20h	2000（含场地费）	
	私教班（1人）	12h	1650+场地费	
		20h	2500+场地费	

二是网球俱乐部的会员费。根据会员使用场地及享受服务的不同，将会员分为金卡会员与银卡会员，其中金卡年费12888元，银卡年费为9888元。

三是场地费收入。其主要针对的是没有办会员卡的网球爱好者。场地分为室内场地费和室外场地费，室内场地每小时为150～200元，室外场地每小时为80～100元。

四是网球商店收入。网球商店主要进行网球器械、运动服装、耗材、饮料食品等销售。

除以上四项收入外，组织网球比赛所收取的报名费、赞助费等。

为推进网球产业发展，×××对网球俱乐部也进行了多项优惠政策，其中包含有财政补贴及退税。

经过一年来的努力×××网球俱乐部获得盈利。

3．×××网球俱乐部管理

虽然从建立到如今仅一年多时间，俱乐部采用了一些较好的资本管控机制，如网球场馆的建设与租赁。运用协议和相关优惠政策既提升了网球俱乐部的经营规模，又节约了有限的资金。教练员与外籍顾问均采用底薪加提成的工资模式，既保证了网球教学的质量和员工的积极性，同时也节约了人力资本。相比所调查的网球俱乐部的经营模式与经营效果，×××网球俱乐部有着一定的优势。

4．×××网球俱乐部风险与发展机遇

（1）×××网球俱乐部的经营劣势

一是×××网球俱乐部的运作资金有限，各项业务及资源职能需实行阶梯式发展。

二是×××网球俱乐部的资历尚浅，其在深圳网球界的影响力不足，尚待进一步提升。

三是缺乏广泛的社会资源，合作伙伴和合作途径太少。

四是组织机构不够完善。随着俱乐部的不断发展，其管理组织机构设置需进一步完善。

（2）×××网球俱乐部面临的威胁

一是网球俱乐部竞争对手的威胁，包括竞争对手资源优势、地理位置优势等会给×××网球俱乐部的发展带来威胁。

二是×××网球运动市场要素的威胁，包括场地设施、人口分布、人力资本、定价等因素会给×××网球俱乐部的发展带来威胁。

（3）×××网球俱乐部面临的机遇

首先，网球产业国际化机遇。体育产业作为朝阳产业，对经济发展起着越来越重要的作用，中国作为发展中国家，体育产业发展迅速，网球作为商业化程度最高的体育运动之一，中国正逐渐与国际接轨。×××网球俱乐部正面临着国际机遇。

其次，网球产业市场潜力巨大。×××市作为最具经济发展潜力的城市，具有改革创新、包容开放的城市基因，2014年×××市生产总值（GDP）达16000亿元，人均GDP达2.4万美元，位于副省城市级首位。深圳网球赛事体系逐渐完整，中国网球大奖赛、WTA、ATP系列比赛等相继在深圳举办，网球运动逐渐普及，网球场地设施逐步完善。其市场前景非常广阔。

再次，×××市对网球产业的政策支持。将网球运动作为体育重点发展项目之一，大力推进网球运动普及，打造"网球之城"，针对网球产业发展出台了相关的优惠政策。×××网球俱乐部的发展面临很好的政策机遇。

三、×××网球俱乐部经营发展策略的分析和选择

×××网球俱乐部自 2015 年进入深圳以来，经过两个阶段的发展已经具备了一定的市场地位，在宝安区已经具有了相对稳定的客户资源与知名度。但因其起步相对较晚，与罗湖网球俱乐部、威逊网球文化俱乐部等老牌网球俱乐部仍有较大的差距。作为单一型网球俱乐部，×××体育必须充分发挥其核心价值，将网球俱乐部经营放在首位，从竞争对手处学习经验，注重对相关市场的开发，满足客户的需求，挖掘潜在客户，提升自身的竞争力。加强创新力度，提高服务质量，以网球教学为经营重点，配合会员制，以周边商业服务为辅助，打造单一型兼具多样化的经营模式。对×××网球俱乐部的经营策略进行分析，制订出系统、可行、高效的经营发展策略。根据×××网球俱乐部的发展历史、发展现状和发展前景，本书列出了×××网球俱乐部的发展规划表。

根据以上相关分析，×××网球俱乐部从六个方面来降低成本，以实现利润最大化。

一是合理开发。在俱乐部继续发展的道路上，不盲目追求场地数量和种类，根据发展的实际情况，以与开发商合作的方式，先采用开发商出地，俱乐部设计规划、垫资进行场馆建设，然后开发商进行场馆成本价回购的方式。这样，虽然俱乐部损失了工程利润和贷款利息，但可以以较低的租金取得场馆的长期经营权。

二是盈利模式创新。适当降低网球会员费、培训费、场地使用费；开办网球双语教学班、短式网球教学班、免费理论教学班；对企业领导采取优质服务、优惠价格等方式，从而吸引更多的人到网球俱乐部运动和学习，扩大俱乐部的知名度和影响力，从举办比赛、配套服务等项目中赚取更多的利润，拓宽盈利空间，使整体利润呈上升趋势。

三是加强校企合作，企企合作。×××网球俱乐部与中小学合作培养网球后备人才，利用其丰富的潜在客户资源，拓宽俱乐部网球学校的招生渠道；与高校合作教学，利用高校丰富的教学资源和理论研究水平，将先进的网球教学理念引入网球教学实践中，并鼓励高校优秀的网球专业学生前来实习，从事网球陪练，降低教练员成本；与企业密切联系，将企业领导作为重点服务对象，利用其影响力，带动更多员工进行网球运动。

四是加强效用。合理控制经营成本，如外籍教练采用签约制、培养员工节约意识等，同时针对俱乐部的淡旺季，开展系列的优惠活动，使网球场馆得到充分的利用。

五是进一步优化盈利模式。以网球教学为主，结合会员办理、网球周边产品销售等多种盈利模式相结合，实行网球运动大众化战略，适当降低网球会员费、培训费、场地使用费，以低价换得市场，吸引更多的人前来运动，带动网球周边产品的收入增加；以网球运动为契机进行旅游项目开发，组织国内网球交流团和国际网球交流团，推进网球文化交流，拓宽俱乐部客户视野的同时还为俱乐部创收。聘请外籍教练前来进行教学和经营指导，引入先进的教学理念和管理经验，使俱乐部健康地发展。

六是从外在层面承办相应的网球赛事，积累办赛经验，塑造俱乐部的品牌形象，逐步从承办中小学网球赛事向承办大型网球赛事过渡，逐步提高赛事水平。将×××网球俱乐部的宣传渠道加以开发，利用互联网优势，借助互联网平台及电视、报刊、宣传海报等媒体对×××网球俱乐部进行宣传，拓宽宣传渠道，进一步扩大×××网球俱乐部的知名度和影响力。同时注重俱乐部文化底蕴的建设，充分体现出网球这一运动的魅力和内涵。

第七节 课外实训

一、实训项目

业余网球俱乐部团队组建。

二、实训目的

了解业余网球俱乐部团队组建的过程。

三、实训条件

相对独立、稳定的网球场资源。

四、实训步骤

1）初步确定团队合作形式。创业者可根据自己校内外资源的具体情况，选择有利于实现创业计划的合作方式。

2）寻求创业合作伙伴。创业者可通过各种媒体广告、以球会友的资源、互联网等形式寻找能与自己志同道合、优势互补的创业合作伙伴。

3）沟通交流达成创业协议。创业者和合作伙伴就创业计划、盈利、股权分配等具体合作事宜进行深层次、多方面的全部沟通，达成一致意见后，形成正式合作条款。（现实创业中要写入俱乐部章程。）

五、实训报告

以团队的名义撰写实训报告：《业余网球俱乐部创业团队组建报告》，以电子版的形式发到教师的电子邮箱。

第十二章　校园网球运动教学辅助器材设计与专利申请

本章简介：当前互联网+和万众创新创业的时代为网球运动教学辅助器材设计创新营造了许多机会，本章重点介绍校园网球运动教学辅助器材设计与专利申请的历史背景及现实意义、专利申请的基础知识、网球运动辅助器材发明专利技术的工具和思路，以及校园网球运动辅助器材的实用新型专利的实例介绍，让学生知道如何运用网球专业技能，实现校园网球运动教学辅助器材设计专利化。进一步引导学生积极参与推动大众创业、万众创新，投入到体育事业和体育产业发展中。

第一节　历史背景及现实意义

1）当前我国正实施创新驱动发展战略，为我国体育产业规模的发展助推了动力，体育产业创新驱动的发展离不开知识产权基础能力的提升。要提升知识产权基础能力，不仅需要加快发展知识产权服务业，还需要加大知识产权人才培养力度，推动知识产权文化建设，提升社会公众的知识产权素养。

2）我国教育部进一步细化落实内部分工和职责，积极引导学校开展知识产权宣传普及教育，加强知识产权专业人才培养，推动国家知识产权人才培养基地建设。教育部研究修订了高校知识产权管理相关政策文件，进一步完善了高校知识产权管理体系，提升了高校知识产权管理能力。强化知识产权教育内容，积极开展知识产权普及教育。

3）近年来，我国在体育仪器器材技术创新发展规划、大众健身装备工业设计研究上有不少成就，对当前推进体育产业知识产权创新驱动工作，全面提高体育产业发展水平具有指导意义。网球运动作为全民健身的热门项目，在这一领域有着很大的开发潜力和市场空间。

第二节　应用价值

1）网球运动辅助器材的开发和创新能够适应国际竞技网球运动水平的不断提高，满足日益旺盛的全民健身的多样化需求，满足不同人群的体育健身需求，满足广大人民群众日益增长的多层次、多元化、多样性的体育消费需求，能促进体育专业知识产权创新驱动建设，为运动队科学训练起到了积极的作用，也为全民健身和校园阳光体育的发展作出了贡献。

2）2000年，国家教育部正式把短式网球运动纳入小学体育教学大纲，这为我国小学推广和发展校园短式网球运动提供了一个非常难得的契机。由于受到区域经济的影响和条件的限制，目前校园短式网球运动辅助器材设备的创新更是凤毛麟角，非常缺乏。随着我国经济的大幅度跃升，人们生活条件的普遍提高，越来越多的网球俱乐部和少儿网球培训机构出现在大中城市校园内。因此，研发和创新发展校园短网运动器材设备是顺应时代的需要，是现代网球运动发展的新趋势。

第三节 网球运动辅助教学训练器材专利申请的基础知识

一、专利的基本概念

1）知识产权是指对智力劳动成果所享有的占有、使用、处分和收益的权利，知识财政是一种无形财产权，它与房屋、汽车等有形财产一样都受到国家法律的保护，都具有价值和使用价值。有些重大专利、驰名商标或作品的价值要远远高于房屋、汽车等有形财产。

2）知识产权包含的内容有专利权、房产权、著作权（版权）、厂商名称、商业机密、植物新品种、原产地名称、货源标记、其他智慧成果等。

二、申请专利的重要性

申请专利既可以保护自己的发明成果，防止科研成果流失，同时也有利于科技进步和经济发展。人们可以通过申请的方式占据新技术及其产品的市场空间，获得相应的经济利益。（如通过生产销售专利产品、转让专利技术、专利入股等方式获利。）

三、专利的种类

在我国专利包括发明专利、实用新型专利和外观设计专利三种。

1）发明专利：发明专利的技术含量最高，发明人所花费的创造性劳动最多，新产品及其制造方法、使用方法都可申请发明专利。

2）实用新型专利：只要有一些技术改进就可以申请实用新型专利。请注意：只有涉及产品构造、形状及其结合时，才可申请实用型专利。

3）外观设计专利：只要涉及产品的形状、图案或者结合以及色彩与形状，图案的结合富有美感并适于工业应用的新设计，可以申请外观设计专利。

四、专利及其特性

专利是知识产权的重要组成部分，专利是专利权的简称，它是国家按专利法授予申请人在一定时间内对其发明创造成果所享有的独占、使用和处分的权利，它是一种财产权，是运用法律手段"跑马圈地"独占现有市场、抢占潜在市场的有力武器。专利具有独占性、时间性和地域性。

1）独占性：这种市场是我的，没有我的见解，任何人都不得侵占，因为我有专利。

2）时间性：发明成果只有专利保护期限内受到法律保护，期限届满或专利权中途丧失，任何人都可无偿使用。一般发明专利20年，实用新型专利10年，外观设计专利10年。

3）地域性：一项发明在哪个国家获得专利，就在哪个国家受到法律保护，别国不予保护。

五、申请专利的途径

1）直接到国家知识产权局申请专利或者通过挂号邮局申请文件方式申请专利（专利申请文件包括：请求书、权利要求书、说明书、说明书附图、说明书摘要、摘要附图）。

2）委托专利代理人代办专利申请。专利申请质量较高，可以避免因申请文件撰写质量问题而延误审查和授权。

六、专利申请的原则

在我国审批专利采用先申请原则，即两个以上的申请人向专利局提出同样的专利申请，专利权授予最先专利的个人或单位，因此申请人应及时将其发明申请专利，以防他人抢先申请，由于申请专利的技术具有新颖性，因此发明人有了技术成果之后，应首先申请专利再发表论文，以免因过早公开技术而丧失申请专利的机会，否则就会因丧失新颖性而无法申请专利了，多年心血就会付诸东流。

七、专利权义务

专利权人应在获得专利权后按时缴纳年费，以此保护专利权的有效性，不按时缴纳年费，专利权就会丧失，发明成果将不受专利法保护，任何人都可以随意使用。

八、有关发明专利作用

首先，专利制度能够鼓励专利权人主动实施其专利技术；其次，专利制度为他人实施专利技术创造了更为有利的条件；最后，专利制度有利于从外国引进先进科学技术，也有利于我国的先进科学技术走向世界，从而促进发明创造的国际推广应用。

第四节 网球运动辅助器材发明专利技术的工具和思路

1）自从人类开始进行有意识的、自觉的体育活动，工程技术的应用就开始贯穿其中了。训练和比赛器材的设计和制造无一不依靠材料工程和制造工程技术。

2）在当前互联网+的时代，科学和技术不断升华，越来越多的信息工程技术与体育产生了密切联系。以电子工程、机械工程、传感器技术、材料工程、计算技术、软件工程、通信和网络技术、虚拟与仿真技术为代表的工程技术在体育训练、体育科研和教育、体育仪器器材研发、体育设施建设和管理、体育竞赛等方面的应用越来越广泛，日益成为有力的、不可或缺的必要工具和辅助手段。

3）如 Pro/Engineer（简称 Pro/E）操作软件应用。它是美国参数技术公司（Parametric Technology Corporation，PTC）旗下的 CAD/CAM/CAE/CAID/PDM 一体化的可以灵活配置的综合性三维软件。1988 年，PTC 公司推出 Pro/E 第一个版本，此后以每年两个版本的速度向世界推出。

①该软件凭借其强大的设计与加工功能，涵盖了概念设计、造型设计、分析运算、动态模拟、机构设计与运动仿真、产品装配设计、工程图制作、模具设计和数控加工等模块，在航空航天、汽车、机床设备、家用电器等几乎所有制造业被广泛使用。

②运用 Pro/E 设计软件，根据我国校园开展短式网球运动的具体状况，进行校园短式网球场地、器材的设计。只要遵循科学、合理的规划设计理念，其设计效果就能解决中小学校场地资源缺乏的问题。合理高效地利用场地资源，教学器材设备不断创新发展，并且不断运用到实践中进行推广，在教学实践中进行验证是我国校园体育场地、设备器材的发展方向。

4）校园网球运动辅助器材的思路来源于教学实践中的调研，并找准一定的切入点，要有一定的实用性，要发挥自身的专业设计技能优势。其设计开发目标如下。

①设计层次有一定的科技含量。
②设计作品有一定的创新理念和应用前景，要有市场化、产品化的运作理念。
③图标工程图、结构图要一目了然。

第五节 校园网球运动辅助器材实用新型专利的实例介绍

一、一种可折叠背包式网球包实用新型专利文献介绍

成果专利证书号 ZI2014 2 0314430.6，设计人为江西师范大学刘林，郭开强等。

（一）摘要

本实用新型公开了一种可折叠背包式网球包，它包括背包体、背包体内支架：背包体分为可以独立展开的两个分部；背包体内支架是两个分部里各有一个独立的支架，用作球网的支架，背包前部和背包后部通过双头拉链连接。网球包打开时用固定钉来固定底部支架，装上网球即可使用。本实用新型的优点是：结构简单、使用方便，具有广泛性、简便性、灵巧性、设计人性化特点；适用于家庭娱乐活动，能根据户外场地资源，因地制宜，进行短式网球娱乐比赛，适用于大中小学校进行网球教学，灵活规划场地及短式网球教学和训练。

（二）权利要求书

1）一种可折叠背包式网球包，它包括背包体、背包体内支架，其特征在于所述背包体分为可以独立展开的两个分部，由背包前部、前骨架、背包后部、后骨架、拉链、双头拉链组成，所述背包体内支架是两个分部里各有一个独立的支架，用作球网的支架，由前

支撑杆、前支撑上杆、后支撑杆、后支撑上杆、支撑杆盖、滑动定位片、前手柄、前臂、后手柄、后臂组成；所述背包前部内置连接前骨架，背包后部内置连接后骨架，背包前部和背包后部通过双头拉链连接，所述背包前部和背包后部分别在其上设置有拉链，拉链作用于固定绑定球网的绳索；所述前支撑上杆内置在前支撑杆内，可自由取出，滑动定位片安装在前支撑杆上，支撑杆盖盖住前支撑杆，所述前支撑杆下端连接前臂，前臂连接前手柄；所述后支撑上杆内置在后支撑杆内，可自由取出，滑动定位片安装在后支撑杆上，支撑杆盖盖住后支撑杆，所述后支撑杆下端连接后臂，后臂连接后手柄；所述背包体内支架的前臂和后臂分别与背包体中的前骨架和后骨架连接。

2）根据权利要求1）所述的一种可折叠背包式网球包，其特征在于所述背包体和背包体内支架分别通过各个螺丝固定连接。

（三）一种可折叠背包式网球包说明书

1. 技术领域

[0001] 本实用新型涉及一种运动类用品，具体涉及一种可折叠背包式网球包。

2. 背景技术

[0002] 网球是一项优美而激烈的体育运动，网球通常在两个单打球员或两对双打组合之间进行。球员在网球场上隔着球网用网球拍击打空心橡胶球。目前在现实生活中，网球厂支架和球网多为固定式的，移动不便，给人们的户外活动带来限制，市面上没有找到一种具有广泛性、简便性、灵巧性、设计人性化特点的可折叠背包式网球包。

3. 发明内容

[0003] 本实用新型的目的是在于提供一种可折叠背包式网球包，该网球包结构简单、使用方便、易携带、操作简便灵活，可以很方便地携带网球架和球网，方便人们进行室内和户外活动。

[0004] 本实用新型提供的一种可折叠背包式网球包，它包括背包体、背包体内支架。其特征在于所述背包体分为可以独立展开的两个分部，由背包前部、前骨架、背包后部、后骨架、拉链、双头拉链组成，所述背包体内支架是两个分部里各有一个独立的支架，用作球网的支架，由前支撑杆、前支撑上杆、后支撑杆、后支撑上杆、支撑杆盖、滑动定位片、前手柄、前臂、后手柄、后臂组成，所述背包前部内置连接前骨架，背包后部内置连接后骨架，背包前部和背包后部通过双头拉链连接，所述背包前部和背包后部分别在其上设置有拉链，拉链作用于固定绑定球网的绳索；所述前支撑上杆内置在前支撑杆内，可自由取出，滑动定位片安装在前支撑杆上，支撑杆盖盖住前支撑杆，所述前支撑杆下端连接前臂，前臂连接前手柄；所述后支撑上杆内置在后支撑杆内，可自由取出，滑动定位片安装在后支撑杆上，支撑杆盖盖住后支撑杆，所述后支撑杆下端连接后臂，后臂连接后手柄；所述背包体内支架的前臂和后臂分别和背包体中的前骨架和后骨架连接。

[0005] 本实用新型所述的背包体和背包体内支架分别通过各个螺丝固定连接。

[0006] 本实用新型所述的底部支架可以使用固定钉来固定，也可以就地取材，搬找合

适的重物压住。

[0007] 本实用新型所述的在背包内放置球网的同时，也可以放置少许网球，操作简单方便。

[0008] 本实用新型所述当需要升降支撑上杆时，打开支撑杆盖，拉出滑动定位片调整到相应的孔位置即可。

[0009] 本实用新型所述也可以按客户需求设计不同类型和规格的设备品种。

[0010] 本实用新型的优点是：结构简单、使用方便，具有广泛性、简便性、灵巧性、设计人性化特点；适用于家庭娱乐活动，能根据户外场地资源，因地制宜，进行短式网球娱乐比赛，适用于大中小学校进行网球教学，灵活规划场地及短式网球教学和训练。

4．附图说明

[0011] 图 12-5-1 为本实用新型的结构示意图。

[0012] 图 12-5-2 为本实用新型的分解结构示意图。

[0013] 图 12-5-3 为本实用新型的背包展开结构示意图。

[0014] 在图中，1 为背包前部，2 为前骨架，3 为背包后部，4 为后骨架，5 为拉链，6 为双头拉链，7 为前支撑杆，8 为前支撑上杆，9 为后支撑杆，10 为后支撑上杆，11 为支撑杆盖，12 为滑动定位片，13 为前手柄，14 为前臂，15 为后手柄，16 为后臂，17 球网。

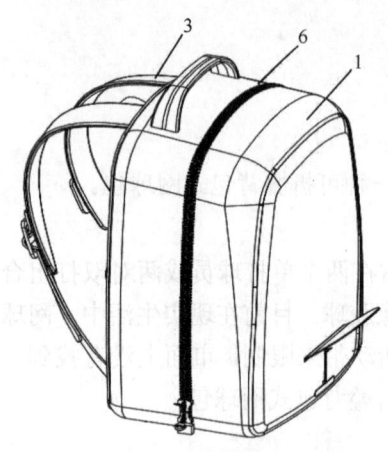

图 12-5-1　一种可折叠背包式网球包

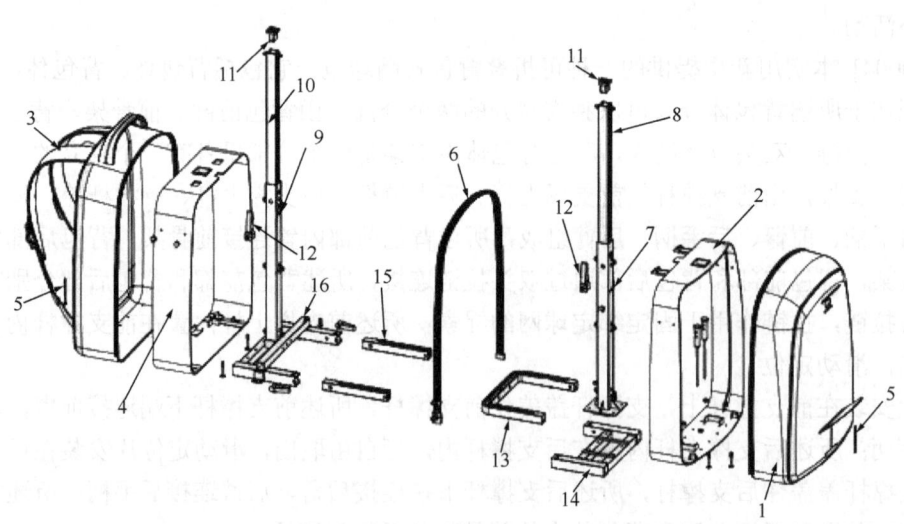

图 12-5-2　一种可折叠背包式网球包实用新型的分解结构示意图

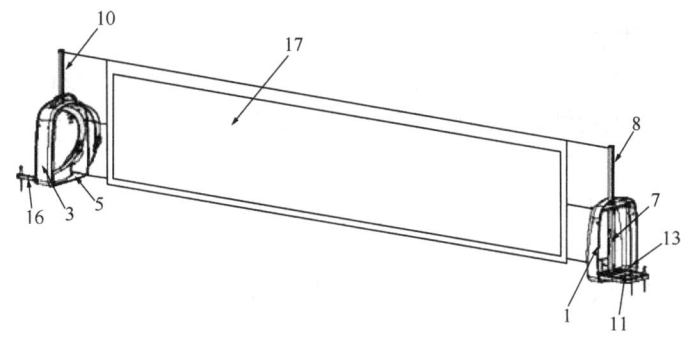

图 12-5-3 网球背包展开结构示意图

5. 具体实施方式

[0015] 以下结合附图说明对本实用新型的实施例做进一步的详细描述,但本实施例并不用于限制本实用新型,凡是采用本实用新型的相似结构及其相似变化,均应列入本实用新型的保护范围。

[0016] 如图 12-5-1～图 12-5-3 所示,本实用新型是这样来工作和实施的,一种可折叠背包式网球包包括:背包体、背包体内支架,其特征在于所述背包体分为可以独立展开的两个分部,由背包前部 1、前骨架 2、背包后部 3、后骨架 4、拉链 5、双头拉链 6 组成,所述背包体内支架是两个分部里各有一个独立的支架,用作球网的支架,由前支撑杆 7、前支撑上杆 8、后支撑杆 9、后支撑上杆 10、支撑杆盖 11、滑动定位片 12、前手柄 13、前臂 14、后手柄 15、后臂 16 组成,所述背包前部 1 内置连接前骨架 2,背包后部 3 内置连接后骨架 4,背包前部 1 和背包后部 3 通过双头拉链 6 连接,所述背包前部 1 和背包后部 3 分别在其上设置有拉链 5;所述前支撑上杆 8 内置在前支撑杆 7 内,可自由取出,滑动定位片 12 安装在前支撑杆 7 上,支撑杆盖 11 盖住前支撑杆 7,所述前支撑杆 7 下端连接前臂 13,前臂 13 连接前手柄 14;所述后支撑上杆 10 内置在后支撑杆 9 内,可自由取出,滑动定位片 12 安装在后支撑杆 9 上,支撑杆盖 11 盖住后支撑杆 9,所述后支撑杆 9 下端连接后臂 15,后臂 15 连接后手柄 16;所述背包体内支架的前臂 13 和后臂 15 分别和背包体中的前骨架 2 和后骨架 4 连接。

[0017] 使用时,打开可折叠背包式网球包,分别调整背包前部 1 和背包后部 3 及其各部件,用固定钉固定底部支架,装上球网 17 即可使用。

（四）一种可折叠背包式网球包设计理念分析

1. 思路来源

在组织网球课教学和常规训练时,针对我国的网球发展和各大中小学校的场地资源状况,设计一个便携式可移动背包式网球包,如图 12-5-3 所示。该网球包收起来就是个书包,方便携带和进行郊外网球运动,网球包展开后是一副完整的网球网支架,包内还能够放置部分网球。

2. 设计的主题思想

推广、促进全民"便携式、家庭式的短式网球运动"的发展。设计出来的器材产品具有广泛性、简便性、灵巧性、实用性和设计人性化的特点。

3. 设计原理

运用当今先进的工业设计软件 Pro/E，通过电脑三维设计模拟展示，根据我国的网球发展状况，当前各大中小学校场地资源，老百姓户外运动理念及实践娱乐生活启蒙而设计。其设计的"背包式网球包"产品器材设备工程设计图具有理念先进、针对性强、设计制作人性化和操作方便的特点，有利于网球训练和短式网球运动在中国的发展与普及。

4. 作用与特点

适合于休闲时代家庭亲子娱乐健身活动。能根据户外场地资源，因地制宜，进行短式网球家庭亲子娱乐比赛。

5. 创新点

外观一个书包，便于携带，包内结构设计材料轻便环保，将包展开就是一个可固定的短式网球网，可以随时随地进行户外网球运动。

6. 性能

1) 可折叠性，可装拆性，不占用固定场地资源的优势，尤其是方便带去户外，方便保存。

2) 可移动、操作方便，背包可以分两个部分展开。展开后成两个独立的支架，用于支持网球网，如图 12-5-4 所示。

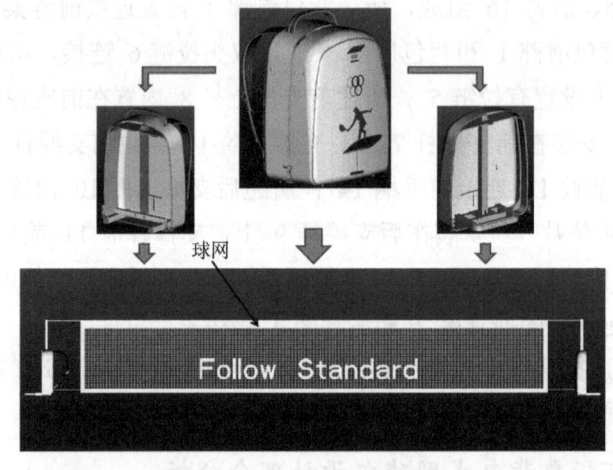

图 12-5-4 网球背包展开图

3) 前后两个独立的支架各个环节部位可以进行拉伸和收缩，底部支架可以使用固定钉来固定，也可以就地取材，搬找合适的重物压住，如图 12-5-5 所示。

4) 前后两个独立支架合拢后是个书包，由双头拉链和魔术贴扎带合并固定。在背包内放置球网的同时，也可放置少许网球，操作简单方便，如图 12-5-6 所示。

5) 当需要升、降背包支撑杆的时候，直接拉动拉环调整到相应的孔位置，拉栓自动还原锁住支撑杆。也可按客户需求设计不同类型和规格的设备品种，如图 12-5-7 所示。

第十二章 校园网球运动教学辅助器材设计与专利申请

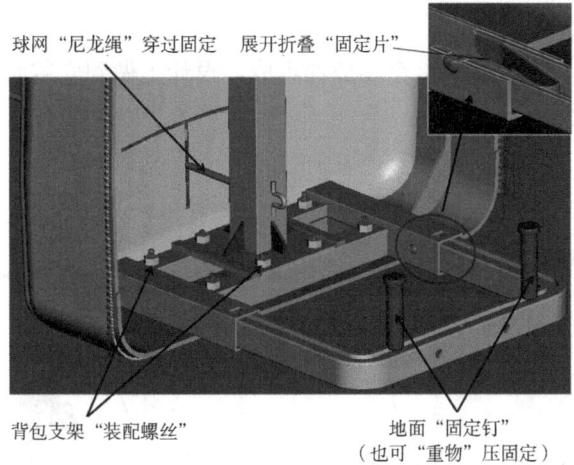

图 12-5-5 局部放大功能说明图

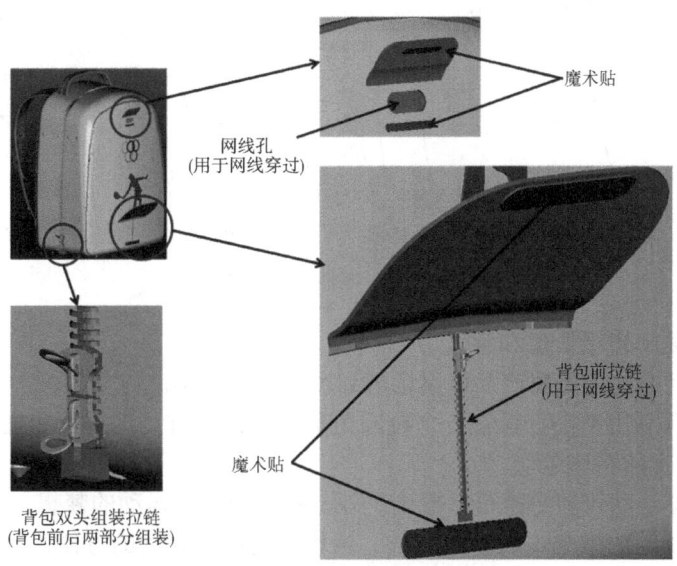

图 12-5-6 局部放大功能说明图

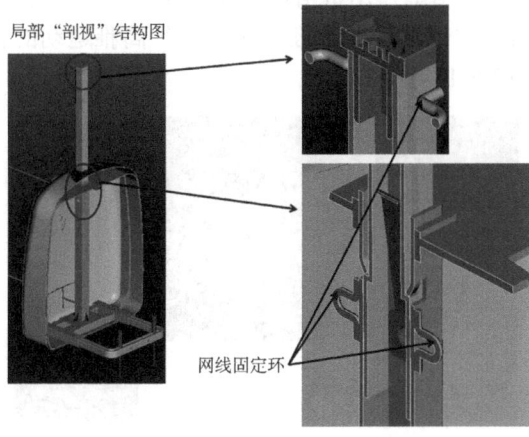

图 12-5-7 局部放大功能说明图

7. 零部件装配组合

整个"网球背包"装配由 64 个零部件组成，设计上做到安装简便、便于操作和经久耐用，如图 12-5-8 所示。

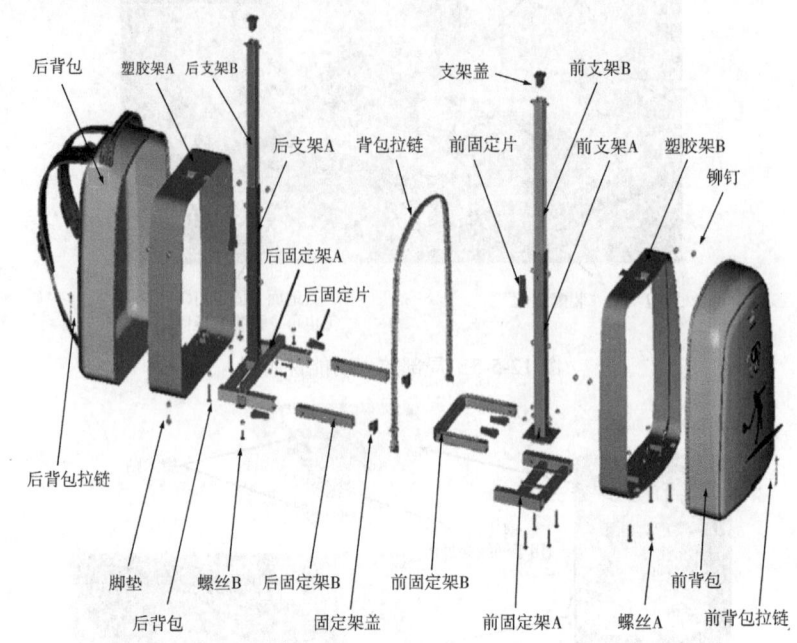

图 12-5-8　零件装配爆炸图

8. 具体用途、市场价值和意义

1）运用设计制作的器材产品可灵活规划场地进行教学。

2）场地资源利用率高，可在一个校园角落或户外适宜场地进行和推广这种高雅、极具趣味、极具健身的网球运动。

3）实现网球运动可随身携带、搬到户外、走出户外去运动的梦想。

4）呈现了场地的微观、设备的简洁、操作的简单、移动的方便优势特点。也是倡导和推广校园短式网球、户外网球可行性的终极发展目标。

5）具有极广泛的市场价值、作用价值和实用意义。

6）有利于发展国内"网球运动"和推动网球这种高雅运动的普通化、简单化和全面普及，如图 12-5-9～图 12-5-11 所示。

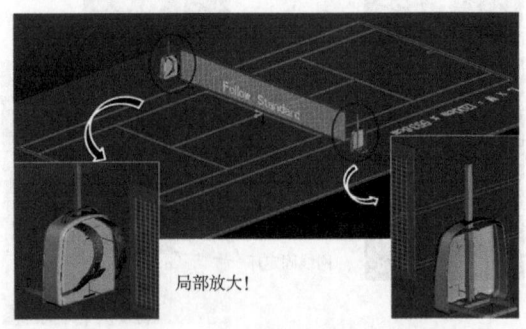

图 12-5-9　组合背包场地展开效果图

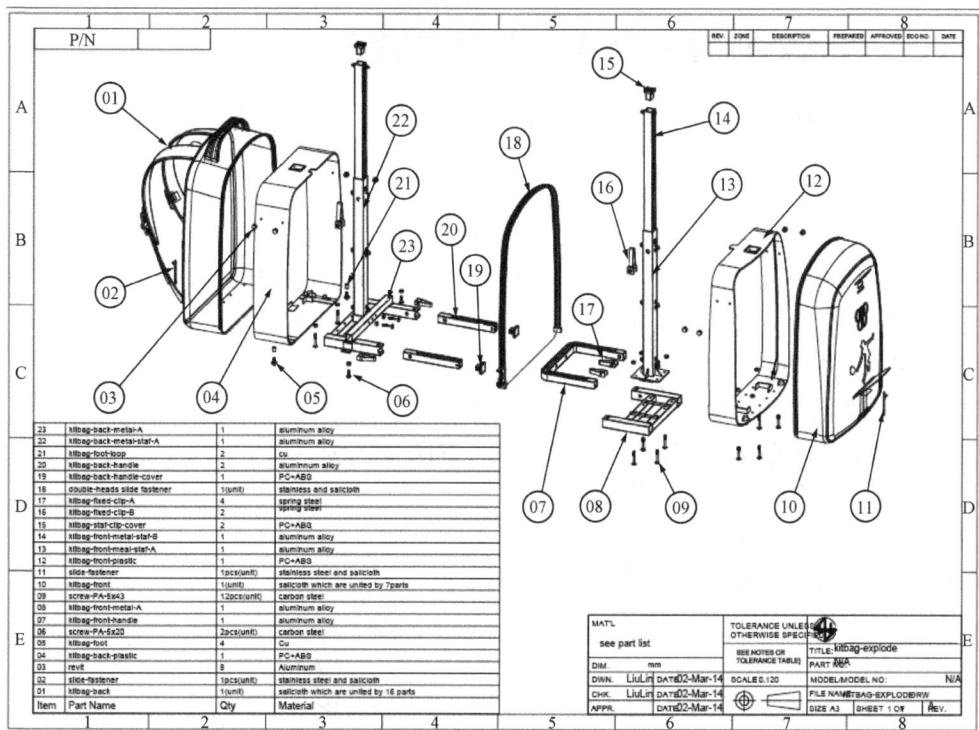

图 12-5-10 组合爆炸图和零件清单

23	kitbag-back-metal-A	1	Aluminum alloy
22	kitbag-back-metal-staf-A	1	aluminum alloy
21	kitbag-foot-loop	2	cu
20	kitbag-back-handle	2	aluminnum alloy
19	kitbag-back-handle-cover	1	PC+ABS
18	double-heads slide fastener	1(unit)	Stainless and sailcloth
17	kitbag-fixed-clip-A	4	Spring steel
16	kitbag-fixed-clip-B	2	spring steel
15	kitbag-staf-clip-cover	2	PC+ABS
14	kitbag-front-metal-staf-B	1	Aluminum alloy
13	kitbag-front-meal-staf-A	1	Aluminum alloy
12	kitbag-front-plastic	1	PC+ABS
11	slide-fastener	1pcs(unit)	Stainless steel and sailcloth
10	kitbag-front	1(unit)	Sailcloth which are united by 7 parts
09	screw-PA-5x43	12pcs(unit)	Carbon steel
08	kitbag-front-metal-A	1	aluminum steel
07	kitbag-front-handle	1	aluminum steel
06	screw-PA-5x20	2pcs(unit)	Carbon steel
05	kitbag-foot	4	Cu
04	kitbag-back-plastic	1	PC+ABS
03	revit	8	Aluminum
02	slide-fastener	1pcs(unit)	stainless steel and sailcloth
01	kitbag-back	1(unit)	sailcloth which are united by 7 parts
Item	Part Name	Qty	Material

图 12-5-11 详细材料参数工程图表

二、一种网球拍加重块实用新型专利文献介绍

专利号 ZL 2014 2 0313804.2，发明人为江西师范大学刘林，郭开强等。

（一）摘要

本实用新型公开了一种网球拍加重块，它包括加重块、弹簧、固定栓、固定片和螺丝；所述加重块侧端设置为锥形卡槽，卡在网球拍三角区域内，加重块前端有2个凹槽，凹槽设置连接固定栓，固定栓上套上弹簧，再通过固定片卡住固定栓，用螺丝固定固定片。本实用新型的优点如下。

1）运用设计制作的器材产品灵活进行教学。
2）呈现了设备的微观、简洁，操作简单、方便的特点。
3）具有一定的市场价值和实用价值。
4）有利于发展国内"网球运动"。

图12-5-12为一种网球拍加重块实用新型专利。

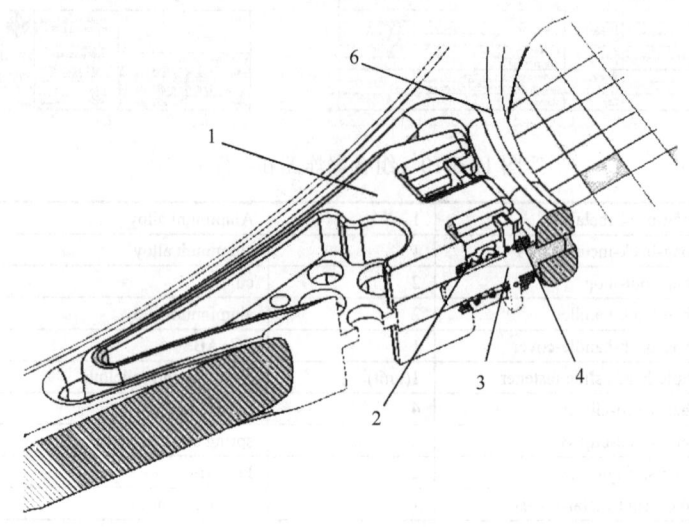

图12-5-12　一种网球拍加重块实用新型专利

（二）权利要求书

1）一种网球拍加重块，它包括加重块、弹簧、固定栓、固定片和螺丝，其特征在于所述加重块侧端设置为锥形卡槽，卡在网球拍三角区域内，加重块前端有2个凹槽，凹槽设置连接固定栓，固定栓上套上弹簧，再通过固定片卡住固定栓，用螺丝固定固定片。

2）根据权利要求1）所述的一种网球拍加重块，其特征在于所述加重块可按不同重量设计。

3）根据权利要求1）所述的一种网球拍加重块，其特征在于所述固定栓中间有一根轴。

4）根据权利要求1）所述的一种网球拍加重块，其特征在于所述固定片上设置三个孔，侧边两个孔连接固定栓上的轴，中间的孔用于连接螺丝。

(三) 一种网球拍加重块说明书

1. 技术领域
[0001] 本实用新型涉及一种运动类用品，具体涉及一种网球拍加重块。

2. 背景技术
[0002] 目前，根据我国网球发展，大中小学校场地和辅助器材设备缺乏状况，设计出一种运动类用品，该设计出来的器材产品具有广泛性、简便性、灵活性、实用性和设计人性化特点，有利于组织教学和训练。

3. 发明内容
[0003] 本实用新型的目的在于提供一种网球拍加重块，该加重块设计上做到安装简便、便于操作和经久耐用，在拍轴三角区中设计一个类似增加重量的"砝码装置"，通过不同质量的加重块能有效、灵活地调整球拍重量，提高教学训练效果。

[0004] 本实用新型是这样来实现的，一种网球拍加重块，它包括加重块、弹簧、固定栓、固定片和螺丝，其特征在于所述加重块侧端设置为锥形卡槽，卡在网球拍三角区域内，加重块前端有2个凹槽，凹槽设置连接固定栓，固定栓上套上弹簧，再通过固定片卡住固定栓，用螺丝固定固定片。

[0005] 本实用新型所述加重块可按不同重量设计。

[0006] 本实用新型所述固定栓中间有一根轴，用于套上弹簧。

[0007] 本实用新型所述固定片上设置三个孔，侧边两个孔连接固定栓上的轴，中间的孔用于连接螺丝。

[0008] 本实用新型的优点是：①运用设计制作的器材产品灵活进行专业素质的教学与训练。②呈现了设备的微观、简洁，操作简单、方便的特点。③具有一定的市场价值和实用使用价值。④有利于发展国内"网球运动"的专业竞技人才。

4. 附图说明
[0009] 图 12-5-13 为本实用新型安装在网球拍上的结构示意图。

[0010] 图 12-5-14 为本实用新型的细节剖面结构图。

[0011] 图 12-5-15 为本实用新型的结构分解示意图。

[0012] 图 12-5-16 和图 12-5-17 为本实用新型的不同重量加重块的结构示意图。

[0013] 在图中，1 为加重块，2 为弹簧，3 为固定栓，4 为固定片，5 为螺丝，6 为网球拍。

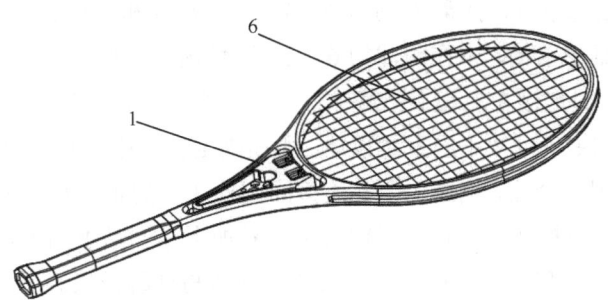

图 12-5-13 网球拍加重块安装在网球拍上的结构示意图

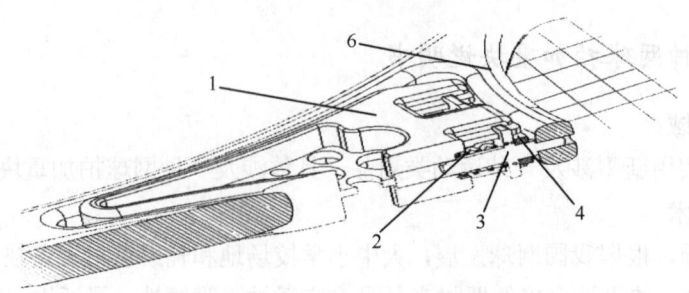

图 12-5-14 细节剖面结构图

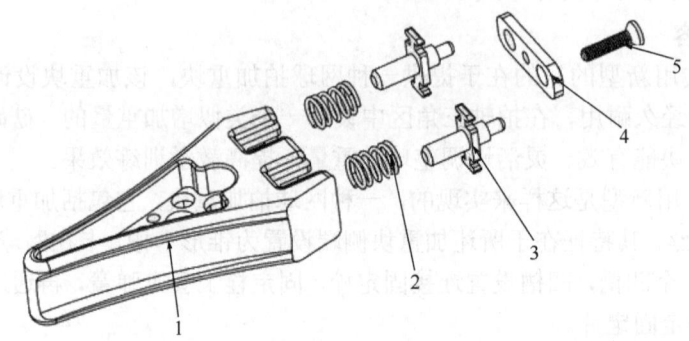

图 12-5-15 结构分解示意图

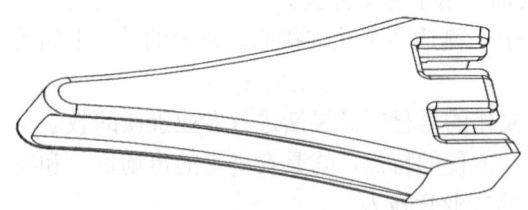

图 12-5-16 重叠加重块结构示意图

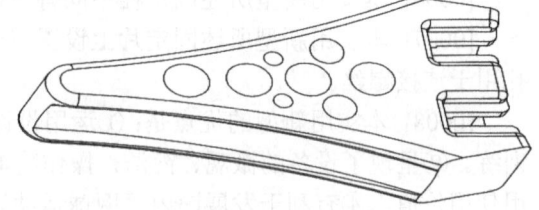

图 12-5-17 重叠加重块结构示意图

5. 具体实施方式

[0014] 以下结合附图说明对本实用新型的实施例作进一步的详细描述，但本实施例并不用于限制本实用新型，凡是采用本实用新型的相似结构及其相似变化，均应列入本实用新型的保护范围。

[0015] 如图 12-5-12～图 12-5-17 所示，本实用新型是这样来工作和实施的，一种网球拍加重块，它包括加重块 1、弹簧 2、固定栓 3、固定片 4 和螺丝 5。其特征在于：所述加重块 1 侧端设置为锥形卡槽，卡在网球拍 6 三角区域内，加重块 1 前端有 2 个凹槽，凹槽设置连接固定栓 3，固定栓 3 上套上弹簧 2，再通过固定片 4 卡住固定栓 3，用螺丝 5 固定固定片 4；所述加重块 1 可按不同重量设计；所述固定栓 3 中间有一根轴，用于套上弹簧；所述固定片 4 上设置三个孔，侧边二个孔连接固定栓 3 上的轴，中间的孔用于连接螺丝 5。

[0016] 使用时，根据运动者自身手臂力量差异加上本产品不同重量的加重块在网球拍中即可提高其挥拍力量和速度，提高专业素质的教学与训练效果。

(四) 一种网球拍加重块设计理念分析

组织网球课教学和常规训练,针对学员做挥拍训练动作时,有的学员尤其是女生需要提高手臂力量,常规的挥拍动作不能较好地达到这个效果。如何针对性地提升挥拍臂力?为此设计了一块网球拍的加重块。在需要进行挥拍臂力训练时,只需要把这块"加重块"安装在网球拍的三角区内。加重块在设计上做到安装方便、牢固、易拆分易更换。加重块的设计也可以根据不同的客户要求、不同的球拍规格和三角区的形状进行设计,同时设计多款不同质量的加重块。常规普通的球拍也可以使用加重块进行训练。

辅助教学训练的加重网球拍的设计,如图 12-5-18 所示。

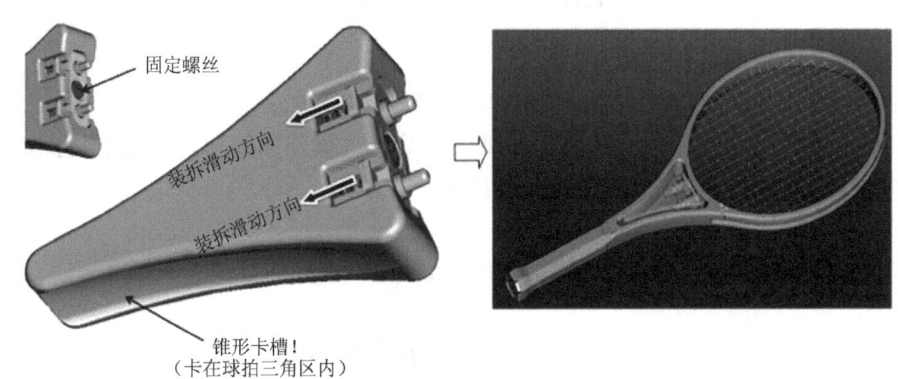

图 12-5-18 装配组合图

1. 设计的主题思想

推广、促进全民"便携式、短式网球运动"的发展。设计出来的器材产品具有广泛性、简便性、灵巧性、实用性和设计人性化的特点。

2. 设计原理

运用当今先进的工业设计软件 Pro/E,设计短式网球体育器材系统产品、场地体育教学、网球运动发展具有现实意义和广泛的市场价值。其设计的工程图具有理念先进、针对性强、设计制作人性化和操作方便的特点,有利于网球训练和网球运动在中国的发展。

3. 作用与特点

能因人而异、区别对待、有针对性地加强少年儿童及成年学员的持拍、挥拍、击球教学和训练,提高他们击球的相对力量和挥臂的爆发力。

4. 创新点

在拍轴的三角区中设计一个可以增加重量的加重量砝码装置,通过不同质量的加重块能有效灵活地调整球拍重量,提高教学训练效果。

5. 性能

具有可灵活安装性、经久耐用以及方便保存使用的特点。同时也可按客户需求设计不同类型和规格的品种。

6. 零部件装配组合

整个"加重块"装配由 7 个零部件组成,设计上做到安装简便、便于操作和经久耐用,如图 12-5-19 所示。

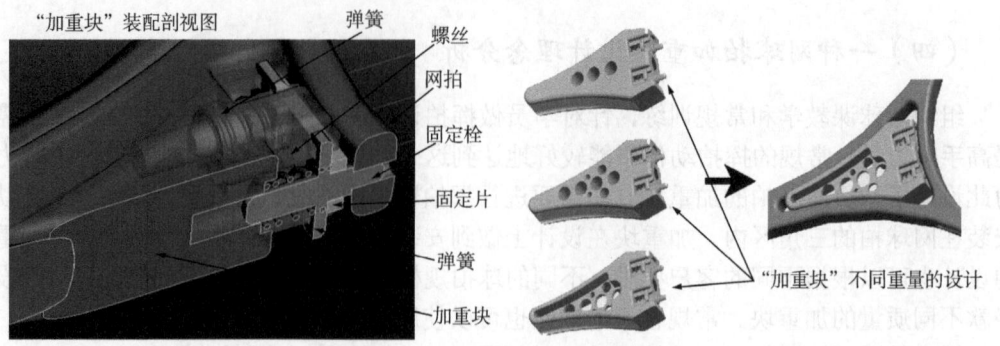

图 12-5-19 零部件结构剖视组合图

7. 具体用途、市场价值和意义

1）运用设计制作的器材产品可灵活地规划场地进行教学。

2）不占用场地资源，呈现了设备的微观、简洁、操作的简单、方便的特点，也是倡导和推广网球器材设备可行性的终极发展目标。

3）具有一定的市场价值和实用价值。

4）有利于发展国内"网球运动"和推动这种高雅运动的宣传普及。

第六节 课外实训

一、实训项目

校园网球运动教学辅助器材设计。

二、实训目的

了解校园网球运动教学辅助器材设计与开发的现实意义。

三、实训条件

掌握一定的信息技术和实践平台。

四、实训步骤

可根据自己学习实践的具体情况创新思维，发现选择有利于网球教学训练的辅助器材原始想法等。

寻求合作伙伴：可通过以球会友的资源、互联网等形式，寻找交叉学科的能人，并与自己志同道合、优势互补的合作伙伴共同设计开发网球运动教学辅助器材。

五、实训报告

以个人或团队的名义撰写实训报告：《网球运动教学辅助器材设计及专利文献申请报告》，以电子版的形式发到教师的电子邮箱。

参 考 文 献

E．保罗．勒特尔，马克．S．科瓦奇．2014．网球运动系统训练．北京：人民邮电出版社．
卜伟松，郭开强．2015．网球运动教程电子教材设计与制作．南昌：江西师范大学硕士论文．
郭锐，郭开强．2016．深圳锐耀网球俱乐部发展计划书．
国际网球联合会．2004．ITF 校园网球教材．北京：光明日报出版社．
李娜．2014．快易网球．北京：北京体育大学出版社．
刘林，郭开强．2014．校园短式网球运动辅助器材设计与思考．南昌：江西师范大学硕士论文．
蒲娟，郭开强．2013．网络环境下网球技术教学与评价．南昌：江西师范大学硕士论文．
孙德林．2015．创业基础教程．北京：高等教育出版社．
唐小林．2014．体育院校通用教材：网球运动教学与训练．北京：人民体育出版社．
陶志翔．2010．高等教育体育教材:网球运动教程．北京：北京体育大学出版社．
陶志翔．2011．社会体育指导员国家职业资格培训教材．北京：高等教育出版社．

附录 世界网坛风云人物简介

1. 女子网球运动员

（1）李娜

李娜，1982年2月26日出生于湖北省武汉市，中国女子网球运动员，亚洲第一位大满贯女子单打冠军得主，世界最高排名第二，亚洲女单世界排名最高选手，毕业于华中科技大学。

6岁开始练习网球，1999年转为职业选手。2002年年底，李娜前往华中科技大学新闻专业就读。2004年，在丈夫姜山的鼓励和支持下选择了复出。2008年，在北京奥运会上，李娜获得女子单打第四名。2011年，李娜在澳大利亚网球公开赛上个人第一次打进大满贯单打决赛并夺得亚军；同年，在法国网球公开赛女单比赛中登顶封后。2013年，在WTA年终总决赛中获得亚军。2014年1月25日，第三次跻身澳大利亚网球公开赛决赛并最终收获女单冠军。7月31日，李娜通过个人微博宣布自己将退出包括美网在内的北美赛季。

技术特点：正反手能力均衡，正手凶狠、灵活、底线好、力量大。反手进攻也力量十足，可以打出刁钻的线路。发球虽然不占优势，但也不错，心理素质在单飞之前相对较差，之后有长足进步。

2014年09月18日，李娜经纪公司已经确认其退出武汉和中网的比赛，并将正式退役，21日召开正式的发布会。

2014年9月19日，亚洲首位网球大满贯得主李娜正式宣布退役。

（2）小威廉姆斯

1981年9月26日生于美国密歇根州塞基诺市，美国女子职业网球运动员。

她是同时代女网天后维纳斯·威廉姆斯的亲妹妹，所以通常称呼她为"小威廉姆斯"，简称"小威"。当今网坛女皇。她是美国第12位登上WTA单打排名第一的选手，18届大满贯冠军得主，现役球员中夺得大满贯次数最多的女子选手。北京时间2013年7月22日，世界第一小威廉姆斯在此前结束的瑞典女子公开赛中以6-4/6-1横扫本土选手拉尔森，从而收获了职业生涯第53个单打冠军头衔，这个冠军也是小威首次在国际巡回赛夺冠。追平了塞莱斯的单打冠军数量，两人并列公开赛时代第九位，在9月8日美网公开赛拿下自己第5个美网女单冠军和第17个大满贯单打桂冠。2014年美网完成多项历史记录并拿到第18座大满贯冠军奖杯。至此她也集齐了所有赛事类型的冠军的大满贯；包括奥运会、WTA年终总决赛，以及

WTA09年改革以来实行的国际巡回赛、顶级巡回赛、超五系列赛、皇冠赛。

技术特点：前期（2007年之前）以力量压制为主，发球、正反拍火力十足。后期随着体能下降，以前3板进攻为主，相持球则以旋转落点压制。发球相较前期落点变化更多，威力更甚，被称为WTA有史以来最佳发球。接发球环节经常出现接发制胜分，尤其是当比赛局面落后时甚至会主动攻击对方一发并得分。心理素质极其过硬，尤其在大满贯比赛中，基本没输给过一般选手。比赛落后时打得甚至更为放松，往往反败为胜。

（3）莎拉波娃

玛利亚·莎拉波娃（Maria Sharapova），1987年4月19日出生于俄罗斯西伯利亚汉特曼西自治区尼尔根。俄罗斯职业网球运动员。

2004年，莎拉波娃在温网决赛中横扫塞雷娜·威廉姆斯，夺得职业生涯的首个大满贯冠军。2005年8月22日，以4452.00的分数第一次登顶WTA排名世界第一。2006年9月10日，在美网女单决赛中战胜海宁，赢得自己的第二个大满贯。2008年，在澳网决赛中完胜伊万诺维奇，赢得第三个大满贯。

2012年，在法网决赛中击落埃拉尼，完成职业生涯的全满贯（第四个大满贯）。2014年6月7日，击败对手罗马尼亚的哈勒普赢得第二次法网冠军（第五个大满贯）。2015年7月9日，在温网女单半决赛中，负于塞雷娜·威廉姆斯，无缘决赛。

2006年，莎拉波娃被美国《体育画报》评为"最美丽运动员"。2014年8月13日，《福布斯》杂志公布了2013~2014年度全球收入最高的女运动员排名，莎拉波娃连续十年蝉联榜首。

2015年9月15日，玛利亚·莎拉波娃在中网重返赛场。2016年3月7日，网坛美女莎拉波娃在洛杉矶召开紧急新闻发布会，宣布她在今年澳网比赛中因服用药物而药检未过关。

2016年3月8日，ITF确认莎拉波娃因服用违禁药物而从3月12日开始禁赛。

技术特点：侵略型底线型球员，正反手的击球力量、深度、角度俱佳。喜欢击出强力的旋转球来取代上网截击和过顶扣球。一发和二发非常有力量，依赖力量进行比赛。喜欢快节奏的硬地和草地，对于慢节奏的黏土场地并不适应，莎拉波娃在落地球上有精确的球感。

2．男子网球运动员

（1）费德勒

罗杰·费德勒（Roger Federer），1981年8月8日出生，瑞士男子职业网球运动员，拥有ATP排名历史上单打世界排名第一，连续周数最长的纪录（237周，2004~2008年间），超越美国网球员康纳斯的160周纪录。他在媒体上有"瑞士

特快车"的封号。2010年1月31日,费德勒夺得第4座澳网冠军,成为继阿加西之后第二位能够成为"大满贯爸爸"的球员(即当爸爸后夺得网球大满贯的运动员)。他和康诺尔斯、维兰德、阿加西和纳达尔是男子网坛历史中仅有的五位均在硬地、草地和泥地都赢得过大满贯单打冠军的球员,也是继阿加西之后在四大满贯系列赛中都获得大满贯锦标的球员。除了是16个大满贯男子单打冠军得主,费德勒也是2008年北京奥运会网球男子双打金牌得主。众多评论家、现役与退役的选手都认为费德勒是史上最伟大的选手之一。 他与拉沃、博格和桑普拉斯被认为是网球史上的GOAT(Greatest Of All Time)。

技术特点:正手球路多变,角度能打得很开,而且落点很准,力量、速度、角度都趋于完美,可谓变幻莫测,常常能一击致命。享有"上帝之手"的美誉。他的反手很有特点,削球技术无与伦比。反手的上旋球也很厉害,角度极大,经常能够出其不意。发球也是重要得分武器之一,往往在比赛的关键时刻,面临破发点之时,他总是能发出ACE球或是通过发球直接得分来化解危机。费德勒的发球并不是最快的,但他的发球角度无疑是最刁钻、最有效率的。

(2)纳达尔

拉菲尔·纳达尔,1986年6月3日出生于西班牙马略卡,西班牙职业网球运动员。

2001年纳达尔转入职业网坛,2005年7月世界排名攀升至第二,2008年8月首次登上世界第一,2010年纳达尔第五次夺得法网冠军,2013年10月他重返世界第一。截至2016年1月,纳达尔共获得十四个大满贯冠军,包括九次法网冠军,两次温网冠军,一次澳网冠军和两次美网冠军,并获得过北京奥运会单打冠军。纳达尔是现役男运动员中两位全满贯得主之一,也是历史上男运动员中两位金满贯得主之一。

技术特点:纳达尔左手持拍,是一名防御底线型球员,利用强有力的上旋球、快速移动的脚步、坚强的意志力持续来回压迫对手。他出色的身体素质使他的上旋球更具威胁,在红土球场的表现格外优异。近乎垂直的挥拍轨迹和快速的拍击速率使他打出的上旋球能够让对手不容易抓到准确落点,即使接到也难以施力回击。纳达尔这项独特的击球方式是网球技术的一项创举。

(3)德约科维奇

诺瓦克·德约科维奇(Novak Djokovic),1987年5月22日出生于塞尔维亚,塞尔维亚职业网球运动员。

2003年,德约科维奇转为职业球员,开始职业生涯。2007年,世界排名升至第三。2008年,首次获得澳网冠军。2011年,获得温网和美网冠军,世界排名升至第一。

2014年12月18日,德约科维奇第4次获得 2014 年 ITF 年度冠军。2015 年 2 月 1 日,德约科维奇击败英国选手穆雷夺冠,这是德约科维奇第五次夺得澳网男单冠军。2015 年 11 月 23 日,德约科维奇战胜费德勒,第五次问鼎年终总决赛冠军。

截至 2016 年 4 月 18 日,德约科维奇已经赢得包括 11 个大满贯、28 个大师系列赛和 5 个年终总决赛在内的 63 项 ATP 单打桂冠。

2015 年 7 月 16 日,ESPY 体育颁奖典礼在美国洛杉矶举行。德约科维奇获得最佳男网球运动员奖,这是德约科维奇第 3 次获奖。

技术特点:技术相当全面,出色的一发,带有强劲旋转的二发,出色的接发球,稳定的底线相持能力,均衡的正反手,网前和高压球的处理,各项技术都十分出色。更难得的是,德约科维奇懂得利用自己全面的技术,在战术打法上调动对手。